故宫学术文丛

故 宫 博 物 院
编

The
PALACE
MUSEUM

梅赛德斯-奔驰星愿基金
Mercedes-Benz Star Fund

本书的出版由中国青少年发展基金会
梅赛德斯 - 奔驰星愿基金公益支持

主编｜王旭东

编委｜娄　玮　赵国英　王子林　段　莹
杨丽丽　杨　杨　于庆祥　杨　安

日升月恒

紫禁城的文德光华

王子林 著

三联书店

图书在版编目（CIP）数据

日升月恒：紫禁城的文德光华 / 王子林著．—北京：生活 · 读书 · 新知三联书店，2023.7
（故宫学术文丛）
ISBN 978-7-108-07634-2

Ⅰ．①日… Ⅱ．①王… Ⅲ．①紫禁城－史料 Ⅳ．① K928. 74

中国国家版本馆 CIP 数据核字（2023）第 062588 号

项目统筹 成 华
责任编辑 成 华
封面设计 刘 俊
出版发行 生活 · 讀書 · 新知 三 联 书 店
（北京市东城区美术馆东街 22 号）
邮　　编 100010
印　　刷 上海雅昌艺术印刷有限公司
排　　版 南京私书坊文化传播有限公司
版　　次 2023 年 7 月第 1 版
2023 年 7 月第 1 次印刷
开　　本 720 毫米 ×1000 毫米 1/16 印张 22
字　　数 295 千字
定　　价 118.00 元

王子林

1989年北京大学考古系毕业，同年入故宫博物院工作，从事宫廷文物的保管、陈列与研究工作。主要研究对象是明清宫廷建筑与宫殿原状陈设，注重探索其生、成、壮、微的发展演变。现为故宫博物院研究室主任、研究馆员。代表著作：《紫禁城原状与原创》《明清皇宫陈设》《唤醒沉睡的宫殿：故宫宫廷原状考察》《抱蜀不言：乾隆七十三年的坚守》《紫禁城建筑之道》，《钦安殿原状》（主编）。

如月之恒，如日之升，如南山之寿，不骞不崩。

——《诗经·天保》

总序

故宫博物院是建立于元明清三代宫殿建筑与藏品基础上的博物馆，不仅有闻名于世的古代宫殿建筑群紫禁城，而且还有一批批在众多学术领域取得了卓越成就的专家学者。特别是在古文字、建筑、绘画、陶瓷、青铜、玉器、宫廷历史等研究领域，人才辈出，群星闪耀，马衡、唐兰、罗福颐、陈万里、单士元、顾铁符、徐邦达、朱家溍、刘九庵、于倬云、冯先铭、杨新、万依、杨伯达等，一代一代的故宫学人为故宫的学术发展做出了贡献。

学术是故宫博物院的立院之本，是各项事业发展的支撑。推动学术进步，扩大学术影响，一直是故宫博物院的职责所在。目前故宫博物院明确提出要“形成开放创新、特色鲜明的学术科研体系”，推出“开放课题”“英才计划”“太和学者”三大学术发展举措，从学术研究、人才培养、学术交流等方面全方位开创故宫学术新局面。

继承故宫优良的学术传统，发挥学术的引领作用，故宫博物院推出“故宫学术文丛”，收录了近年来故宫专家在某一学科领域内取得的研究成果，较全面地展示了故宫学术研究的深度和广度。阐述故宫学及故宫学学科体系建设的郑欣淼先生的著作《故宫论学》，弘扬文博社会责任、探索文博发展方向的单霁翔先生的著作《博物馆思考录》，凝聚古书画研究专家杨新先生一生心血的《随石斋论画：杨新古书画鉴定与美术史文集》，体现敦煌、吐鲁番等出土文献研究菁华的王素先生的著作《敦煌吐鲁番与汉唐西域史》，呈现古代丝绸之路多种宗教和文化兼容并蓄、融汇发展的孟嗣徽先生的著作《衢地苍穹：中古星宿崇拜与图像》，展现中国书画发展史、荟萃图像考据学最新成果的余辉先生的著作《翰墨辨疑：唐宋元书画家丛考》，阐发明清绘画史、鉴藏史的赵国英先生的著作《画家与鉴藏家：以王鉴绘画研究为例》，以紫禁城建筑和藏品为基础揭示其背后隐藏的传统文化精神的王子林先生的著作《日升月恒：紫禁城的文德光华》，八位专家从故宫学、博物馆学、古文献学、古书画史论、宫廷历史文化等领域，深耕易耨，洞幽烛远，为我们展示了故宫学术的魅力。

故宫博物院除了是集古代宫殿建筑藏品与世界文化遗产、旅游圣地三位一体的博物馆外，它还是一座学术的殿堂。如何发掘紫禁城所蕴藏的优秀文化价值，如何保护利用好世界文化遗产，如何将文化与旅游结合起来，推动博物馆事业高质量发展，这套文丛或许对我们有所启发。同时故宫博物院的学术又是开放的，这一直是故宫博物院的优良传统，文丛除收录与故宫相关领域的研究成果外，还收录了其他领域的研究成果。可以说这套文丛，从不同的方面，阐释了故宫学术的深厚底蕴。也凝聚着故宫研究室同仁的心血与期望，从最初的选题、组稿到选定出版社，他们做了很多工作，推动了文丛的出版。

“尊德性而道问学”，崇尚道德又追求学问，祝愿故宫学术不断取得新的成果！

感谢中国青少年发展基金会梅赛德斯-奔驰星愿基金公益支持，感谢生活·读书·新知三联书店和文丛编委会的辛勤工作。

故宫博物院院长　王旭东

目录

第二编

万载宫室

前言

乾隆说“夫人生千载之下，而考古论世于千载之上，嘉言善行之触于目而会于心”，他是因收藏有王羲之等人的三帖而发出了这样的感慨。我们又何尝不是呢？面对文物，行走于紫禁城之中，这种感觉也会时不时地涌上心头。在研究紫禁城的过程中，触于目会于心，逐渐认识到它的价值所在，其神奇之处，在于它浩瀚而深邃的时空，缀满闪烁的星辰，我们捕捉到的每一束光，也许它们已经历了千百年之久，但却一样可以照亮我们。

一 一个传统文化的精神之魂

故宫是中国历史上唯一保存下来的古代宫廷建筑群，规模宏大，计有建筑1050座，房屋8750间，藏品种类丰富，几乎涉及各个门类，且数量庞大，目前统计达186万余件套之多。面对如此庞大的建筑和藏品，我们该如何把它们的文化价值展示出来呢？首先，要把文物与古代文化意识观结合在一起，我们才能更深入地了解古代遗存下来的文物，认识它们的本质。所谓古代文化意识观，是指长期生活在同一文化环境中的古人，逐步形成的对自然、社会与人本身的基本的、比较一致的观点与信念。故宫的前身是紫禁城，建于明代，但它是在元大内宫城基址上建造起来的，至今我们仍然可以看到元代遗留下的建筑，如浴德堂浴室、断虹桥和钦安殿。所以在紫禁城的基址上，应是元大内、明紫禁城和清紫禁城三座宫城的叠加，它们都是大一统王朝的宫城，承载着这三个王朝的立国之本。虽然三个王朝的建立者们属于不同的服饰群族，但其文化意识观却是相同的。

自汉代“独尊儒术”以来，儒家文化便成为汉文化的核心，仁爱精神和仁政理想一直是其精神灵魂，“国不以利为利，以义为利也”。元世祖忽必烈定都燕京，接受了儒家文化，将文王灵台立于皇城的中心圆坻，接受了儒家天命观，希望以文王的仁德感召天下，四方咸服，天下一统。明永乐帝迁都北京，没有继承元代的宫城遗产，而是将其毁坏以创新，按照太祖朱元璋南京宫城之制营建了一座全新的宫城紫禁城，较南京紫禁城则壮丽高敞过之，但与元大内一样，都按照儒家传统进行规划设计。元代按《周礼》规划前朝后市、左宗右社，明代按《周礼》建五门三朝、东西六宫。元代以圆坻为核心构筑大内、隆福宫和兴圣宫三大宫殿群，突出天命神授，明代则以东西文武建筑彰显儒家文武之道。清顺治帝入主紫禁城，保留了明代紫禁城宫城遗产，只是对其殿名进行了更改，但仍是以儒家文化为本，如将三大殿命名为太和、中和与保和，将文昭阁改为体仁阁，武成阁改为弘义阁，强调的仍是儒家文化传统。

正是从元明清三代宫城的布局和宫殿命名中，笔者认识到了三朝统治者依据的都是儒家文化，体现的是儒家强调的仁，属于相同的文化意识观。在研究紫禁城的过程中，笔者发现太和殿东西两侧的文武建筑布局，体现了传统文化中最核心的文德思想即仁德思想。

“文”在古代文化与思想史中是一个重要的概念，甲骨文写为、、，徐中舒《甲骨文字典》认为像正立人形，胸部有刻画纹饰，故以文身之纹为文；“文”冠于王名之上为美称。“武”，甲骨文写为，所从止为足趾本字，表行动之意，武从止从戈，本义为征伐示威，征伐者必有行动，必执武器。可以看出文为静，强调自身的文饰即修养，武为动，强调行动一致。文武曾作为商王的谥号，如甲骨文卜辞曰“翌日丁亥王其又礿于文武帝正王受又”。《逸周书·谥法解》曰：“经天纬地曰文、道德博厚曰文、学勤好问曰文、慈惠爱民曰文、愍民惠礼曰文、锡民爵位曰文。……刚强直理曰武、威德睿德曰武、克定祸乱曰武、刑民克服曰武、大志多穷曰武。”文指治理天下的才能和爱护百姓、赐予他人好处的纯厚道德，而武指的是勇武、威武、武功、尚武，二者是相对的，组合在一起，则是最有效的治理天下的方法，也是个人的修身之道，但文武之道的精髓并不在此。

《中庸》所记孔子儒学“祖述尧舜，宪章文武；上律天时，下袭水土”，暗示了一个文化思想传承的逻辑关系。远宗其道，继承尧舜的传统，近守其法，遵守文武的法则，上取法于天时，下因循地理。文武上溯到尧舜，尧舜上溯到天地，所以天地在传统文化思想中占有本元的地位，是华夏文明长久永存的根基。尧舜作为中华文明的肇始，是从文祖那继承的天命。《尚书·舜典》记：“正月上日，受终于文祖。在璇玑玉衡，以齐七政。肆类于上帝，禋于六宗，望于山川，遍于群神。”文祖是尧太祖的宗庙，谥号为“文”。按照舜继位的程序，首先要用璇玑玉衡观察日月五星七政是否连为一线，然后才能向天帝报告继承帝位的事，还要祭祀天地四时六宗，祭祀山川和群神，说明尧从文祖那继位时也是这样的一套程序。故“文”应是一种天文现象，也就是说文武之道源于天道。而天道主生，这才是文武之道的精髓。

清代将文昭阁（文楼）改称体仁阁，武成阁（武楼）改称弘义阁，强调突出了仁义，仁义是传统文化之魂，仁即文，义即武，所以这不仅仅是建筑名称的更易，也表示着清王朝对中华文明精神的传承。而文武与阴阳又为一体，文为阳，武为阴，仁为阳，义为阴，天为阳，地为阴，形成一阴一阳，阴阳交会，产生万物，这就是一阴一阳之道即产生万物之道，这个道是永恒的，所谓“天不变，道亦不变”。所以尧告诫舜，舜告诫禹要“允执厥中”，即要永远坚守这个天地之道。文武之道上升为天地之道，成为天道，也就是“天地有大德曰生”之道。天的本性是仁，它如太阳一样普照天下，使万物长生，没有私心，所以“文”和“仁”被单独地抽象了出来，天道即成为仁道或文德，二者都代表了“生”之意。仁道或文德成为古代文化精神的核心，从尧、舜、禹、汤、文、武、周公、孔子、孟子所形成的道统谱系看，他们所坚守的核心价值就是这个文德，故《诗经》曰“於乎不显，文王之德之纯”，它就像天一样广大、纯厚，永无止境。从紫禁城的建筑布局入手，揭示背后隐藏的文化价值，正如《周易》所言“观乎人文以化成天下”，人文即礼乐服饰、建筑器用等，观察人类文明所创造的这些反映精神与物质的东西，就可以推行教化，促成天下昌明。

二

一座博大精深的宫城

有了紫禁城的精神之魂，紫禁城才能无限地扩展，它可以上接尧、舜、禹三代，将孔子梦寐以求的“郁郁乎文哉”的周代典礼制度纳入其中，还可以把《周易》《河图》等神秘元素赋予建筑之上，使它如宇宙一样包罗万象，但重要的是要“厚德载物”。

紫禁城建筑恢弘壮丽，形制丰富，故宫藏品包罗万象，门类齐全，我们的研究还只是沧海一粟。每一座宫殿，每一件藏品，都有可能引发出一部宏篇巨制。所以面对紫禁城如高山仰止，深感自身的渺小。

历史从来就不是单一线性地向前迈进，有时它会回过头来，往回走一段路，然后再大踏步向前走。紫禁城不是孤立的，它是与历史连在一起的。当把紫禁城放在历史的进程中时，不仅能解释很多紫禁城从前令人费解的元素，还能发现前代宫廷布局的密码、二者之间的联系与变化。当我们把古罗马与商周的建城方法联系在一起来看时，二者有着惊人的相似。当把交泰殿放在大明宫、元大内的宫殿结构中时，我们才能厘清交泰殿与大明殿寝室之间的关系。当一件文物与遥远的时代背景相关联时，我们才能发现它产生的原因。把紫禁城放在历史中来审视，才是一个完整的紫禁城。

故宫是一个巨大的宝藏，是中国古代文化与技术的沉淀，呈现不同的层位。地下有元代宫城的地基，巨大的磉礅浅埋于慈宁宫迤南。地上的断虹桥、钦安殿和浴德堂属于保存至今的元代建筑，气势恢宏，雕饰精美，它昭示着紫禁城的前身。虽然永乐时奠定了紫禁城的格局和宏伟气势，而后代对建筑的重建，又在不断地改变着紫禁城的面貌。历代收藏和制作的服饰、礼器、字画、器物等又在不断地增加，浩瀚的典籍汗牛充栋，数以万计的瓷器琳琅满目，紫禁城的一砖一瓦、一草一木，都蕴藏着深厚的文化，如《中庸》所言“溥博如天，渊泉如渊”，周遍而广博，像无垠的蓝天一样；深沉而有根本，又像万丈的深潭一样，是我们挖掘不尽的宝藏。

三

三个篇章的解读论证

本书分为三编，首先从紫禁城所隐藏的文化精神探源说起，寻找建造紫禁城的思想基础，然后再对其价值观、宫殿的功能、陈设以及与人的关系等，分门别类，考古论证，希望能有所发现，洞幽烛远。

第一编“继天立极”，通过对元明清三朝宫城营建思想的特点以及与儒家传统的关系的论证，揭示其背后所隐藏的文化传统。

第一编分两章，其中第一章“天命灵台”，论证忽必烈迁都燕京，以琼华岛为基础规划皇城和整个大都城，按文王灵台意筑圆坻即蒙古包，四面环水，桥通大内、兴圣宫和万岁山，如明堂辟雍，成为皇城的中心。上建仪天殿，将蒙古人的“天佑观”与儒家“天命观”结合在一起，象征天命所在。

第二章“文德光华”，通过对明代紫禁城文武建筑布局的考察，发掘其背后隐藏的文化基因：它源于儒家对天道的认识。从文武之道、仁义之道到阴阳之道，儒家所建立的道统谱系的核心是文德。清代乾隆帝将文武之道化为内心的追求，重其文德之光华，将文德铸入建筑之中，永远保持敬胜之心。顺治帝入主紫禁城时，将三大殿更名为太和殿、中和殿和保和殿，强调了儒家思想中的“和”的观念，希望实现一个礼乐和谐的太平社会。

第二编“万载宫室”，是说宫室要成为永恒的存在，一在于其被赋予的神性，二在于宫室所具有的深刻的传统观念意识，同时它的身上还体现了一个时间的演变流程以及统治者对它的装饰与美化，所谓“君子所过者化，所存者神，上下与天地同流”，紫禁城既具有影响感化力，又具有神秘色彩，与天地之道亦相符合。

第二编分四章，其中第一章“神之格思”，论证了紫禁城中轴上供奉的玄天上帝不仅是北方七宿龟蛇的化身，而且还是黄帝即轩辕的化身。北方神在宋代地位得到提高，元代被奉为护国之神，尊为“玄天上帝”。本章对玄武神的起源及与帝王的关系一一做了梳理与考证。钦安殿的存在影响了紫禁城的布局，它不单单是一座供奉天神的宫殿，更重要的是它已成为帝王继统的象征。

第二章“钦崇天道”。建筑除了实用功能外，其所体现的传统价值观念，使建筑具有了永恒的生命力。比如天地之比、六龙护殿、天地沟通、五方五色等观念，深深地影响了建筑的结构、布局和装饰。建筑是凝固的思想，是意识的堆砌，是观念的架构。

第三章“宫城演变”。就宫城的起源、宫殿的布局、都城的结构，以及对紫禁城中一些特殊建筑的产生原由进行分析，梳理其中脉络，揭示其中渊源和演变过程，以期构成一部紫禁城建筑的时间简史。

第四章“宫殿陈设”。本章从一个宏大的时空入手，将周代的登基与明清时代的登基进行了对比，发掘其陈设共同点，说明文明传承的重要性。对历史上是否存在的传国玉玺，笔者通过对正史的梳理，完整系统地阐释其流传、演变乃至最终消亡的过程以及“大清受命之宝”的诞生过程。在本章，笔者对漱芳斋的陈设做了条分缕析，复原了乾隆时期的陈设原貌，可作为乾隆时期陈设的典型案例。宫殿正是因为有了琳琅满目的陈设，才使它具有了不同的活动场景和丰富的内涵。

第三编“念兹在兹”。本章从人的角度来加深对紫禁城的互渗。建筑或器物正是因为有了人的活动，在与人的相互交流中获得了价值认同，被注入了情感、欲望和喜好，二者融为一体，人脱胎于建筑，建筑亦脱胎于人，二者神遇而迹化。

第三编分两章，其中第一章“奉先启后”，上承祖先，下启子孙。孔子说“慎终追远，民德归厚矣”，《尚书》曰“念终始典于学”，古人既重视祖先祭祀，又注重庠序之教。帝王将祭祀祖先和皇子教育放在一起，以便明确二者之间的关系，清代康熙把太子宫毓庆宫置于祖庙奉先殿西侧，其本意即在于此。本章着重对奉先殿的后殿陈设做了详细考证，具体到陈设物的种类、数量和尺寸。对皇子教育的考察，主要是通过以物见史的方法，对故宫所藏两类坐具进行了分析，发现它们与皇子教育有着必然的关联，由此认识皇子教育的本质。

第二章“滋味无量”。虽说有“叙兴邦则滋味无量”之美，但本章所言滋味强调的是一种感受，别是一般滋味在心头的感受。乾隆是一位感情深沉的人，对民情和亲人的关注和思念在他的诗文中有较多体现，特别是对于亲人的思念，甚至到了无法解脱的程度。同治和隆裕，一个年龄小，一个年龄大，想的不一样，年龄小者，逆反和游玩的心思多些，所以毓庆宫的改造充满了个人意志；作为太后的隆裕，虽有灵台之怀抱，但却没有实现的机会，这是一种什么样的滋味呢？

四

一首震撼心灵的古旋律

紫禁城是一座城，但它又超越了一座可供行走其间的空间之城，除了百万收藏、宏伟建筑、蜿蜒流水、红色宫墙外，它内在的浩然之气，如一首震撼心灵的古旋律，带着历史的回声，回荡在天地之间。

笔者有一次登临景山，俯瞰整个紫禁城，规模恢廓，蔚乎穹窿，顿生敬畏。紫禁城不是一夜建成的，它是集大成者，它把历史上无数的经典经过时间的沉淀后再变成经典，我们目睹的是古代社会最后产生的一个经典，它就在我们的面前，跟600年前几乎一样，也有商周宫城初创时期的影子。紫禁城背后的建城思想，其实在《周礼》时代就已确定了下来。而春秋时代出现的各种思想，奠定了日后的思想渊源，所谓的新思想不过是再回到那个时代，然后再加以完善、发挥罢了，但这正是我们文明的优点，使我们的文明得以传承与弘扬。

当流动的金水河穿越于静止的建筑之间时，这难道不是古人所追求的动与静的完美结合吗？这才是美的巅峰标准。当松竹梅大量地出现于建筑装饰、绘画、器物中时，这难道仅仅是一种固定模式的选择与运用？难道不是古人对美好品德的恒定与执着的追求？聆听、解读每一个音符，每一个音符里都包含着一种力量，这种力量来自古人的思想与信念，使他们创造了无比灿烂的文化，从而惠及我们，让我们拥有了如永恒不动的靠山一样，不骞不崩。

蔚蓝的天空下是紫禁城起伏的黄色屋顶，就像旋律的波峰与波谷，还有几只鸟儿在其间自由地飞翔，在其身后画出了优美的曲线，牵动着我们的心灵，拨动着我们的心弦。从五门三朝到东西六宫，从奉先殿到养心殿，从衍祺门到景祺阁，从太和到体仁弘义，从延春到符望、从关雎到麟趾、从乾坤到交泰……充满了对礼的尊崇、对祖先的敬仰、对长寿的祈盼、对儿孙的祝福、对生命的执着、对天道的探索、对道德的坚守，“致广大而尽精微，极高明而道中庸”，无论时间怎样在它身上刻写，如日之升，如月之恒，永远长久如斯。

第一编

继天立极

尚书·洪范曰『皇建其有极』，要为天地立极。紫禁城的文武建筑格局所体现的文德光华即道德纯备、宽容覆载、允恭允让，对百姓不长夏以革，不大声以色，即是为天地立的一个极。有了这个极，则『考诸三王而不缪，建诸天地而不悖，质诸鬼神而无疑，百世以俟圣人而不惑』，古人以其宏大的『造成天地，化育万物』的宇宙观，构建了一个仁的世界。

第一章 天命灵台

从团城向东望去，宏伟的紫禁城映入眼帘。团城的前身是元代的圆坻，上建有仪天殿。在元代，它的东边是大内，西边是太后宫兴圣宫和太子宫隆福宫，北边是琼华岛，它的南边是宽阔的湖面，犀山台在其前，位置十分重要，是皇城的中心。圆坻上建有仪天殿，是礼天之所。在古代，天是最高的象征。圆坻在大都城中具有至高无上的地位。

燕京成为大一统都城是从经始圆坻灵台开始的。

第一节 忽必烈定都燕京

燕京为北方重镇，究其沿革，唐虞时称幽都，夏殷归入冀地，周武王灭商后，封尧后于蓟，封召公于燕，从此进入了“方国都邑”阶段，战国时期，燕吞并蓟，燕国成为“七雄”

之一。其后汉曰广阳，晋曰范阳，隋唐曰幽州，唐玄宗时改为范阳郡，宋曰燕山，辽曰燕京，金曰中都。《元史》记元世祖忽必烈在潜邸时，对霸突鲁说："今天下稍定，我欲劝主上驻跸回鹘，以休兵息民，何如？"霸突鲁回答说："幽燕之地，龙蟠虎踞，形势雄伟，南控江淮，北连朔漠。且天子必居中且受四方朝觐。大王果欲经营天下，驻跸之所，非燕不可。"忽必烈听从了霸突鲁之言，登极后，即定都燕京，称中都，曾说："朕居此以临天下，霸突鲁之力也。"[①]至元九年改中都为大都。

一、受天明命与儒学治国

《元史》记载，礼天是历代大汗行使权力的传统，每年都要举行祭天的仪式，"元兴朔漠，代有拜天之礼。衣冠尚质，祭器尚纯，帝后亲之，宗戚助祭。其意幽深古远，报本反始，出于自然，而非强为之也"。[②]礼天出于自然也就是蒙古各原始部落在发展过程中产生的，成吉思汗在统一各部落中又不断地强化了对天神即长生天的崇拜，为了与儒家"天命观"相区别，本文将之称为"天佑观"。所谓"天佑观"，是在成吉思汗时期形成的，具有纯粹的原始宗教性的特点，并融入了萨满教的自然崇拜。樊永贞《蒙古族天神崇拜观念的形成及演变》称："在信奉萨满教的蒙古社会，在强化长生天崇拜的观念中，萨满巫师起到了很重要的作用。如铁木真开始征战、壮大之初，就是萨满豁儿赤说是天神让铁木真做蒙古人的国王。如果没有萨满的宣传鼓动，成吉思汗一统毡房百姓的努力也许要慢得多。"[③]天佑观强调天神是永恒的，是世间万物的主宰，具有无穷的力量，大汗的权力是天所授，是天的唯一的代言者和权

---

① 《元史》卷一一九，"列传第六"，页 2942，中华书局，1976 年。

② 前揭《元史》卷七二，页 1781。

③ 樊永贞：《蒙古族天神崇拜观念的形成及演变》，《集宁师范学院学报》2014 年第 2 期。

力的行使者。正如张旭等《论成吉思汗和努尔哈赤“天命观”的异同》一文所言：“他的每一次出征都是执行‘长生天’的意志。他向天祷告说：‘我做可汗不是因为我有强健的身体，而是我顺从天命。我做皇帝不是因为我有超人的智慧，而是仰赖天恩祖德。我扫平仇敌，全靠苍天的帮助。’成吉思汗在这里将自己看做是天在人间的代表，天意的执行者，而其之所以能成为汗，成为天意的执行者乃是‘天命’所至。”①

《蒙古秘史》记：

> “成吉思合罕（成吉思汗）的祖先是受有天命而降生的孛儿帖赤那，他的妻子名豁埃马阑勒阿。”②
>
> “成吉思合罕生时，右手握着髀石一般的一块血。”③
>
> “‘帖木真（成吉思汗）的大车来了。天神地祇要命帖木真为国主，我载着国来了。’神人是这样指点让我亲眼见过。现在告诉你。帖木真！你做了国主之后，将怎样使我快乐？”④
>
> “帖木真感激脱斡炊邻勒罕与札木合两人说道：‘我的罕父、札木合安答！承你两位帮助，天地给我增加力气，上天给我权威。’”⑤
>
> “阿沙敢不怎样敢说这样的话？我要想先去征他，何难之有？本来我是要去征伐他的，永生上天护佑，待把撒尔塔兀剌种征伐后，回来再去征伐他。”⑥

---

① 张旭、赵卫东：《论成吉思汗和努尔哈赤“天命观”的异同》，《黑龙江民族丛刊》2005 年第 3 期。

② 谢再善译：《蒙古秘史》，页 1，《开明文史丛刊》，开明书店，1951 年。

③ 前揭《蒙古秘史》，页 15。

④ 前揭《蒙古秘史》，页 49。

⑤ 前揭《蒙古秘史》，页 44。

⑥ 前揭《蒙古秘史》，页 173。

"永生上天护助，又把客列亦惕种百姓屈服了。"[1]

"永生上天大帝神旨告示道：'已经命帖木真立国。'"[2]

从成吉思汗的祖先一直到他本人的降生，都被认为是天意的安排。成吉思汗的一切活动都是在天神的指引下进行的，并得到了天神护佑，是天神之子。天佑思想被成吉思汗的子孙们继承了下来，这个家族被称为黄金家族，从窝阔台到蒙哥汗，都认为自己是天神在人间的唯一代表，具有无上权威，所取得的一切征服战争的胜利，都是天神护佑的结果。而蒙哥汗的继承者忽必烈却与祖先所持的纯粹的"天佑观"不同，是"以德配天"的儒家"天命观"，这种"天命观"，强调得天道者得天下，所谓天道即是尧舜之道，"尧舜之道，不以仁政，不能平治天下"，如《孟子·梁惠王章句上》所言："今王发政施仁，使天下仕者皆欲立于王之朝，耕者皆欲耕于王之野，商贾皆欲藏于王之市，行旅皆欲出于王之涂，天下之欲疾其君者皆欲赴诉于王，其如是，孰能御之？"所以天道实际上就是仁道。

《元史》记忽必烈未称帝前，"岁甲辰(南宋淳祐四年)，帝在潜邸，思大有为于天下，延藩府旧臣及四方文学之士，问以治道"[3]，《析津志》亦记："皇元受天命，肇造区夏，列圣相承，未遑文治。上在潜邸，独喜儒士，凡天下鸿才硕学，往往延聘以备顾问。"[4]正如徐世隆所言"陛下帝中国当行中国事"[5]，世祖征云南时，询问徐世隆，徐对曰："孟子有言：'不嗜杀人者能一之。'夫君人者，不嗜杀人，天下可定，况蕞尔之西南夷乎！世祖曰：'诚如卿言，吾事济矣。'"[6]世祖

① 前揭《蒙古秘史》，页 106。
② 前揭《蒙古秘史》，页 156。
③ 前揭《元史》卷四，页 57。
④ [元] 熊梦祥：《析津志辑佚》，页 185，北京古籍出版社，1983 年。
⑤ 前揭《元史》卷一六〇，页 3769。
⑥ 同上注。

图 1–1　忽必烈像

向儒士姚枢询及治道，姚“乃为书数千言，首陈二帝三王之道，以治国平天下大经，汇为八目，曰：修身，力学，尊贤，亲亲，畏天，爱民，好善，远佞”[1]，后姚枢被委以重任。《孟子·告子章句下》曰：“君子之事君也，务引其君以当道，志于仁而已。”刘秉忠、赵璧、王鹗、张文谦、元好问、窦默、姚枢、许衡、赵复、郝经等儒学名师组成了忽必烈强大的以儒学治天下的士人集团，以儒家思想启蒙和入主忽必烈的心智，故除了提供资政策略外，使忽必烈志于仁起了很大的作用。《元史》总结忽必烈一生曰：“世祖度量弘广，知人善任使，信用儒术，用能以夏变夷，立经陈纪，所以为一代之制者，规模宏远矣。”[2]所谓“以夏变夷”，就是要实行儒家治天下的方法即仁政。

中统元年夏四月己亥，忽必烈即位登基（图1–1），下诏书曰：“历数攸归，钦应上天之命；勋亲斯托，敢忘烈祖之规。建极体元，与民更

① 前揭《元史》卷一五八，页 3711。

② 前揭《元史》卷一七，页 377。

始。”[①]“与民更始”，出自《汉书·武帝纪》“朕嘉唐虞而乐殷周，据旧以鉴新，其赦天下，与民更始”，《庄子·盗跖》亦曰“与天下更始，罢兵休卒”，亦完全是儒家传统登基的格式，称自己上应天命，受藩王拥戴，不忘列祖圣训，即位登基，建元立制，除旧更新，与民同乐。中统五年八月丁巳，改元至元，取“至哉坤元”之义，大赦天下，诏曰：“应天者惟以至诚，拯民者莫如实惠。”《中庸》称“诚者，天之道也”[②]，忽必烈称上应天命是因为自己做到了至诚，至诚体现在拯救万民于倒悬，施民以恩惠。顺应天命者必至诚。《中庸》曰：“唯天下至诚，为能尽其性；能尽其性，则能尽人之性；能尽人之性，则能尽物之性；能尽物之性，则可以赞天地之化育；可以赞天地之化育，则可以与天地参矣。”只有对天下至诚的人，才能充分发挥其本性；能充分发挥其本性的人，就能充分发挥众人的本性；能发挥众人本性的人，就能充分发挥万物的本性；能充分发挥万物本性的人，就可以帮助天地化育生命；能帮助天地化育生命的人，就可以与天地并列为第三了。“诚身有道：不明乎善，不诚乎身矣”[③]，至诚的根本在于明白自身的善的本性，并将人的善的本性充分地发挥出来，从而凝聚感动他人的力量，感化他人向善，“博施予民而能济众”，仁者爱人，如天一样把恩惠施予普天之下。天道其实就是仁道，具有了仁德，就获得了天命。至元八年十一月乙亥，忽必烈建国号曰大元，取“大哉乾元”之义，诏曰：“可建国号曰大元，盖取《易经》‘乾元’之义。兹大冶流形于庶品，孰名资始之功；予一人底宁于万邦，尤切体仁之要。事从因革，道协天人。”[④]国号取义《易经》，以儒家传统为王朝立基。大元即像天一样具有让万物创生资始、品物流行的大德，是天的仁德的体现与实现。忽必

① 前揭《元史》卷四，页 64。

② ［宋］朱熹：《四书集注·中庸》，页 30，凤凰出版社，2005 年。

③ 前揭《四书集注·中庸》，页 30。

④ 前揭《元史》卷七，页 138。

烈称自己的言行关系天下安宁，所以要切记体仁之要，道协天人。

二、燕京形势

作为万方之枢会的都城，又是莅中国、抚四夷、宰百官、统万民的天下至尊之地，在传统的观念中，都城的形势常常与天命联系在一起。公刘迁豳，文王迁岐，凤凰鸣于岐山，是周将兴的征兆，是天命所归。孔子说："为政以德，譬如北辰，居其所而众星共之。"天之象以北为极，地之势亦当以北为极，体乎北极之尊，向乎离明之光，使万物之广，亿兆之多，莫不面焉相见。燕京处蒙古高原与华北大平原交汇处，燕山山脉的军都山横亘于其间，形成一道天然屏嶂，峰峦起伏，地势险要，地理位置极为重要，有天极北辰之象，故《辍耕录》曰"至元四年正月，城京师，以为天下本。右拥太行，左注沧海，抚中原，正南面，枕居庸，奠朔方。峙万岁山，浚太液池，派玉泉，通金水，萦畿带甸，负山引河。壮哉帝居，择此天府"。燕京处地势之北，具有俯瞰天下的气势。元人李洧孙《大都赋》亦称："昔《周髀》之言，天如盖倚而笠欹，帝车运乎中央，北辰居而不移，临制四方，下直幽都。仰观天文，则北乃天之中也。维昆仑之结根，并河流而东驰，历上谷而龙蟠，向离明而正基。厥土既重，厥水惟甘。"

燕京地理的重要性，《钦定日下旧闻考》引证了历代史书所记。《战国策》曰"燕东有朝鲜、辽东，北有林胡、楼烦，西有云中、九原，南有滹沱、易水，民虽不佃作而足于枣栗，此所谓天府者也"。《史记》曰"燕亦渤碣之间一都也，南通齐赵，东北边上谷至辽东，北邻乌桓、夫余，东绾秽貉、朝鲜、真番之利"。《盐铁论》曰"燕之涿、蓟，富冠海内，为天下名都"。《唐六典》曰"东至于海，南迫于河，西距太行，北通榆关、雁门"。《新唐书·杜牧传》曰"冀州，舜以其分太大，离为幽州，为并州，程其水土，与河南等，常重十三。其人沉鸷多材力，重许可，能辛苦。自黄帝后，帝王多居其地"。《朱子语类》曰“冀都山脉从云中发来，前则黄河环绕，泰山耸左为龙。华山耸右为虎，嵩为前案，淮南诸山为第二重案，江南五岭诸山为第三重案。故古今建都之地莫过于冀。所谓无风以散之，有水以界之也”。《北盟会编》曰“舜肇十二州，始别冀都之壤；周建八百国，首疏召奭之封。当天津析木之交，实上谷、广阳之胜。形胜有金汤之险，膏腴号陆海之饶”。《辽史·地理志》曰“幽州在渤碣之间，其地负山带海，风气刚劲，自古为用武之地”。《金史·本传》曰“燕都地处雄要，北倚山险，南压区夏，若坐堂隍，俯视庭宇。本地所生，人马勇健。亡辽虽小，止以得燕，故能控制南北，坐致宋币。燕盖京都之首选也。况今又有宫阙井邑之繁丽，仓府武库之充实，百官家属皆处其内，非同曩日之陪京也。居庸、古北、松亭、榆林等关，东西千里，山峻相连，近在都畿，易于据守。皇天本以限中外，开大金万世之基而设也”。《吴礼部集》曰“尾、箕之墟，幽、冀之区，郁郁葱葱，屹乎皇都。峙以西山居庸，缭以涿、易、潞、沽。山川相缪，古今不殊”。燕蓟为轩辕黄帝建都之地，扆山带海，形势之雄伟博大，甲于天下。《读书一得》曰“幽州之地，左环沧海，右拥太行，南襟河济，诚天府之国。而太行之山自平阳之绛西来，北为居庸，东入于海，龙飞凤舞，绵亘千里。重关峻口，一可当万。独开南面，以朝万国，非天造此形势也哉”。燕京的地理被赋予了北极概念，也就是被赋予了天命，是天下拱卫之处。且幽州乃黄帝之都，亦尧之旧都，这更使燕京的地位得到了提升。

至元九年二月辛卯，忽必烈改中都为大都，燕京正式成为大一统王朝之都。在规划元大都时，蒙古的以天为尊的“天佑观”与儒家的以德为本的“天命观”便走到了一起，既强调天神的至尊和唯一性，又强调天命的德性，一个新的都城中心就诞生了。

三、小结

成吉思汗在统一蒙古各部和进行各种征伐的战争中，产生了对天神的崇拜，把自身与天神绑在了一起，统治者受到天的护佑并成为天意的执行者，拥有无限的权力，这一观念可谓根深蒂固。但从忽必烈始，这一观念又融入了儒家的“天命观”，形成更为理性的对天的崇拜。都城作为一个场，不仅是地理场和天象场，更重要的是支撑这个场的思想观念。显然“以德配天”的观念将支撑都城的规划与设计，并为都城确立一个至高无上的中心，这个中心只能是天。

第二节

圆坻是受天明命的灵台

定都燕京和大都城的规划布局跟蒙古“天佑观”和儒家治国思想有关。忽必烈充分利用琼华岛及太液池，筑圆坻，构建大内、兴圣、隆福三大宫，形成以圆坻为中心的皇城格局。以水绕台，上建仪天殿，将象征天命的灵台概念赋予圆坻之上，使圆坻成为大都城最重要之处。改变了传统的以宫城为中心的都城布局原则，在中国古代建城史上是一次创新。

一、元大内不是皇城的中心

规划大都城是先从修琼华岛开始的（图1-2），金宣宗贞祐三年五月，中都留守右丞相完颜承晖自杀，蒙古遂攻入中都，宫室为乱兵所焚。“蒙古人把废弃的古城遗址称为马兀八里（Máubalik）。马兀，蒙古语意为坏或恶，八里，突厥语意为城。金中都被成吉思汗一把火烧掉后，几近废墟，在亡金宫阙废墟上重建新宫，对蒙古人来说是一种禁忌。这种心理上的嫌恶完全可能导致忽必烈根本不去理会金中都的遗址”[①]。但在金中都的北郊却有一片离宫别苑，早在辽时已开始

① 聂影：《忽必烈的元大都》，《装饰》2005年总第143期。

图 1–2
琼华岛（今北海琼岛）/
乾隆题“琼岛春阴”石碑

经营，金又进行了大规模的扩建，建有大宁宫。据高士奇《金鳌退食笔记》："琼华岛在太液池中。从承光殿北，度石梁至岛，皆以文砖、乳花石杂甃之。岩洞窈窕，磴道纡折，多迭奇石，巑岏岞崿。其巅古殿，相传本辽太后梳妆台。历金、元、明皆有宫殿，为游观之地。今残石坏础，犹刻云物及广寒殿字。《辽史》云：'皇城西门曰显西，设而不开；北曰子北。其西城巅有凉殿。'《金史宫阙制度》云：'京城北离宫有大宁宫，大定十九年建，后更为宁寿，又更为寿安，明昌二年更为万宁宫。琼林苑有横翠殿、宁德宫，西园有瑶光台，又有琼华岛，瑶光楼。'"[①]《钦定日下旧闻考》曰："西苑作镇则曰白塔山，白塔山者，金之琼华岛也，《北平图经》载辽时名曰瑶屿，或即其地，元至元时改为万岁山，或曰万寿山，至明时则互称之，或又谓之大山子，本朝曰白塔山者，以顺治年间建白塔于山顶然。"[②]明代曹学佺编《石仓历代诗选》曰："琼华岛在太液池中，上有广寒殿，相传辽太后游息之所。"[③]元代徐世隆《广寒殿上梁文》称"即广寒之废基"，元时广寒殿是在辽离宫废址上重建的。《元史》记中统元年十二月乙巳忽必烈自和林至燕京，驻跸燕京近郊[④]，近郊即琼华岛广寒殿。"中统四年三月庚子，亦黑迭儿丁请修琼华岛，不从。"[⑤]忽必烈即位之初，危机四伏，无力顾此，故没有修琼华岛。"壬子，修琼花（华）岛。"[⑥]忽必烈至元元年二月下令修琼华岛，意在以此为中心展开都城的规划，故八月即下诏改燕京为

① [清]高士奇：《金鳌退食笔记》，《明宫史 金鳌退食笔记》，页116，北京出版社，1963年。

② [清]于敏中等编纂：《钦定日下旧闻考》卷二六，页364–365，北京古籍出版社，1981年。

③ [明]曹学佺编：《石仓历代诗选》卷四九四，清文渊阁四库全书补配文津阁四库全书本。

④ 前揭《元史》卷四，页68。

⑤ 前揭《元史》卷五，页91。

⑥ 前揭《元史》卷五，页96。

中都，[①]当月“刘秉忠请定都于燕，主从之，诏营城池及宫室，仍号为中都”[②]，在宫室未完成之前，广寒殿成为规划都城的办公处，《秋涧集》记：“至元戊辰（至元五年），宪台初立，公与不肖同擢御史，引见世祖皇帝在广寒殿。”[③]

以琼华岛为点来展开对大都城的规划，原来跟元蒙的兴起有关系。元代陶宗仪《辍耕录》记：“国家起朔漠日，塞上有一山，形势雄伟，金人望气者，谓此山有王气，非我之利，金人谋欲厌胜之，计无所出。时国已多事，乃求通好入贡，既而曰，他无所冀，愿得某山以镇压我土耳。众皆鄙笑而许之。金人乃大发卒，凿掘辇运至幽州城北，积累成山，因开挑海子，栽植花木，营构宫殿，以为游幸之所。未几，金亡。世皇徙都之。至元四年，兴筑宫城，山适在禁中，遂赐今名云。”[④]琼华岛乃元朝王气所在，定都燕京，琼华岛区域成为首选之地，被圈入皇城之中。故徐世隆《广寒殿上梁文》曰：“析木星躔，临士马雄疆之地；琼华仙岛，营帝王游豫之宫。盖因前代规模，便有内都气象，金台南峙，玉泉西流，北襟山势，真龙虎之区。”[⑤]燕京为兵家必争之地，龙虎之区，王气鼎盛。虽琼华岛为前代帝王的游乐之处，但却是镇压金的王气所在，故因之而扩建。

《析津志》记：“至元四年二月己丑，始于燕京东北隅，辨方位，设邦建都，以为天下本。四月甲子，筑内皇城。”[⑥]这段记载含有三个信息：一是大都选址于金中都燕京城的东北方，二是所谓“辨方位”即东北方是天象析木之次，为成始成终之地，三是营建皇城。二月规划选

---

① 前揭《元史》卷五，页99。

② 前揭《钦定日下旧闻考》卷四，页61。

③［元］王恽：《秋涧集》卷五八，清文渊阁四库全书补配文津阁四库全书本。

④［元］陶宗仪：《南村缀耕录》卷二一，页16，中华书局，1997年。

⑤［元］苏天爵编：《元文类》卷四七，清文渊阁四库全书本。

⑥ 前揭《析津志辑佚》，页8。

址，四月即筑皇城，说明大都城的规划是以皇城为中心来布局的，它由大内、兴圣宫、隆福宫等组成，但奇怪的是帝王居住的大内并没有位于皇城的中心，那么皇城的中心在哪里呢？既然大内不是皇城的中心，能超越皇帝的只有天，受儒家“以德配天”的影响，只有将此观念支撑都城的规划与设计，才能为都城确立一个至高无上的中心，这个中心只能是天。

二、文王灵台与天之明命

周文王时建有一座灵台，《诗经·灵台》曰：“经始灵台，经之营之。庶民攻之，不日成之。经始勿亟，庶民子来。王在灵囿，麀鹿攸伏。麀鹿濯濯，白鸟翯翯。王在灵沼，於牣鱼跃。虡业维枞，贲鼓维镛。於论鼓钟，於乐辟雍。於论鼓钟，於乐辟雍。鼍鼓逢逢，蒙瞍奏公。”《灵台》的主旨是说周文王有天命，“文王以民力为台为沼，而民欢乐之”[①]，所以百姓归附，鸟兽悠然自得，且“麀鹿濯濯，白鸟翯翯”，鹿鹤为祥瑞，它们的出现，是周将兴的征兆。

《毛诗注疏》曰：“《序》：‘灵台，民始附也。文王受命，而民乐其有灵德，以及鸟兽昆虫焉。’《笺》云：‘民者，冥也，其见仁道迟，故于是乃附也。天子有灵台者，所以观祲象，察气之妖祥也。文王受命，而作邑于丰，立灵台。’《春秋传》曰：‘公既视朔，遂登观台以望，而书云物，为备故也。’”[②]东汉郑玄《易纬乾元序制记》记：“伐崇作灵台，受赤雀丹书，称王制命，示王意。”[③]

灵台象征天命，建于文王伐崇之后，《史记》亦记：“明年，伐密须。明年，败耆国。殷之祖伊闻之，惧，以告帝纣。纣曰：‘不有天命

① 《孟子·梁惠王章句上》。

② ［汉］郑玄注，［唐］孔颖达疏：《毛诗注疏》卷二三，清文渊阁四库全书本。

③ ［汉］郑玄注：《易纬乾元序制记》，清文渊阁四库全书本。

乎？是何能为！’”连纣王都说文王有天命，出土的《大盂鼎》的铭文亦曰“丕显文王，受天有大命”。[①]

原来灵台属天子拥有，是天子登台观祲象、察气之妖祥的地方，按照《周礼》所记，登台观测天象有十种占望之法，以观妖祥、辨吉凶，一曰祲，二曰象，三曰鑴，四曰监，五曰闇，六曰瞢，七曰弥，八曰叙，九曰隮，十曰想。观象台夏时称瑶台，商时称鹿台。掌握了天象，也就通晓了天道，通晓了天道，也就具有了天命，所以《诗经·文王》曰：“文王在上，于昭于天。”

文王得天命，还在于他的仁德，《诗经·皇矣》曰：“帝谓文王，予怀明德，不大声以色，不长夏以革。”文王拥有天命，但从不对百姓大声喝斥，也不用严酷的刑法，所以“文王圣德，上及飞鸟，下及鱼鳖”[②]，因为文王的仁爱，不仅百姓归附，而且鱼跃于渊，鸟翔于天，使伯夷、太公听见西伯善养老者，盍归乎来。《诗经·维天之命》曰：“维天之命，於穆不已。於乎不显，文王之德之纯！”

灵台的建造，是文王得天命的标志，它的存在，是文王圣德的体现。灵台成为后世帝王向往的理想目标。

那么灵台的形制是什么样的呢？“於乐辟雍”告诉了这个秘密（图1-3）。《毛传》称“水旋丘如璧曰辟雍，以节观者”，《毛诗正义》曰：“水旋丘如璧者，璧体圆而内有孔，此水亦圆而内有地，

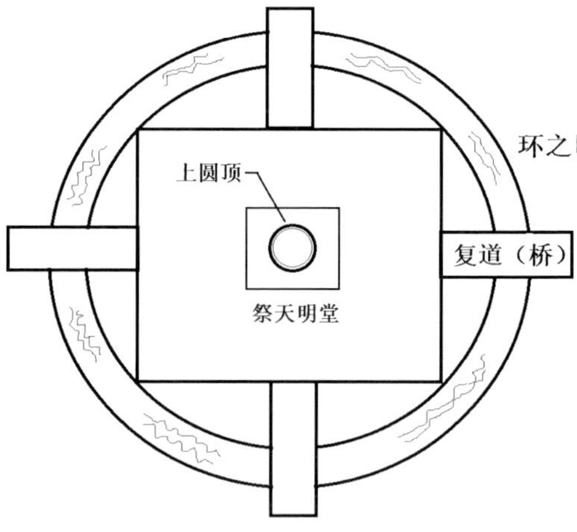

图 1-3　明堂图

① 周鹏：《大盂鼎铭文“已”字辨析》，《南华大学学报》2013 年第 14 卷第 4 期。
② ［清］严虞惇：《读诗质疑》卷一二，清文渊阁四库全书本。

犹如璧然。”辟雍，即圆丘四周环水，水如璧之环，丘如璧之孔。原来灵台是建在水中的，是圆形的。这种形制也称明堂。汉武帝于汶上所建的明堂，便是四周环水，《史记》记：“上欲治明堂奉高旁，未晓其制度。济南人公玉带上黄帝时明堂图。明堂图中有一殿，四面无壁，以茅盖，通水，圜宫垣为复道，上有楼，从西南入，命曰昆仑，天子从之入，以拜祠上帝焉。”[①]明堂四周环水，有桥通达四方，殿中供奉上帝。西汉末年，王莽假托古制，于长安城南效建明堂，始把明堂与辟雍合二为一，“起明堂、辟雍长安城南门，制度如仪，一殿，垣四面，门八观，水外周”。北魏时根据王莽的明堂式样，修建的明堂形式仍是“引水为辟雍，水侧结石为塘，事准古制”[②]，一圈水是辟雍，水圈里的正中央为明堂。东汉蔡邕《明堂章句》曰：“明堂者，天子太庙，所以宗祀，周谓明堂。东曰青阳，南曰明堂，西曰总章，北曰玄堂，中曰太室。人君南面，故主以明堂为名。在其五堂之中央皆曰太庙。飨射、养老、教学、选士，皆于其中。故取其宗祀之清静，则曰清庙；言其正室之貌，则曰太庙；取其尊崇，则曰太室；取其堂，则曰明堂；取其四门之学，则曰太学；取其四面周水圜如璧，则曰辟雍。虽各异名，而事实一也。”[③]蔡邕认为虽有所谓清庙、太庙、太室、明堂、太学、辟雍之名，但事却是一样的。卢植《礼记注》亦认为灵台、辟雍、明堂是一回事，“明堂，即太庙也。天子太庙，上可以望气故谓之灵台，中可以序昭穆故谓之太庙，圆之以水似璧，故谓之辟雍。古法皆同一处，近世殊异，分为三耳。”[④]

---

① ［汉］司马迁：《史记》卷一二，页480，中华书局，1987年。

② ［清］秦蕙田：《五礼通考》卷二六，《钦定四库全书·经部·礼类》，台湾商务印书馆影印，1986年。

③ ［元］黄镇成：《尚书通考》卷十，《钦定四库全书·经部·书类》，台湾商务印书馆，1986年。

④ ［汉］郑玄笺、［唐］陆德明音义、［唐］孔颖达疏：《毛诗注疏》卷二三，清文渊阁四库全书本。

灵台、辟雍和明堂，虽然名称不同，但事却是一样的，三者是相通的。灵台望气，与天相通，上建祭天的太庙则为明堂，环以水则为辟雍，但其本质都是天命的象征。历代帝王均欲强调天命，灵台、辟雍和明堂便是最好的表达方式。

三、圆坻是象征天命的灵台

林徽因《谈北京的几个文物建筑》称："团城是古代台的实例，台本是中国古代建筑中极普通的类型。从周文王的灵台和春秋秦汉的许多的台，可以知道它在古代建筑中是常有的一种，而在后代就越来越少了。古代的台大多是封建统治阶级登临游宴的地方，上面多有殿堂廊庑楼阁之类，曹操的铜雀台就是杰出的一例。据作者所知，现今团城已是这种建筑遗制的唯一实例，故极可珍贵。"[①]林徽因先生独具慧眼，看出团城是一座台。元代刘鹗《惟实集》记："广寒殿，在万岁山上……门前有桥，桥有石阑如玉，前有石台，上建圆殿，缭以黑粉墙，如太湖石状，台东西皆板桥，桥东接皇城，西接兴圣宫。"[②]在元代，圆坻原为石台，上建有圆殿，缭以石墙，四周环水。因仪天殿为重檐圆盖顶，故称圆殿。元代王士点《禁扁》曰："仪天，太液池南，俗号圆殿。"[③]圆象征天，殿名仪天。

所以，元大都城的规划是从经始圆坻为灵台展开的。

圆坻四周环水（图1-4），上有礼天的圆殿，北、东、西三面有板桥与大内、兴圣宫、万岁山相通，南面是碧波万顷的湖泊，此乃辟雍明堂之象，如《诗经·文王有声》所言"镐京辟雍，自西自东，自南自北，无思不服。皇王烝哉"，天下无不服从，这是文王盛德的体现。

---

① 林徽因：《谈北京的几个文物建筑》，《梁思成、林徽因讲建筑》，湖南大学出版社，2009 年。

② ［元］刘鹗：《惟实集》卷六，清文渊阁四库全书补配文津阁四库全书本。

③ ［元］王士点：《禁扁》卷二，清文渊阁四库全书本。

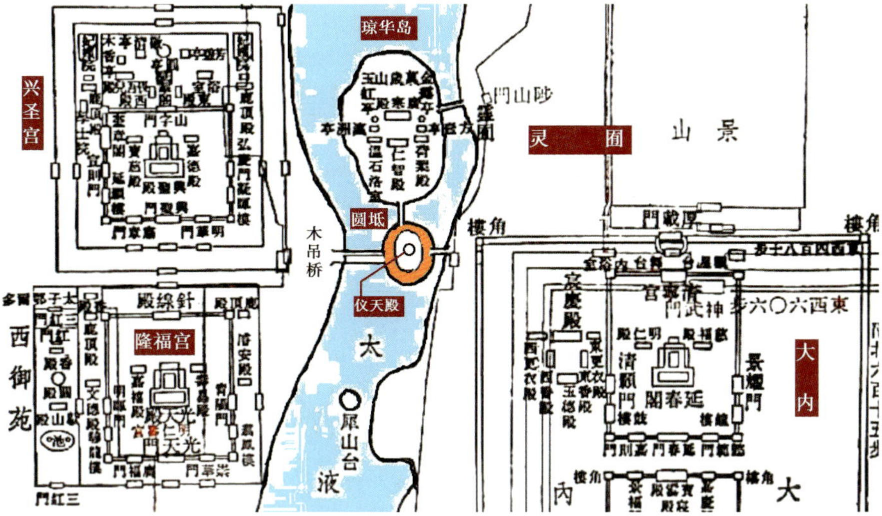

图 1-4　圆坻中心图（据朱偰《元大都宫殿图考》绘制）

圆坻成了忽必烈一统天下的象征。同时大内位置也就确定了，大内位于圆坻东南，如明堂之青阳左个，为天子所居之处；而圆坻又位于大内之西北，正当乾位即天位，至高无上，故台上建圆顶仪天殿以祭天，象征受天护佑，得天命。圆坻除了如灵台一样外，它还像一座蒙古包，也就是说忽必烈在大都城建了一座象征天的蒙古包。元代王祎《元故弘文辅道粹德真人王公碑》记："甲午，成宗登极，命公召天师龙虎山，比至葳醮翠华阁及万岁山圆殿，竣事，锡赉优渥。"[①]大都城建成22年后，成宗皇帝登基时，还要在圆殿建醮做法事以答谢上天。从这条记载可以看出来，圆坻的设置，是将天命与皇帝本人叠加在了一起。

《灵台》中有"王在灵囿"句，《毛传》注："囿，所以域养禽兽也。"郑玄《驳五经异义》云："于台下为囿为沼。"《毛诗正义》云："筑墙为界域，而禽兽在其中。"圆坻同样也建有灵囿，《辍耕

① 《王忠文集》卷一六，《元故弘文辅道粹德真人王公碑并序》，清文渊阁四库全书补配文津阁四库全书本。

录》记“万岁山在大内西北太液池之阳……山之东也为灵囿，奇兽珍禽在焉”[①]。如文王灵台一样有灵囿即御园，位于万岁山东、大内北，它是附属于圆坻的灵囿，并非大内的御苑。[②]台、水、囿俱全，说明这里是天命所在，仁德泽及鸟兽鱼鳖。

四、圆坻是皇城的中心

圆坻取象灵台，象征天，从元代陶宗仪《辍耕录》所记琼华岛及周围建筑分布看，它是皇城的中心，《辍耕录》记：“太液池在大内西，周回若干里，植芙蓉。仪天殿在池中圆坻上，当万寿山，十一楹，高三十五尺，围七十尺，重檐圆盖顶。圆台址，甃以文石，藉以花茵，中设御榻，周辟琐牕，东西门各一间，西北厕堂一间，台西向，列甃砖龛，以居宿卫之士。东为木桥，长一百廿尺，阔廿二尺，通大内之夹垣。西为木吊桥，长四百七十尺，阔如东桥，中阙之，立柱架梁于二舟，以当其空，至车驾行幸上都，留守官则移舟断桥，以禁往来。是桥通兴圣宫前之夹垣。后有白玉石桥，乃万寿山之道也。犀山台在仪天殿前水中，上植木芍药。”[③]据姜舜源《故宫断虹桥为元代周桥考：元大都轴线新证》考证，圆坻西吊桥长470尺，若以每尺0.31米折算，约合145米，与今北海大桥基本相同。后来改作石桥，清代称“金鳌玉蛛”桥。

---

① 前揭《南村辍耕录》卷二一，页255。

②《大元一统志》记海子桥“南直御园”，这并不能说明鼓楼就与大内中轴连为一线，实际上御园不是现在的景山公园，面积要大得多，它与西边的太液池是连在一起的，是圆坻灵台的灵囿。朱偰《元大都宫殿图考》称：“厚载门北为御苑，外周垣红门十有五，内苑红门五，御苑红门四，凡垣三重。内有水碾，引水自玄武池，灌溉种花木；自有熟地八顷。八顷内有小殿五所。元代诸帝，尝执耒耜以耕，拟于籍田也。考其地望，当在今景山西部及大高玄殿北至地安门一带，以垣三重及熟地八顷推之，四积颇广；所谓玄武池，盖即今北海也。”故海子桥虽与御苑相对，但不能就此认为与元大内中轴成一条线。

③ 前揭《南村辍耕录》卷二一，页256。

向北通万寿山的桥长200余尺，约合62米以上，也大致与现在距离相同。由此可见，圆坻自元、明、清至今位置未动，只是明后期将圆坻东部与东岸填土连接，使之成为半岛，并在通道东口建乾明门。夹垣为大内和隆福、兴圣各区宫墙外的低矮的围墙，这些围墙与高大的宫墙之间往往布置着一些官署或其他小型设施。[①]笔者认为圆坻向东的木桥长120尺，约合37米，可确定大内西北夹垣的具体位置在今团城东37米左右处，很有可能明代乾明门就是元大内夹垣的大门，正统元年与杨荣同乡的江銕记："戊申（宣德三年）春正月戊戌，元宵节赐文武大臣观灯于万岁山，命中官侍宴，公进《元宵赋》，赏钞三千贯。二月庚申，命公同少师蹇义等十八人从游万岁山，诏许乘马从东北门入，各携从者二人至乾明门下马登山，继命乘舟泛太液池。"[②]杨荣为永乐时大学士，乾明门明初已存在，早于填土圆坻东水面时期，它极有可能是元代的门名。乾明之义，即指通往天的大门，它与通往圆坻的木桥相通，因圆坻上建有礼天的仪天殿，故与天相通。由此可以确定元大内的中轴在明紫禁城中轴的西侧，靠近圆坻。圆坻东有大内，西有兴圣宫和隆福宫，北有万岁山，南有犀山台，圆坻东西各有一门，通过桥与大内、兴圣宫相连，名符其实地成为皇城的中心。

《辍耕录》记圆坻通往兴圣宫的板桥是吊桥，只有当皇帝车驾行幸上都时，才在两条船上立柱架梁将两端连接起来，皇帝过后，即"移舟断桥，以禁往来"，说明这座桥是专门供皇帝使用的。圆坻的东板桥，直通大内夹垣，说明也是供皇帝使用的。通往兴圣宫的桥、通往大内的桥和通往琼华岛的桥，均为皇帝御用桥，这三条重要路线的设置，强调了圆坻的重要性。皇帝去上都、去太后兴圣宫、去琼华岛广寒殿，都要

---

① 姜舜源：《故宫断虹桥为元代周桥考：元大都轴线新证》，《故宫博物院院刊》1990年第4期。

② 《文敏集·附录》，清文渊阁四库全书本。

经过圆坻，原因就在于圆坻象征天，是中心。

林徽因《谈北京的几个文物建筑》称："仪天殿，在池中一个圆坻上。换句话说，它是一个岛，在北海与中海之间。岛的北面一桥通琼华岛(今天仍然如此)，东面一桥同当时的'大内'连络，西面是木桥，长四百七十尺，通兴圣宫，中间辟一段，立柱架梁在两条船上才将两端连接起来，所以称吊桥。当皇帝去上都(察哈尔省多伦附近)时，留守官则移舟断桥，以禁往来。现今的委曲地位使人不易感觉到它所曾处过的中心地位。"①

五、小结

在研究元大都时，琼华岛区域中的圆坻即今团城，常常被忽视，仅仅把它看成是一座供帝王游玩的小岛屿。其实它在元大都城的布局规划中占有最重要的地位，它处于皇城的中心，大内、兴圣隆福二宫及琼华岛，如众星捧月一般拱卫在它的周围。

忽必烈定都燕京，必须要行"中国事"，从改年号为至元和国号为大元，就可以看出要以儒家思想治国，"至元""大元"均出自《周易》，《周易》相传为文王所作，阐述的是人与天的关系，仪天圆坻的出现，显然是强调了自己受天明命，故以圆坻作为皇城的中心点，而不是以大内作为皇城的中心。

以太液池圆坻为中心的规划，突破了前代都城规划制度，不以宫城为中心，而是以天为中心，故圆坻为圆形，甃以石墙，上建重檐圆顶的仪天殿，表明这里才是天下的中心，是天神所在之处，是最高神圣之处。它起源于蒙古的"天佑"观念，同时又与儒家的天命观相结合，以灵台明堂辟雍的形制矗立于太液池之中。

---

① 前揭《梁思成、林徽因讲建筑》。

元大都析木天市之象

元大都西北有一片宽阔的水域，名曰海子，也称玄武池，是大运河漕运的终点站，在大运河与海子连接处建有一座海子桥，进入海子的船只就从此桥下经过，然后停泊于海子中。这里舟船相济，云帆相连，楼台水榭，勾兰瓦肆，商铺林立，钟鼓楼就矗立于这个区域之中，晨钟暮鼓，人流熙熙，上应天市天象，是帝国的商业繁华区。

一、钟鼓楼与齐政楼

（一）钟楼、鼓楼和齐政楼的位置关系

海子桥（图1-5），《明一统志》记："万宁桥在海子东岸，跨玉河上流。"① 《析津志》记："万宁桥，在元武池东，名澄清闸。

图 1-5　海子桥

① ［明］李贤等撰：《明一统志》卷一，页 12，三秦出版社，1990 年。

至元中建，在海子东。至元后复用石重修，虽更名万宁，人惟以海子桥名之。”①据王灿炽、岳升阳等人的考证，海子桥就是现在的地安门桥。②海子桥南为元大内，以北官署并列，商铺林立，是都城最繁华富贵之地。史料记载，在元代这里有三座高大的建筑——钟楼、鼓楼和齐政楼。但由于文献记载得不清楚，给研究者带来了困惑，有的研究者认为鼓楼就是齐政楼，有的研究者认为鼓楼与齐政楼是两座不同的建筑。除了钟楼的地点是固定无争议外，鼓楼和齐政楼的位置不确定：一说齐政楼即今鼓楼；一说齐政楼在旧鼓楼大街南口；一说鼓楼与钟楼东西并列，位于旧鼓楼大街上；一说鼓楼在旧鼓楼大街南口，钟楼在旧鼓楼大街北口。③这三者到底是一种什么关系？齐政楼与鼓楼是否是同一座楼？首先从《析津志》的两条史料说起。

第一条史料有“钟楼”和“齐政楼”两个条目，“钟楼”条目下记：“钟楼，京师北省东，鼓楼北。至元中建，阁四阿，檐三重，悬钟于上，声远愈闻之。钟楼之制，雄敞高明，与鼓楼相望。本朝富庶殷实莫盛于此。楼有‘八隅四井’之号，盖东、西、南、北街道最为宽广。”④“齐政楼”条目下记：“齐政楼，都城之丽谯也。东，中心阁，大街东去即都府治所；南，海子桥、澄清闸；西，斜街过凤池坊；北，钟楼。此楼正居都城之中，楼下三门，楼之东南转角街市俱是针铺。西斜街临海子，率多歌台酒馆，有望湖亭，昔日皆贵官游赏之地。楼之左右，俱有果木、饼面、柴炭、器用之属。齐政者，《书》‘璇玑玉衡，

① 前揭《析津志辑佚》，页102。

② 王灿炽：《元大都钟鼓楼考》，《故宫博物院院刊》1985年第4期。岳升阳：《元大都海子东岸遗迹与大都城中轴线》，《北京社会科学》2014年第4期；齐心主编：《北京元代史迹图志》，北京燕山出版社，2009年。

③ 诸说参见赵正之《元大都平面规划复原的研究》、王璞子《元大都城平面规划述略》、杨乃济《乾隆京城全图考略》、王灿炽《元大都钟鼓楼考》等文章。

④ 前揭《析津志辑佚》，页108。

以齐七政’之义。上有壶漏、鼓角。俯瞰城堙，宫墙在望，宜有禁。”[1]此条史料先说钟楼和鼓楼及这个区域的繁华程度，有“八隅四井”之称，言钟楼位于鼓楼北；然后再说齐政楼及它的东南西北布局，亦是繁华之地，称楼北为钟楼。这两个条目的记载，有一矛盾处即鼓楼北为钟楼，齐政楼北亦为钟楼。

第二条史料：“双青杨树大井，关帝庙。又北去，则昭回坊矣。前有大十字街，转西大都府巡警二院。直西，则崇仁倒钞库。西，中心阁。阁之西，齐政楼也。更鼓谯楼。楼之正北，乃钟楼也。”[2]大十字街即今交道口，往西为大都府、巡警二院和崇仁倒钞库，倒钞库西为中心阁，阁西为齐政楼，楼北为钟楼。

以上两条史料，并不能准确地定位钟楼、鼓楼和齐政楼的位置，但很容易让人认为齐政楼就是鼓楼。然而《大明一统志》的记载却颠覆了齐政楼就是鼓楼的认识观念，《大明一统志》记：“鼓楼在府西。钟楼在鼓楼北，二楼俱本朝永乐十八年建。燕角楼在府西南一十五里，辽建，今其地犹名燕角。齐政楼在府西海子东岸，元建，盖取齐七政之义。”[3]这条记载，准确无误地证明钟楼、鼓楼和齐政楼是三座完全不同的楼，而且位置关系也很清楚。《大明一统志》的编撰始于洪武三年的《大明志书》，经洪武二十七年的《寰宇通衢书》、永乐十六年的《天下郡县志书》、英宗七年的《寰宇通志》的先后编纂完善，最终成书于天顺五年《大明一统志》[4]，由此可知《大明一统志》编撰于明初洪武至天顺时期，编撰者对元末明初北京城的变化应了若指掌，其记录是准确可靠的。

永乐元年正月北平升为北京，改为顺天府，顺天府大堂位于今鼓楼

① 前揭《析津志辑佚》，页 108。

② 前揭《析津志辑佚》，页 116。

③ 前揭《大明一统志》卷一，页 10。

④ 前揭《大明一统志》卷一，页 2。

东大街的东公街内，也就是元代的大都府所在地。按《大明一统志》所记，钟楼、鼓楼和齐政楼皆位于府西，其中钟鼓二楼建于永乐十八年，齐政楼为元代所建。鼓楼在顺天府西即鼓楼东大街西，钟楼在其北。齐政楼在府西海子东岸。元明海子即今前海，据岳升阳《元大都海子东岸遗迹与大都城中轴线》的考证，元代海子东岸要比今前海东岸更靠东，在今地安门外大街西和地安门商场、火神庙迄东一线。[①]《析津志》记齐政楼南为海子桥，因此齐政楼的位置应在海子桥北。

钟楼、鼓楼、齐政楼三者的位置关系应该是从南至北为齐政楼、鼓楼和钟楼，处海子东岸，海子桥北。

（二）永乐时的鼓楼形制

永乐十八年所建钟鼓二楼是否是在元钟鼓二楼的基础上重建的呢？首先，专家发现了今鼓楼的地基为元代地基。据郑毅《北京钟鼓楼修缮记实》记，“1986年3月28日，鼓楼水泵房地下室开槽时，在现场发现鼓楼的地基从上至下顺次为：条石（长50厘米、厚18厘米）、青砖（49厘米×22厘米×12厘米），砖瓦碎块与黄粘土层相叠。经专家初步判断，此为元代地基的做法”[②]，据此可以确定永乐时所建鼓楼是在元鼓楼的基础上重建的。

元钟鼓楼建于至元九年，据至元二十三年编纂的《元一统志》记“至元九年二月，改号大都，迁居民以实之，建钟鼓楼于城中”[③]，25年后即大德元年鼓楼重建，《元史》记“都城刻漏，旧以木为之，其形如碑，故名碑漏，内设曲筒，铸铜为丸，自碑首转行而下，鸣铙以为节，其漏经久废坏，晨昏失度。大德元年，中书俾履谦视之，因见刻漏旁有宋旧铜壶四，于是按图考定莲花、宝山等漏制，命工改作；又请重建鼓

① 岳升阳：《元大都海子东岸遗迹与大都城中轴线》，《北京社会科学》2014年第4期。

② 郑毅：《北京钟鼓楼修缮记实》，见王军《尧风舜雨：元大都规划思想与古代中国》，页65。

③ ［元］孛兰肹等编撰：《元一统志》，中华书局，1981年。

楼，增置更鼓并守漏卒，当时遵用之”[①]。

《析津志》称“钟楼之制，雄敞高明，与鼓楼相望”，说明元代时钟鼓二楼体量相当，但并非《析津志》所记那样高大宏伟。

按《大明一统志》记，钟鼓二楼为永乐时所建，说明永乐帝迁都北京重新规划都城时，对钟鼓二楼进行了重建，或许《凤阳新书》的记载能提供其重建的原因：“（鼓楼）筑台，下开三券，上有楼九间，层檐三覆，栋宇百尺，巍乎翼然，琼绝尘埃。”中都鼓楼由台基和楼宇两部分组成，辟有三门，规模宏大，直追唐代鼓楼。可能在永乐帝的眼中，元代钟鼓楼与明中都鼓楼祖制不符。

那么，永乐时所建的鼓楼是什么样子的呢？

《清史稿》记：“鼓楼在地安门外，明永乐中毁，乾隆十二年重建。”[②]鼓楼是永乐十八年重建的，并非毁于永乐中，而是毁于明末清初的战乱，清初谈迁《北游录》记：“还经鼓楼，楼毁而石洞高筑，雄风四来。稍北钟楼，其制其毁并如之。南直皇城之北安门，万岁山负皇城矗然在望。”[③]顺治四年重建，《清实录》记：“钟鼓楼二座，每座各三间，长三丈，阔四丈三尺八寸，檐柱高一丈二尺，中柱高二丈三尺。”[④]乾隆时钟楼毁于火，乾隆《御制重建钟楼碑记》记：“皇城地安门之北有飞檐杰阁翼如焕如者为鼓楼，楼稍北崇基并峙者为钟楼，其来旧矣。而钟楼亟毁于火，遂废弗葺治。……基仍旧址，构用新制。凡柱棁榱题之用，悉甃以砖石，俾规制与鼓楼相称。”[⑤]钟楼重建时改用砖石结构，目的是以承受重力在高度上与鼓楼保持一致，所以乾隆重建时，由于钟楼改为砖石结构，建成后的钟楼竟高达47.5米（图1–6）。

---

① ［明］宋濂等撰：《元史》卷一七二。

② 《清史稿》，“志三十六 · 地理一”。

③ ［清］谈迁：《北游录 · 纪邮上》。

④ 《大清世祖章皇帝实录》卷三五，“顺治四年十一月戊午”。

⑤ 前揭《钦定日下旧闻考》卷五四，页 869。

图 1-6 钟楼（清乾隆时建）

顺治时重建的鼓楼，乾隆时完好并一直保存至今，其形制为三重屋檐，通高46.7米，楼身坐落在4米高的砖砌城台之上，城台之上辟有三门，符合明中都鼓楼形制。说明顺治时重建的鼓楼应是按永乐时的形制建造的。

我们再来看元代的齐政楼，《析津志》称之为“都城之丽谯”，可知齐政楼是当作谯楼来使用的。谯楼原是州军子城的鼓角楼，初创于唐，定型于宋，是设于子城南门上的城门楼。[①]齐政楼楼下辟有三门，但并没建在城台上，与今鼓楼形制不一致。

永乐帝规划新都，重建钟鼓楼，挡在鼓楼前的齐政楼就面临被拆除的命运了。拆除它的另一原因，可能是它在元大都中的地位，据武廷海老师考证，“齐政”一词出自《尚书·舜典》：“在璇玑玉衡，以齐

① 郭华瑜：《南京鼓楼的前世今生》，《紫禁城》2012 年 3 月刊。

七政”，它有两种说法：一种是星象说，主张璇玑玉衡就是北斗七星，“璇玑”是指北斗七星中的前四颗，“玉衡”是指后三颗，直接观测北斗七星来获悉季节性变化以及星象特征；另一种是仪器说，通过璇玑、玉衡等观测仪器来测定日月五星在二十八宿的运行位次。无论哪种说法，其目的都是一致的，那就是“以齐七政”，在某种程度上说“齐七政”就是“正天时”，掌握了“七政”在天上的运行规律就可以用来推算历法，这是简单易行的方法，武老师认为这是元大都设置齐政楼的根本原因。①设置齐政楼的另一原因，据王军老师《尧风舜雨：元大都规划思想与古代中国》考证，在于宣示元朝的建立是尧舜治统和道统的延续，如元代郭守敬所言“昔人立法，必推求往古生数之始，谓之演纪上元。当斯之际，日、月、五星同度，如合璧连珠然”，推求这一时刻，确定上元，是古人治历明时的关键所在，“齐七政”之真义在此，“在璇玑玉衡，以齐七政”就是观察北极周围北极星、北斗的运行状态，推求日、月、五星同度，制定历法。②可见齐政楼在大都城中的重要性，它具有完全的独立性和崇高的统领地位，承尧舜授时立法之传统，是元朝天命的象征。永乐帝规划北京城时，按明中都之制设鼓楼，而象征元朝天命的齐政楼很有可能就是在这时被拆除的，以便突出新鼓楼的雄阔高大，并成为新京城中的制高点。

二、钟鼓楼与海子桥的天象

海子东为海子桥，海子桥北为钟鼓楼，这一带商业发达，道路四通八达，并临漕运的终点站海子，号称“八隅四井”之地，最是都城繁华处，为《周礼》前朝后市之后市。

---

① 前揭武廷海《元大都齐政楼与钟鼓楼研究》。又见王军《尧风舜雨：元大都规划思想与古代中国》，生活·读书·新知三联书店，2022年。

② 王军：《尧风舜雨：元大都规划思想与古代中国》。

钟鼓楼+海子+海子桥是这一区域的布局特点，它是否符合天市垣（市楼）—银河—析木之津的天象呢？

首先，元大都是按星象规划布局的。《析津志》记"世祖皇帝统一海寓，定鼎于燕。省部院台、百□庶府，焕若列星"[①]，李洧孙《大都赋》亦称"斗杓之翊，对鹑火之炜煌……都省应乎上台，枢府协乎魁躔。霜台媲乎执法，农司符乎天田"[②]，一幅天上人间的景象。

其次，燕京的星象分野为析木之次。《史记·天官书》曰："尾、箕幽燕。"《正义》曰："尾为析木之津，于辰在寅燕之分野。"《汉书·地理志下》曰："燕地，尾、箕分野也。自危四度至斗六度，谓之析木之次，燕之分也。"以星土辨分野，燕分野尾、箕。而尾箕之间正好是银河经过之处，《晋书·天文志上》："天汉起东方，经尾箕之间，谓之汉津。"

析木为十二星次之一，恰好在尾、箕二宿之间，尾箕之间为银河，隔河需津梁以渡，故谓此次为析木之津即渡口和桥梁。故海子桥原为木桥，以象征析木，建于至元中，后改为石桥，《析津志》记："至元后复用石重修，虽更名万宁，人惟以海子桥名之。"[③]

第三，海子是银河的象征。宫城旁边的湖泊，汉代称为太液池，元代称海子，元代马祖常诗："朝马秋尘急，天潢晓镜舒。影圆云度鸟，波静藻依鱼。石栈通星汉，银河落水渠。无人洗寒露，为我媚芙蕖。"称栈道海子桥与星汉相通，海子象征银河。《析津志》亦有诗云："和义门边通辇路，广寒宫外接天潢。"[④]广寒宫在琼华岛上，天潢即银河，是说太液池即海子象征银河。《元一统志》曰："诸水毕合，遂建澄清闸于海子之东，有桥南直御园，通惠河碑有云'取象星辰紫宫之后，阁

① 前揭《析津志辑佚》。页 10。

② 前揭《钦定日下旧闻考》卷六，页 88—91。

③ 前揭《析津志辑佚》，页 102。

④ 前揭《析津志辑佚》，页 96。

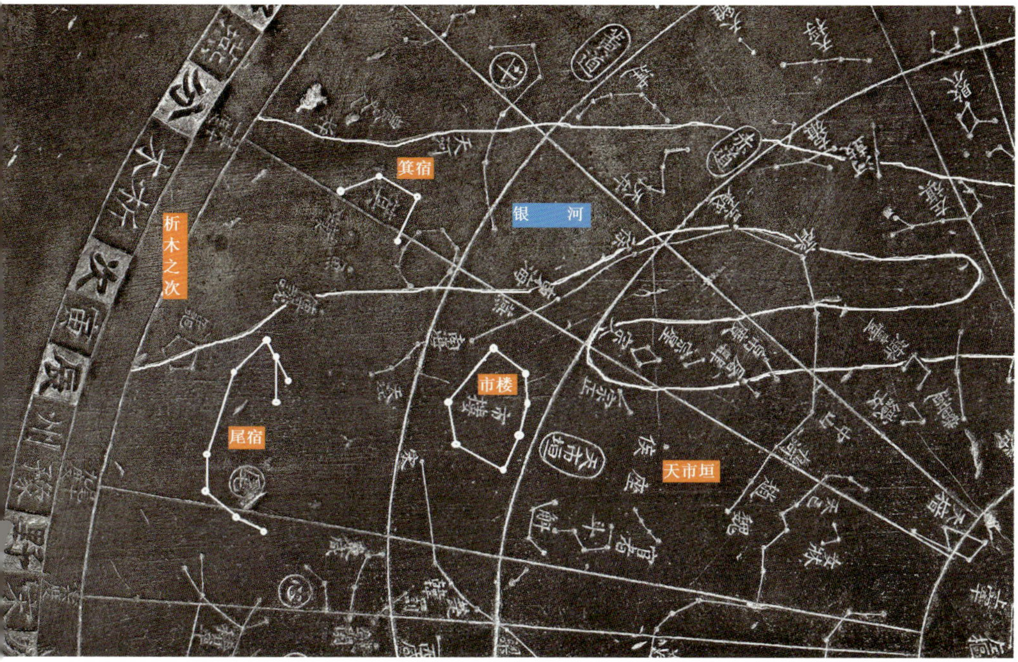

1–7 析木尾箕天市垣星象图

道横贯天之银汉’也。”[1]

按天象，天市垣在银河与尾箕旁（图1–7），由列肆、车肆、市楼、宗、屠肆、帛度、斗、斛等组成，是天庭的商品集中市场，加上尾、箕二宿，是夜空中群星最集中闪耀的地方（人马座银心黑洞就在此处，故群星聚集）。而尾箕之间又为析木之次，这一区域由市楼—银河—析木之津组成，构成了无比壮丽而繁华的天象，此处还有渡口和桥梁，恰似熙熙攘攘的市场。大地上的城市及商业区大多数都是靠着渡口而发展起来的，渡口区域是商业最繁荣之处（北宋《清明上河图》）。钟鼓楼+海子+海子桥，正是市楼—银河—析木之津的投影。

① 《元一统志》卷一，页15。

燕位于寅位，得天时，为析木之分野，故大都城设计者利用这一天象，在海子旁规划钟鼓楼商业区，并于海子东建海子桥，以构成一个完美的天市垣—银河—析木之津天象，象征年岁殷实、太平之象。

三、小结

元大都是在一片宽阔的平地上建起来的，规划时不会受到原有建筑格局的影响，《析津志》记其内外城制与宫室、公府，并系圣裁，与刘秉忠率按地理经纬，辨方正位，以城制地有关，[①] “象黄道以启途，仿紫极而建庭”，完全可以按星象进行规划布局。特别是金中都北的这片宽阔的湖泊，成为规划元大都的灵魂。以星象分野为参照，湖泊成为天上银河的投影，海子桥遂成为析木之津，钟鼓楼区成为天市垣的镜像，使这个区域成为帝国繁华的象征。

---

① 前揭《析津志辑佚》，页 33。

第二章 文德光华

元大都以圆坻灵台为中心来建构设计，强调天命所在。但元大都的这一设计意旨没有被明代继承下来，朱棣迁都北京，遵祖制，立两京，几乎将元大内夷为平地，在元大内的旧基上建了一座全新的宫城紫禁城。

紫禁城虽然总体上是按《周礼》设计，有气势宏伟的五门三朝，如《礼记注疏》郑玄注曰："天子五门：皋、库、雉、应、路，鲁有库、雉、路，则诸侯三门。"[①]天子五门，诸侯三门，这是严格的礼制规定，以便天子行使权力。但在这种总体规划的框架中，笔者发现左右对称的文武两组建筑群，既是对《周礼》的继承，又超越了《周礼》，将道统精神注入其中，使文武二楼不仅在都城、宫城的布局中起到功能性的作用，还是文武之道、仁义之道和阴阳之道的体现，使紫禁城、北京城的规划呈

---

① ［汉］郑玄注，［唐］孔颖达疏：《礼记注疏·明堂位》卷三一，《钦定四库全书·经部·礼类》，台湾商务印书馆影印，1986 年。

现出一个全新的面貌，上升到精神层面，昭示了古代精神文化的价值取向，体现了文化生生不息的传承与弘扬。如果说宋代为天地立了一颗仁心，那么明代则为紫禁城、北京城立了一颗仁心。

这种大格局被清代统治者全部继承了下来，以表正统合法性，同时个别统治者则走入内心，以圣人为榜样，表现最为突出者当为乾隆，他借改造潜邸之机，把大舜“乐取于人以为善”的思想注入其中，“惟精惟一，允执其中”，重其文德之光华。

如果说永乐时的文武布局是一种传统道德价值观的载体，清代顺治时更三大殿名为太和、中和、保和，则体现了统治者欲建构和与秩序的礼乐社会的诉求。

第一节

明代北京城的文武建筑布局

一座城市的格局决定了这座城市的气质。从人到自然世界，对称性占有主导地位。北京城将这一自然法则纳入城市规划之中，东边布置属文的建筑，西边布置属武的建筑，形成了明显的东文西武对称格局。但文武二楼并非凭空而来，它是周代朝门外两块石头演变的结果，在北京城则被赋予了新的含义。它不仅在建筑上体现了国家文武官僚体制结构，各司其职，各尽其责，而且还使建筑具有文武特性，特别是大明门两侧矗立的文德和武功两座牌楼，它们就像两座纪念碑一样，昭示着这座城市的精神气质，一文一武，一刚一柔，一阴一阳。

一、文武二楼的起源

朱元璋定都南京，创建紫禁城，于正殿奉天殿东西两侧建文楼、文华殿和武楼、武英殿。朱棣迁都北京，承其宫城规制。北京紫禁城建成之

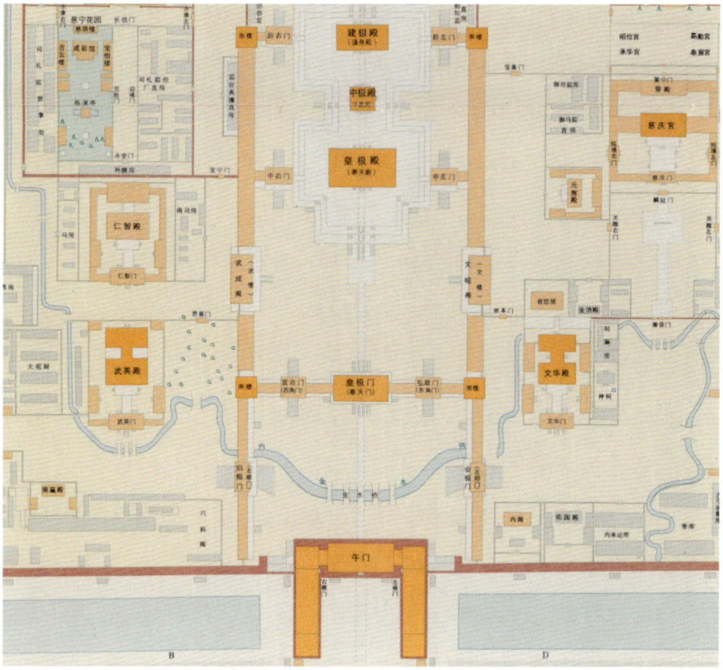

1-8
紫禁城前朝文武二楼布局图（采自中国社会科学院考古研究所《明天启紫禁城图》）

日，大学士杨荣、李时勉等亲睹宫城壮丽，杨荣《皇都大一统赋》曰："文楼、武楼之特耸，左顺右顺之并建。若乃震位毓德，文华穹隆；亦有武英，实为斋宫。"[①]金幼孜《皇都大一统赋》曰："奉天屹乎其前，谨身俨乎其后，惟华盖之在中，竦摩空之伟构。文华翼其在左，武英峙其在右。"[②]李时勉《北京赋》曰："东崇文华，重国家之大本；西翊武英，严斋居而存诚。"[③]陈敬宗《北京赋》曰："翊以文楼、武楼、左阙、右阙之嶒峵。"[④]文武二楼位于正殿奉天殿东西两侧（图1-8），文华殿翼其左，为国家之大本；武英殿峙其右，为谨身之斋居存诚。东文西武的布局

① ［明］杨荣：《皇都大一统赋》，《杨文敏集》卷二五，清文渊四库全书本。
② ［明］金幼孜：《皇都大一统赋》，《金文靖集》卷一〇，清文渊四库全书本。
③ ［明］李时勉：《北京赋》，《钦定日下旧闻考》卷六，页91–93。
④ ［明］陈敬宗：《北京赋》，《钦定日下旧闻考》卷七，页107–109。

在宫城规划中体现了出来，它不仅对三大殿形成拱卫之势，而且还具有某种精神价值的作用，可见文武二楼在宫城布局中的重要性。

文武二楼源于周代朝门外的两块石头嘉石和肺石。

《周礼·大司寇》记："以嘉石平罢民……以肺石达穷民，凡远近茕独老幼之欲有复于上而其长弗达者，立于肺石三日，士听其辞，以告于上而罪其长。"《周礼·朝士》亦记："左嘉石，平罢民焉；右肺石，达穷民焉。"唐人贾公彦疏曰，"嘉石，文石也者。以其言嘉，嘉善也。有文乃称嘉，故知文石也，欲使罢民，思其文理以改悔"，"肺石，赤石也者。阴阳疗疾法，肺属南方火，火色赤，肺亦赤，故知名肺石是赤石也，必使之坐赤石者，使之赤心不妄告也"。[①]设于朝廷门外左边的是嘉石，右边的是肺石。设嘉石的目的是使有罪过但还没有触犯刑法的人跪在嘉石上，以令其悔改。设肺石的目的是让那些无靠的孤老独幼有冤屈而地方长官又不受理时，可立于肺石上三天，以显其赤心不妄告，士便会出来受理其诉讼，上报主管官员，对案件进行审理，并对地方长官给予处罚。到西晋时建立了直诉制度，所以自西晋时起，在朝堂外悬设登闻鼓，允许有重大枉屈者击鼓鸣冤，直诉中央甚至皇帝。唐宫城承天门朝堂外东置肺石，西设登闻鼓，就是这一制度的反映。《唐会要》记："其年二月制，朝堂所置登闻鼓及肺石，不须防守，其有捶鼓石者，令御史受状为奏。"[②]唐玄宗建大明宫时，于含元殿前建钟楼和鼓楼，则把二者演变为配楼的形制。《新唐书》记："武班居文班之次入宣政门，文班自东门而入，武班自西门而入……百官班于殿庭左右，巡使二人分莅于钟鼓楼下。"[③]宋代继承唐宫阙之制，于殿庭左右设钟鼓楼

---

① ［汉］郑玄注，［唐］贾公彦疏：《周礼注疏》卷三四，《钦定四库全书·经部·礼类》，台湾商务印书馆，1986 年。

② ［宋］王溥：《唐会要·通制之属》卷六二，《钦定四库全书·史部·政书类》，台湾商务印书馆，1986 年。

③《新唐书》卷二三上，《钦定四库全书·史部·正史类》，台湾商务印书馆，1986 年。

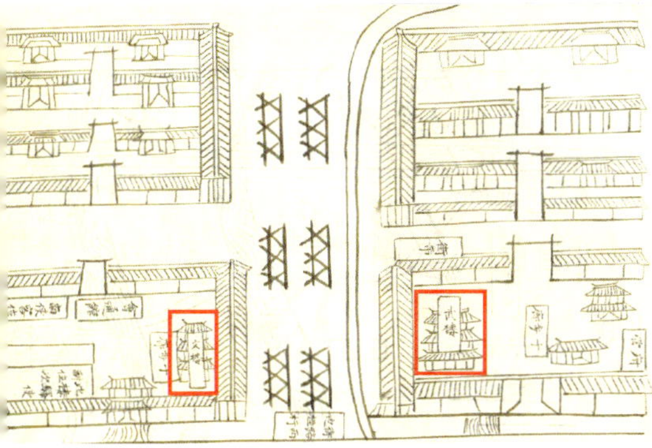

图 1–9　金南京城中的文楼与武楼位置图（采自南宋陈元靓《事林广记外集上》中的“南京图”局部）

二楼，《宋史》记：“太宗召工造于禁中，逾年而成，诏置于文明殿东鼓楼下。”又记：“设鼓楼钟楼于殿庭之左右。”[①]金中都仿北宋汴京，分为宫城、皇城和廓城，宫城位于中央，皇城在宫城的南边。皇城正南门宣阳门内辟驰道直达宫城正南门，驰道东西两侧建有千步廊。据《金图经》记载道东建文楼，道西建武楼（图1–9）。元大内继承了这一制度，萧洵《故宫遗录》云：“大明门旁建掖门，绕为长庑，中抱丹墀之半。左右为文、武楼，与庑相连。正中为大明殿。”[②]元人陶宗仪《南村辍耕录》解释说：“钟楼又名文楼，在凤仪南；鼓楼又名武楼，在麟瑞南，皆五间，高七十五尺。”[③]可知，金代和元代的文武二楼，实际上就是唐宋时代的钟鼓二楼。

二、北京城的文武格局

金中都的文楼、武楼位于宫城南门外驰道的东西两侧，元大内文楼、武楼，则位于元大内正南门大明门内正殿大明殿的左右。明紫禁城文楼、武楼承袭元制，建于正殿奉天殿左右两侧。姜舜源先生在《五行四象三垣两极与紫禁城》一文中，从五行的角度首次提出紫禁城、北京城内凡属文化、文治方面的建筑、设施多在东侧，从木从春，如文楼（体仁阁）、文华殿、万春亭、南三所、端凝殿、传心殿、太庙、孔

① 《宋史》卷四八、七〇，《钦定四库全书·史部·正史类》，台湾商务印书馆，1986 年。

② ［明］萧洵：《故宫遗录·元故宫遗录序》，豫章丛书，两淮马裕家藏本。

③ 前揭《南村辍耕录》卷二一，页 252。

庙、崇文门等；凡属兵刑、武备性质的宫殿、设施多在西侧，从金从秋，如武楼（弘义阁）、武英殿、千秋亭、慈宁宫、懋勤殿、军机处、社稷坛、宣武门等。[①]这种布局，元大都城已见端倪，元大内正殿大明殿东有文楼，西有武楼；大都城东有崇仁门（明东直门），西有和义门（明西直门），东为文、仁，西为武、义，但元大都布局强调的却是建筑的星象分野，如《析津志》所言"世祖皇帝统一海寓，定鼎于燕。省部院台、百□庶府，焕若列星"[②]，李洧孙《大都赋》亦称元大都"仿紫极而建庭，榱题炳乎列宿。……都省应乎上台，枢府协乎魁躔。霜台媲乎执法，农司符乎天田。詹事、宣政、卫尉之院，错峙而鼎列；宣徽泉府将作之署，棋布而珠连"[③]。元大内是紫微垣，北中书省是上台星，枢密院是斗魁，大理寺是执法星，大司农是天田星，其他如詹事府、宣政院等都是按天上列星而分区布置，所以大都城布局虽有东文西武的意思，但并没强调突出这一特性。

明代北京城在元大都城东文西武的基础上，强调突出了都城的文武布局特点，由此超越了元大都城。笔者查阅到永乐时大学士李时勉《北京赋》中有如此一段文字："至于五军庶府之司，六卿百僚之位，严署宇之齐设，比馆舍而并置，列大明之东西，割文武而制异。"[④]确证了永乐时的北京城规划布局以中轴为准，将整个城市分为东文西武。大明门位于千步廊南端，是明朝的国门，位于中轴上，迤东是属文的建筑如文官办公衙署吏、户、礼、兵、工部及鸿胪寺、钦天监等机构，迤西是属武的建筑如武官办公衙署中、左、右、前、后五军都督府、刑部、太

---

① 姜舜源：《五行四象三垣两极与紫禁城》，《清代宫史探微》，紫禁城出版社，1991年，页251。

② 前揭《析津志辑佚》。页10。

③ 前揭《钦定日下旧闻考》卷六，页88—91。

④ ［明］孙承泽：《春明梦余录》卷一，《钦定四库全书·子部·杂家类》，台湾商务印书馆影印，1986年。

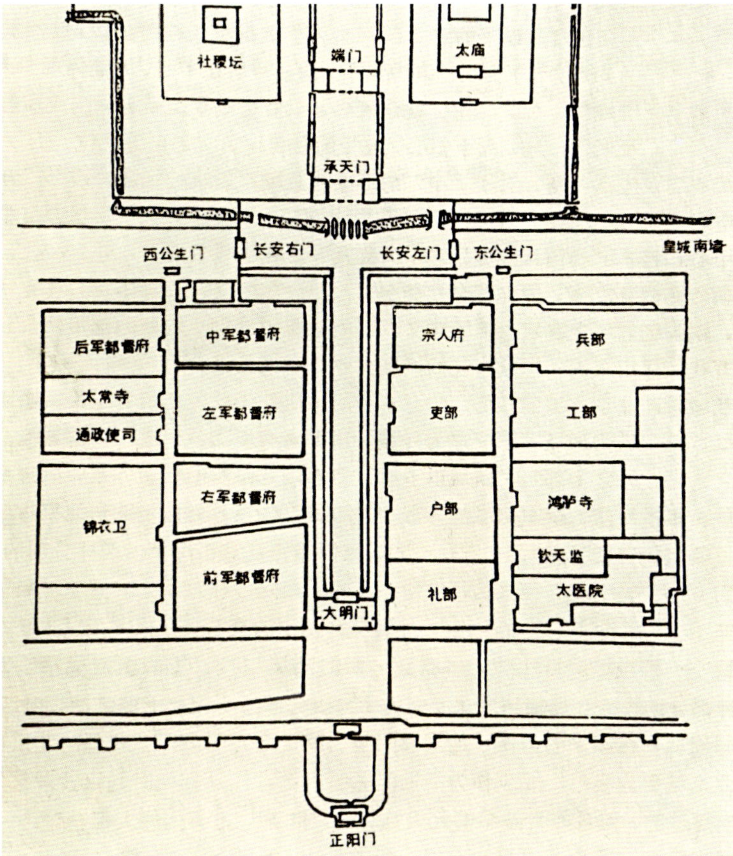

1–10
北京城中央官署机构分布
（采自中国社会科学院考
研究所《明北京复原图》）

常寺、锦衣卫等机构，东有文德牌楼，西有武功牌楼，故“割文武而制异”，形成了显著的东文西武的都城格局（图1–10），并与紫禁城中的文楼、文华殿和武楼、武英殿遥相呼应，这是明代以前所未有的都城规划。同时文武二楼还成为官员站位及身份的标志，《明会典》规定：“文武百官齐班，位于午门外之东西北上。文官侍立，位于文楼之北西向；武官侍立，位于武楼之北东向。”[①]文官要站在文楼前，武官要站在

① 《明会典》卷四六，《钦定四库全书·史部·政书类》，台湾商务印书馆影印，1986年。

武楼前。这种文武官员分东西站位法，自汉代就已出现，《史记》记：“汉七年，长乐宫成。……功臣列侯诸将军军吏以次陈西方，东乡；文官丞相以下陈东方，西乡。”[①]

左东右西，一文一武的建筑格局，实际上是传统文武之道的体现。永乐元年春正月，刚登上皇位的朱棣御奉天殿接受文武百官朝贺，颁布敕谕曰：

> 上天之德，好生为大。人君法天，爱人为本。四海之广，非一人所能独治。必任贤择能，相与共治。尧舜禹汤文武之为君此道，历代以来用之则治，不用则乱，昭然可见。……尔文武群臣，职无崇卑，体朕斯怀，各尽其道……为民造福，其悉力一志，敬之，慎之。[②]

春正月，如孔子《春秋》所记为大一统的标志，政教之始。“欲为君尽君道，欲为臣尽臣道”[③]，永乐帝称治理天下靠的是君臣一心，文武群臣，各尽其道，为民造福，这个道是从尧舜禹汤文武那传下来的，而尧舜文武之道又是法天之道。天道是什么呢？就是“上天之德，好生为大”，天把恩惠施给普天之下，没有私心，故法天的本质是要爱人为本。这则敕谕无疑是对日后紫禁城文武建筑格局的注脚，同时它也道出了儒家治国的道统思想，即尧、舜、禹、汤、文、武的为君之道为法天之道，所谓法天之道即为上天之德，上天之德即是好生为大，故为君之道就是要爱人为本，爱人为本即为仁德（仁道），以此治理国家则为行仁政。

---

① ［汉］司马迁：《史记》卷九九，“叔孙通列传”，页 2723，中华书局，1987 年。

② 《明实录·明太宗实录》卷一六，第 291 页，台北“中研院”校印，1966 年。

③ ［宋］朱熹注：《四书集注》，“孟子·离娄章句上”，页 295，凤凰出版社，2005 年。

三、小结

都城的发展源远流长，从很早开始，古城的规划就遵循着整齐划一，周代的五门三朝，六寝六宫，左宗右社，成为后世遵循的法则。明代北京城在都城发展史上脱颖而出，超越了以往的都城规划格局，一条中轴线，把北京城分成了文武两半，属文的建筑位于东方，属武的建筑位于西方，为城市的情怀和思想表达打下了基础。

第二节

文武二楼与文德光华

《周易》曰："上古穴居而野处，后世圣人易之以宫室。上栋下宇，以待风雨。盖取诸大壮。"上古时，人们冬天居于洞穴，夏天处于野外，后来圣人建筑了房屋，上有屋顶，下有栋梁，用以遮蔽风雨，这可能就是宫室最早的起源。建筑首先注重实用性，只有当建筑被赋予了礼的内容时，它才超越了实用性，具有了精神性。"据坤宁之正位，仿太紫之圆方"，统治者的诉求往往要通过建筑来宣示与表白，文武建筑格局就是为了体现儒家思想中的神圣的文武之道。

一、文武之道与秉文之德

文武之道源于《论语·子张》："文、武之道未坠于地，在人，贤者识其大者。"朱熹注曰："文、武之道，谓文王、武王之谟训功烈与凡周之礼乐文章，皆是也。"[①]文武之道指的是文王、武王推行的礼乐典制。《中庸》"文武之政，布在方策"，称周文王、周武王的政治措施都记录在典籍中，"其人存，则其政举；其人亡，则其政息"，孔子称

① ［宋］朱熹注：《四书集注》，"论语·子张第十九"。

这样的人在世，这些政事就能实施，他们去世，这些政事也就废弛了。《中庸》曰："无忧者其惟文王乎！以王季为父，以武王为子；父作之，子述之。武王缵大王、王季、文王之绪，壹戎衣而有天下。身不失天下之显名，尊为天子，富有四海之内，宗庙飨之，子孙保之。武王末受命，周公成文武之德，追王大王、王季，上祀先公以天子之礼。"文王继承父志，开创基业，武王晚年接受天命，战无不克。至周公时，才成就了文武之德，制礼作乐。

《礼记·杂记下》曰："张而不弛，文武弗能也；弛而不张，文武弗为也；一张一弛，文武之道也。"强调宽严相济乃为治国的文武之道，与《论语》《中庸》所说的文王、武王之道稍有所不同，但本质都是一样的。

《论语·八佾》曰："郁郁乎文哉！吾从周。"故孔子"祖述尧、舜，宪章文、武，上律天时，下袭水土。辟如天地之无不持载，无不覆帱，辟如四时之错行，如日月之代明。万物并育而不相害，道并行而不相悖。小德川流，大德敦化，此天地之所以为大也！"[①]孔子一切以文武之道为圭臬，文武之道是文王从尧舜那儿继承下来的，也就是说文武之道源自尧舜之道。尧舜之道是道统的雏形，尧舜之道是什么呢？《孟子·离娄章句上》曰："尧舜之道，不以仁政，不能平治天下。今有仁心仁闻，而民不被其泽、不可法于后世者，不行先王之道也。"朱熹注曰："先王之道，仁政是也。范氏曰'齐宣王不忍一牛之死，以羊易之，可谓有仁心。梁武帝终日一食蔬素，宗庙以面为牺牲，断死刑必为之涕泣，天下知其慈仁，可谓有仁闻。然而宣王之时齐国不治，武帝之末江南大乱，其故何哉？有仁心仁闻而不行先王之道故也。'"[②]尧舜之道就是仁道，要切切实实地把恩惠施予普天之下，而不是只有所谓的

---

① 王国轩译注：《大学中庸》，页139，中华书局，2019年。

② 前揭朱熹《四书集注》，"孟子·离娄章句上"。

“仁心”“仁闻”而已。所以文武之道上遵循天时，下符合地理。就好像天地那样没有什么不能覆盖的，也没有什么不能承载的。又好像四季的交替运行，日月的相互照耀。万物共同生长而不相害，道路并行而不冲突。小德如河水一样长流不息，大德则可使万物敦厚纯朴。将文、武与尧、舜联系在一起，并提高到了与天地同辉的高度，二者的特点是具有包容、仁慈万物的大德。《孟子·告子章句上》曰：“是故文、武兴则民好善，幽、厉兴则民好暴。”

尧舜之道其核心是文德。“文德”一词出自《尚书·大禹谟》“帝德广运，乃圣乃神，乃武乃文”“帝乃诞敷文德，舞干羽于两阶”，偃武修文，大舜的仁德之风广泛地传遍天下，既如圣人，又如神明。《诗经·江汉》“矢其文德，洽此四国”，是说宣王推行文德，天下和睦。《论语·季氏》“远人不服，则修文德以来之”，修治文德就可以使远方之人归服。故文德为仁慈、敦厚、温和、纯正等义。《尚书·尧典》曰：“允恭克让，光被四表，格于上下。”郑玄注曰：“言尧德光耀及四海之外，至于天地，所谓大人与天地合其德，与日月齐其明。”尧具有诚实、恭敬而又谦让的品德，所以他光耀四海，与天地同辉。《尚书·舜典》曰：“帝舜重华，协于帝。”称舜继承了尧的志向，名重华。孔颖达疏曰：“此舜能继尧，重其文德之光华。用此德合于帝尧，与尧俱圣明也。”唐代孔颖达将尧舜之德称为“文德”。

文是一个美好的词，《逸周书》记“经纬天地曰‘文’，道德博闻曰‘文’，勤学好问曰‘文’，慈惠爱民曰‘文’，愍民惠礼曰‘文’，锡民爵位曰‘文’”[①]，故《尚书·舜典》记“正月上日，受终于文祖”，尧太祖的宗庙称文祖（图1-11），则是赋予“文”这个词以最高境界，姬昌死后谥号为“文王”，说明继承了文祖之德。《诗经·思文》曰：“思文后稷，克配彼天。”《笺》称“文”为“文德”

① 黄怀信：《逸周书校补注释》，“谥法解第五十四”，页265，三秦出版社，2006年。

义，昔尧遭洪水，黎民阻饥，后稷播殖百谷（图1-12），烝民乃粒，万邦作乂，是因为周的先祖后稷有文德，解决了百姓吃饭的问题，功能配天。《诗经·皇矣》曰：“帝谓文王‘予怀明德，不大声以色，不长夏以革’。”上帝说文王有仁慈之德，从不用厉声厉色去教育百姓。《诗经·清庙》：“秉文之德，对越在天。”天德清明，文王有文德，故《中庸》曰：“《诗》云：‘维天之命，於穆不已！’盖曰天之所以为天也。‘於乎不显，文王之德之纯！’盖曰文王之所以为文也，纯亦不已。”天命是美好而不停息的，文王是最具有这种德的秉赋者，故称文王之德纯正，辉煌而光明。因为它来自尧舜，来自上天。

周文王是具有文德的典型代表（图1-13），后世将具有文德的君王称为太平天子，如唐代杜牧《感怀诗一首》所言“扶持万代人，步骤三皇

图 1-11　大舜敷文德图（采自明仇英《帝王道统万年图》）

图 1-12　后稷教民稼穑图（采自明仇英《帝王道统万年图》）

图1-13　周文王像（采自《古今君臣图鉴》）

地。圣云继之神，神仍用文治”，为了世世代代，遵循三皇治国原则，唐太宗以文德治理天下，于是天下太平。

把都城设计为文武分离的格局，是文武之道的体现，是治理天下的方法在建筑上的体现，目的是“秉文之德，对越在天”。文武之道源于周文王、周武王治国的礼乐典制，为孔子所推崇，成为儒家的理想政治，其核心是仁政，如《孟子·梁惠王章句上》所言“王如施仁政于民，省刑罚，薄税敛，深耕易耨，壮者以暇日修其孝悌忠信，入以事其父兄，出以事其长上”，就可以实现天下太平的理想。

二、体仁弘义二阁与仁义之道

《中庸》言“文武之政，布在方策”之后，接着说“故为政在人，取人以身，修身以道，修道以仁。仁者，人也，亲亲为大。义者，宜也，尊贤为大”。推行文武之道的根本在于人，人的根本在于修身。修身要遵循道德，遵循道德要以仁义为本。仁，就是人自身具有的爱人之心，亲爱亲人是最大的仁；义，就是事事做到适宜，尊重贤人是最大的义。说明文武之道实际上就是仁义之道。

《大清会典则例》记：“顺治元年，定鼎燕京，上大清门牌额。二年定正中三殿名，殿前曰太和门，门之左曰昭德门，右曰贞度门，东庑之中曰协和门，西庑之中曰雍和门，太和门之后曰太和殿，殿之左曰中左门，右曰中右门，东庑之中曰体仁阁，西庑之中曰弘义阁。”[①]顺治二年将文昭阁（文楼）改称体仁阁（图1-14），武成阁（武楼）改称弘

① 《钦定大清会典则例》（乾隆朝）卷一二六，“工部·营缮清吏司·宫殿”。

图 1–14　体仁阁（文楼）

图 1–15　弘义阁（武楼）

义阁（图1-15），文更易为仁，武更易为义。汉代《周易乾凿度》记："夫万物始出于震。震，东方之卦也。阳气始生，受形之道也，故东方为仁。"[①]震指东方，黄道与赤道交于东方角宿，为春分，阳气始生，万物出于此，故东方为仁。《周易乾凿度》又曰："兑，西方之卦也，阴用事而万事得其宜，义之理也，故西方为义。"[②]西方为兑卦，万物各得其宜，为阴为义。《礼记·乐记》称："春作夏长，仁也；秋敛冬藏，义也。"所以文武二楼又是仁义之道的体现。文武本为仁义，故清代虽易名，实质上仍继承了道统谱系中的核心价值观。

弘义，出自东汉班昭《女诫》："夫妇之道，参配阴阳，通达神明，信天地之弘义，人伦之大节也。"弘义即大义，指要遵守社会伦理道德。

体仁，出自《周易》"君子体仁足以长人"，作为君子首先要效法天德即仁德，具有仁心才能够去教化他人，"君子德风，小人德草"，使之形成一个仁爱的社会。唐代孔颖达《周易正义》所言"君子之人，体包仁道，泛爱施生，足以尊长于人也。仁则善也，谓行仁德。法天之元德也"。君子本性为仁，仁即善，践行之则谓仁德，仁德效法天的元德。

按汉代许慎《说文解字》的解释，"仁"是亲的意思，指对人友善。追根溯源，仁是孔子一生所追求的人生境界、他将仁赋予了丰富的道德内涵。《论语》中记载有关仁的话题大约有109条，其中孔子的弟子曾五次问仁是什么，如"仲弓问仁。子曰：'出门如见大宾，使民如承大祭。己所不欲，勿施于人。在邦无怨，在家无怨。'""樊迟问仁，子曰：'爱人。'""子张问仁于孔子，孔子曰：'能行五者于天下，为仁矣。'请问之。曰：'恭、宽、信、敏、惠。恭则不侮，宽则得众，信则人任焉，敏则有功，惠则足以使人。'"仁的核心是爱人，不要把自己的欲望强加给别人，并具有五种德行。《中庸》说："仁者，

① ［汉］郑康成注：《周易乾凿度》卷上，清文渊阁四库全书本。

② ［汉］郑康成注：《周易乾凿度》卷上，清文渊阁四库全书本。

人也。”孔子对颜渊说实行仁德，完全在于自己，难道还在于别人吗？仁，是一种爱，“泛爱众，而亲仁”，由对亲人的爱推及他人，“人皆有所不忍，达之于其所忍，仁也”[①]。仁同时也是一种克己的修养功夫，它不但是对德性的统称，要求君子具有恭、宽、信、敏、惠的品德，还要做到平时起居端庄恭敬，做事严肃认真，对待他人忠诚有信。仁是“先难而后获”的付出，同时还要长期地坚持下去，做到“无终食之间违仁，造次必于是，颠沛必于是”。所以仁是一种发自人内心的道德情感，是孔子思想的核心和终极价值。

孟子不仅发挥了孔子的仁，还把仁与义结合起来。在与梁惠王的对话中，孟子首先提出“何必曰利，亦有仁义而已”，《孟子·尽心章句上》曰：“王子垫问曰：‘士何事？’孟子曰：‘尚志。’曰：‘何谓尚志？’曰：‘仁义而已矣。’”

梁襄王曾问孟子：“天下恶乎定？”孟子回答说：“定于一。”“孰能一之？”孟子说：“不嗜杀人者能一之。”[②]天下一统，百姓乐业，只有推行仁政才能实现。孟子说伯夷、伊尹和柳下惠虽然好恶不同，但所行道却是一样的，“其趋一也。一者何也？曰：仁也”，“继之以不忍人之政，而仁覆天下矣”[③]，以悯恤别人的心情来实施悯恤别人的政治，那就是仁政，孟子把仁义移植到仁政上，“今王发政施仁，使天下仕者皆欲立于王之朝，耕者皆欲耕于王之野，商贾皆欲藏于王之市，行旅皆欲出于王之涂，天下之欲疾其君者皆欲赴诉于王”[④]，“当今之时，万乘之国行仁政，民之悦之，犹解倒悬也”[⑤]，推行仁政，百姓就会像人被倒挂着而给解救了一样高兴。《孟子·滕文公章句下》

---

① 前揭朱熹注《四书集注》，“孟子·尽心章句下”，页 290。

② 前揭朱熹注《四书集注》，“孟子·梁惠王章句上”，页 223。

③ 前揭朱熹注《四书集注》，“孟子·梁惠王章句上”，页 293。

④ 前揭朱熹注《四书集注》，“孟子·梁惠王章句上”，页 226。

⑤ 前揭朱熹注《四书集注》，“孟子·公孙丑章句上”，页 245。

曰："苟行王政，四海之内皆举首而望之。"不行仁政，"仁义充塞，则率兽食人，人将相食"①，《孟子·离娄章句上》曰："尧舜之道，不以仁政不能平治天下。""三代之得天下也以仁，其失天下也以不仁。国之所以废兴存亡者亦然。天子不仁，不保四海；诸侯不仁，不保社稷；卿大夫不仁，不保宗庙；士庶人不仁，不保四体。"②

怎样才能保证仁义的推行呢?

一是将仁义道德化。唐代韩愈称道德的内容就是仁义。他在《原道》③中开篇就称："博爱之谓仁，行而宜之之谓义，由是而之焉之谓道，足乎已无待于外之谓德。仁与义为定名，道与德为虚位。"他说博爱叫作仁，去践行仁就是义，沿着仁义之路走下去便是道，使自己具备完美的修养，而不去依靠外界的力量就是德。仁与义是意义确定的名词，道与德是意义不确定的名词。"吾所谓道德云者，合仁与义言之也，天下之公言也"，所以韩愈称他自己所说的道德，都是结合仁义说的，是天下之公论，不容置疑。

二是将仁义本性化。孟子主张人性本善，"仁义礼智，非由外铄我也，我固有之也"④，人皆有"四端"，生而有之，为先天所赋予。

三是将仁本体化。宋代二程将仁义统归为仁，称："学者须先识仁。仁者，浑然与物同体，义、礼、知、信皆仁也。"⑤张栻曰："人之性，仁义礼智四德具焉。……故仁为四德之长而又可以兼包焉。"⑥将仁从四德中抽离出来，与人性相结合，二程说"仁自是性"。

四是将仁心灵化。天地原无本心，所谓"天地以万物为刍狗"，而

---

① 前揭朱熹注《四书集注》，"孟子·滕文公章句下"，页 290。

② 前揭朱熹注《四书集注》，"孟子·离娄章句上"，页 295。

③［宋］姚铉：《唐文粹·原道》卷四三，清文渊阁四库全书补配文津阁四库全书本。

④ 前揭朱熹注《四书集注》，"孟子·告子上"，页 347。

⑤［宋］程颢、程颐：《二程集》卷二，"遗书"，页 16，中华书局，1981 年。

⑥［宋］张栻：《南轩集》卷一八，"仁说"，四库全书本。

儒家则赋予天地以仁心，并把它绝对化。朱熹把仁看成是上天生成万物的那颗心即仁心，上天将仁心赋予人与万物，人与万物得此心为心，这个就是上天之德的表现。朱熹说："盖仁也者，天地所以生物之心，而人物之所得以为心者也。惟其得夫天地生物之心以为心，是以未发之前四德具焉，曰仁义礼智，而仁无不统。"[①]明代曹端《通书述解》称："仁者，天地生物之心，而人所受以生者，为一心之全德，万善之总名。体即天地之体，用即天地之用；存之则道充，居之则身安。故孟子既以天之尊爵目之，复以人之安宅名之。"[②]

当达到了上面的要求时，一个明确的目标任务也就产生了，守天下国家只能靠仁，《易·系辞下》曰："天地之大德曰生，圣人之大宝曰位，何以守位曰仁。"《大戴礼记·武王践祚》记武王践祚时，曾问士大夫，有没有藏之简便，行之有效，让子子孙孙永远遵守的治国之策呢？师傅吕尚曰："且臣闻之，以仁得之，以仁守之，其量百世；以不仁得之，以仁守之，其量十世；以仁得之，以仁守之，以不仁得之，以仁守之，皆谓创基之君十百世，谓子孙无咎誉者于十百之外，天命则有兴，改其废立，大节依于此。以不仁得之，以不仁守之，必及其世，谓止于其身也。"[③]长治永安的方法只有一个就是以仁守之。《论语·卫灵公第十五》亦曰："知及之，仁不能守之，虽得之，必失之。知及之，仁能守之，不庄以莅之，则民不敬。知及之，仁能守之，庄以莅之，动之不以礼，未善也。"

清代将文楼改称体仁阁，武楼改称弘义阁，目的是为了强调守天下以仁。虽然殿名变了，但其本质没变，文武即是仁义。仁义不仅是道德价值观，也是治国的核心思想，推行仁政，四海雍熙，不行仁政，则四

---

① ［宋］朱熹：《朱文公文集》卷七七，"克斋记"，四部丛刊本。

② ［明］曹端：《通书述解》卷下，"颜子第二十三"，四库全书本。

③《大戴礼记·武王践祚第五十九》卷六，《钦定四库全书·经部·礼类》。

海穷困。守天下以仁就显得十分重要了。不仅要践行仁道，还要坚守仁道。体仁、弘义，使紫禁城在道义上树立起了高大的形象，建立了与传统相连接的纽带。

仁义之道无疑是古代最深入人心的道德价值观，是做人的准则。仁即爱人，老吾老以及人之老，幼吾幼以及人之幼，建构一个和谐的社会。仁爱，正义是最重要的，“仁，人之安宅也；义，人之正路也”，仁义是古人生命中的信仰。孔子说：“人能弘道，非道弘人”，“仁远乎哉？我欲仁，斯仁至矣”。[①]有了信仰，还需要去弘扬它。

三、文武二楼与天之大德

创生万物是天地的大德，如何生成，儒家认为是阴阳二气的作用。阴阳之道是天道，也就是生成万物之道。北京城的东西文武布局又体现了一阴一阳之谓道的思想。这一思想将北京城上升到形而上的高度，使北京城充满了生气，也使北京城有了一颗仁心。

《周易乾凿度》称东方为震卦，是阳气所生之处，西方是兑卦，是阴用事而得其宜。古人以左即东为阳，以右即西为阴。体仁阁位于东方，属阳，弘义阁位于西方，属阴，东为阳，西为阴，整个紫禁城和北京城被分成了阴阳两半，故文武二楼背后又体现了一阴一阳之谓道的思想。

什么是一阴一阳呢？

宋代王宗传《童溪易传》称：“窃原《易》之始作也，则亦本诸一奇一偶而已矣。天下之理，有动必有静，有刚必有柔，有屈必有伸，有消必有长，盖亦未有无对待而能不穷者，故曰‘一阴一阳之谓道’。圣人得其说，据以之以为《易》，故一奇一偶立，而阴阳兴，阴阳兴而动静、刚柔、屈伸、消长之理在是矣。”[②]王宗传认为一阴一阳之谓道，

---

① 杨伯峻译注：《论语译注》，页 105，2015 年。

② ［宋］王宗传：《童溪易传》卷一，清文渊阁四库全书本。

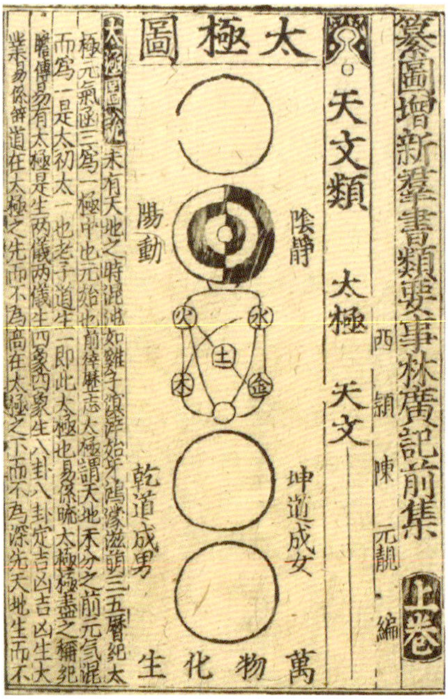

图1-16　万物化生图（采自南宋陈元靓《事林广记》）

是指对立双方的矛盾运动，形成了宇宙运动的基本规律，简单地说，就是对立运动是形成万物的基础。一阴一阳的本义源于《易经》“伏羲六十四卦次序”图，从下往上数，第一层是太极，第二层是一阴一阳（称作两仪），第三层是第二层所生之一阴一阳即四象，第四层是第三层所生之八卦，八卦再生出六十四卦，如此循环下去，可至无穷无尽。每层都是一阳生出一阴一阳且一阴也是生出一阴一阳，这就是阴阳变化的道路，故称一阴一阳之谓道。这个道也就是天生万物之道，因为原始为一，一生二，二生三，三生万物，也就是说可以无穷无尽地生下去，故天地有大德曰生。一阴一阳之谓道即一阴一阳之谓生（图1-16）。

明人吕坤《呻吟语》曰：“万物生于阴阳。”①生命是阴阳交会的产物。相传为周文王姬昌所作，被儒家尊为五经之首的《周易》称：“大哉乾元，万物资始，乃统天。云行雨施，品物流形。”万物的产生源于宇宙中的一股浩大的元气。元，《子夏传》解释称“元，始也”，它是万物的创始，具有统御天体运转的功能。有了它才能分离出阴阳二气，二气相交，才能行云布雨，普降甘沛，各类事物因此而获得了各自不同的形体。成书于战国时期的另一部儒家重要的经典《周礼》解释万物的

① ［明］吕坤：《呻吟语·天地》卷四，清文渊阁四库全书本。

产生亦是阴阳交会的结果，“天地之所合也，四时之所交也，风雨之所会也，阴阳之所和也，然则百物阜安”。传为西汉礼学家戴圣所编的《礼记》亦认为万物产生的根本在于阴阳的交会：“地气上齐，天气下降，阴阳相摩，天地相荡，鼓之以雷霆，奋之以风雨，动之以四时，暖之以日月，而百化兴焉。”[①]地气即阴气上升，天气即阳气下降，阴阳二气相互摩擦，天地相互激荡，雷霆来鼓动，风雨来振奋，四时来运行，日月来照耀，万物因此而化育生长。[②]

图 1–17　朱熹像

阴阳的交会产生生命，而且永无停息，说明生是天的本性，生即仁，朱熹（图1–17）曰：“仁是天地之生气。”“仁是个生底意思，如四时之有春。彼其长于夏，逐于秋，成于冬，虽各有气候，然春生之气皆通贯于其中。仁便有个动而善之意。”[③]由天地生物，上升到仁，由仁上升到天心即“动而善之意”，如此充盈天地皆在仁之孕育之中。朱熹称：“天地以生物为心，天包着地，别无所作为，只是生物而已。亘古亘今，生生不穷，人物则得此生物之心以为心。”[④]天地之心只想着生物，大德曰生，因万物为其所生，故而万物秉赋此心。人因先天秉赋天的本性，故而具有仁心。所以阴阳之道便是生生不息之道，这就是天

① 钱玄等注译：《礼记》下，页 504，岳麓书社，2002 年。

② 参见王子林《抱蜀不言：乾隆七十三年的坚守》，页 218，故宫出版社，2021 年。

③ 钱穆：《朱子新学案》（上），页 240，巴蜀书社，1986 年。

④ 同上注。

道。人的本心即天心，天心即仁心，仁心即道心，也就是说人的本性是善的，是充满生气的，有了此心，就可以造成天地，化育万物。这个终极命题在儒家这里得到了圆满的解决。

阴阳之道是北京城、紫禁城文武格局背后隐藏的自然规律。早在先周时代，周的先祖公刘建城时“相其阴阳，观其流泉”，城市的规划要与阴阳结合，“万物负阴而抱阳，冲气以为和”，万物的产生是由于阴阳的结合，城市有阴阳，则有生气。从文武之道到仁义之道，再到阴阳之道，紫禁城的文武建筑布局上升到了认识本体论的高度即天的本性上。天的本性是主生的，故而才产生了万物，有了生命。紫禁城的文武建筑正体现了这一本质，被注入了上天之德，成为紫禁城的精神灵魂。这个精神灵魂，就是道统的核心。

四、道统的传承与核心价值

要将一种文化定为千年不变之文化，而且要代代相传，儒家创造了道统，并把道统建立者和传承者祖先化和圣人化，以唤起后人的责任与担当。同时最重要的是道统核心精神的确立，把道统转化为传心，使道心成为一身之主，坚守道统成为自觉行为。

道统最早由朱熹提出，他在《四书集注》“中庸章句序”中称“中庸何为而作也？子思子忧道学之失其传而作也。盖自上古圣神继天立极，而道统之传有自来矣”。尧、舜、禹相传就是道统相传。道统源于《尚书》所记，尧传与舜“允执厥中”，舜传禹是“来，禹！……天之历数在尔躬……人心惟危，道心惟微，惟精惟一，允执厥中。……慎乃有位，敬修其可愿。四海困穷，天禄永终”，舜将“允执厥中”作了扩充和深化，发展为十六字。尧传舜（图1-18），舜传禹的核心思想是“允执其中，四海困穷，天禄永终”，即永守本心，不然百姓困苦，天命就会终结。天命的传承与百姓是否过得好有关，也就是要对百姓施善政即仁政。

汉代董仲舒称：“道之大原出于天，天不变，道亦不变，是以禹继舜，舜继尧，三圣相受而守一道。”[①]道出自于天，与《尚书》相接，即“天之历数在尔躬”，它一以贯之。

1-18 尧历象日月星辰（采自明仇英《帝王道统万年图》）

道统的确立，有两个方面的内容：一是出自于天，二是施仁于民。为何这样说呢？前面已经论证，天之大德在于生，生即是仁，天的本性是善，尧、舜、禹亲爱百姓，具有天的德性，故而天授之。《孟子·万章章句上》称“天子能荐人于天，不能使天与之天下”，是说天子能够向天推荐人，却不能强迫天把天下给与他，要荐之于天，而天受之，暴之于民，而民受之。让天接受的方法是使之主祭，而百神享之，是天受之；使之主事，而事治，百姓安之，是民受之。强调了“天视自我民视，天听自我民听”，百姓的眼睛就是天的眼睛，百姓的耳朵就是天的耳朵，天命在于德。孟子举了一个例子是百姓选择了启而没有选择益的原因是：益相禹，历年少，施泽于民未久，而启贤，能敬承继禹之道，历年多，施泽于民久。所以孟子说“匹夫而有天下者，德必若舜禹，而又有天子荐之者”。比如说孔子，虽是圣人有大德，因没有天子的推荐，便不能得到天下。世代相传而得到天下的，如果天要废弃他，一定要像夏桀、商纣那样残暴无德，而益、伊尹、周公虽是圣人，因为逢的君主不像桀、纣，便不能得到天下。所以孔子说：“唐虞禅，夏后殷周继，其

① 《汉书·董仲舒传》，页2518，中华书局，1983年。

义一也。”唐尧虞舜以天下让贤，夏商周三代却世世代代传于子孙，道理是一样的。

在这样的思想下，孟子将三代君主，包括汤、文王、武王和圣人位列在一起，构成一个道的传承体系，其核心是德即仁。《孟子·尽心下》曰：“由尧、舜至于汤，五百有余岁。若禹、皋陶，则见而知之。若汤则闻而知之。由汤至于文王，五百有余岁。若伊尹、莱朱，则见而知之。若文王，则闻而知之。由文王至于孔子，五百有余岁。若太公望、散宜生，则见而知之。若孔子，则闻而知之。由孔子而来，百有余岁。去圣人之世，若此其未远也。”孟子第一次说出了儒家认定的代代相袭的圣人名单，他要接续之以弘扬仁义，称自己“杨墨之道不息，孔子之道不著，是邪说诬民，充塞仁义也。……我亦欲正人心，息邪说，距诐行，放淫辞，以承三圣者”[①]。

唐代韩愈《原道》曰：“尧以是传之舜，舜以是传之禹，禹以是传之汤。汤以是传之文武周公，文武周公传之孔子，孔子传之孟轲。孟轲之死，不得其传焉。荀与扬也，择焉而不精，语焉而不详。”[②]韩愈对孟子的道统，作了简化，确定尧、舜、禹、汤、文王、武王、周公、孔子、孟子是道相传的关键性人物，然而道传至孟子时就断了，故他要承担起拯救道统的责任，“孟轲师子思，子思之学盖出曾子，自孔子没，群弟子莫不有书，独孟轲氏之传得其宗，故吾少而乐观……故学者必慎其所道，道于杨、墨、老、庄、佛之学而欲之圣人之道，犹航断港绝潢以望至于海也，故求观圣人之道，必自孟子始”[③]。

宋代石介《徂徕集》将道统提前至华夏族的始祖伏羲那，并赞扬了韩愈的作用，曰：“道始于伏羲而成终于孔子。道已成终矣，不生圣

---

① 前揭朱熹注《四书集注》，“孟子·滕文公章句下”，页 290。

② ［宋］姚铉编：《唐文粹·原道》卷四三，清文渊阁四库全书补配文津阁四库全书本。

③ ［明］茅坤编：《唐宋八大家文钞》卷七，“送王秀才序”，清文渊阁四库全书补配文津阁四库全书本。

1-19 孔子像

人可也，故自孔子来二千余年矣，不生圣人。若孟轲氏、扬雄氏、王通氏、韩愈氏，祖述孔子而师尊之，其智足以为贤。孔子后道屡塞，辟于孟子，而大明于吏部，道已大明矣。……噫！伏羲氏、神农氏、黄帝氏、少昊氏、颛顼氏、高辛氏、唐尧氏、虞舜氏、禹、汤、文、武、周公、孔子者，十有四圣人，孔子为圣人之至。噫！孟轲氏、荀况氏、扬雄氏、王通氏、韩愈氏五贤人，吏部为贤人之卓。不知更几千万亿年复有孔子，不知更几千数百年复有吏部。”[①]石介认为道统的传承有赖于两位核心人物，一位是孔子（图1-19），一位是韩愈，孔子是圣人之至，韩愈是贤人之卓。

宋代朱熹以“道统”一词来总揽道的传续，从此道统为中华文明的起始、继承和发展确立了一个渊源之说，称道统是由子思作《中庸》而明于天下的。指出“人心惟危，道心惟微，惟精惟一”是道统相承的“十六字心传”，道统相传实传心，要坚守道心，去人心：“《中庸》何为而作也？子思子忧道学之失其传而作也。盖自上古圣神继天立极，而道统之传有自来矣。其见于经，则‘允执厥中’者，尧之所以授舜也；‘人心惟危，道心惟微，惟精惟一’者，舜之所以授禹也。……夫尧、舜、禹，天下之大圣也。以天下相传，天下之大事也。以天下之大圣，行天下之大事，而其授受之际，丁宁告戒，不过如此。则天下之理，岂有以加于此哉？自是以来，圣圣相承，若成汤、文、武之为君，皋陶、伊、傅、周、召之为臣，既皆以此而接夫道统之传，若吾夫子，

---

① ［宋］石介：《徂徕集·尊韩》卷七，《钦定四库全书·集部·别集类》，台湾商务印书馆影印，1986年。

则虽不得其位，而所以继往圣、开来学，其功反有贤于尧、舜者。”①

元代吴澄强调道统出于天，继承石介之说，称道统始于伏羲、神农和黄帝之时，并延伸至周子、二程、朱子，文脉没有断，曰：“道之大原出于天。羲、农、黄帝，继天立极，是谓三皇，道统之传，实始于此。黄帝而后，少昊、颛帝、高辛继之，通尧、舜谓之五帝，尧、舜、禹、皋，君臣也，而并此唐、虞之际，所以为盛也。成汤、伊尹生于商之初兴，而傅说生于商之中世，文、武、周、召生于周之盛际，而夫子生于周之既衰，夫子以来始不得位，而圣人之道不行，于是始教授弟子，而惟颜、曾得其传，颜子早死，曾子传之子思，子思传之孟子，孟子没而不得其传焉。我朝周子始有以接孟子之传于千载之下，其时有邵子者，亦非常人也，二程子则师于周子，张子则友于二程而传其学；中兴而后，又有朱子，集周、程、张、邵之大成，是皆得夫道统之传者也。圣贤继作，前后相承，吾道正脉赖以不坠。”②

道统，实际上是在为天地立一颗仁心，有了仁心，才能构建一个文化传承的脉络，所以这条脉络的核心为文德即仁，故笔者认为称为“文统”更为契合，起于文祖，终于文公（朱熹）。道统千年相传，其赖以不坠的根基就是仁，所以圣圣相传即是传心，“人心惟危，道心惟微，惟精惟一，允执厥中”，故朱熹曰：“心之虚灵知觉，一而已矣，而以为有人心、道心之异者，则以其或生于形气之私，或原于性命之正，而所以为知觉者不同，是以或危殆而不安，或微妙而难见耳。然人莫不有是形，故虽上智不能无人心，亦莫不有是性，故虽下愚不能无道心。二者杂于方寸之间，而不知所以治之，则危者愈危，微者愈微，而天理之公卒无以胜夫人欲之私矣。精则察夫二者之间而不杂也，一则守其本心之正而不离也。从事于斯，无少间断，必使道心为一身之主，而人心每

① 前揭朱熹注《四书集注》，“中庸章句序”，页 16。

② ［元］吴澄：《吴文正公集·续集》卷二，清乾隆二十一年刻本。

听命焉，则危者安，微者著，而动静云为自无过不及之差矣。”[1]心分为人心和道心，道心也就是本心即天心，守其本心，须臾不离，就能战胜贪欲之心，允执其中。

尧舜禹既是中华民族的祖先，又是文化的源头，所相传的道统，是生生不息之谓仁的道统精神。所以中华文明可以说是三位一体：祖先、文化和生命，祖先就是我们的文化，文化就是我们的生命。所谓道统就是文化的代代传承，因此坚守道统就是坚守生命，如《论语·里仁》所言：“无终食之间违仁，造次必于是，颠沛必于是。”紫禁城文武建筑格局体现了这一坚守。

五、小结

当我们站在太和殿的月台上时，放眼望去，东边是体仁阁，西边是弘义阁，凡与文、仁、春有关的建筑皆位于东方，凡与武、义、秋有关的建筑皆位于西方。东方是太阳升起的地方，春回大地，阳气升腾，西方是太阳落入的地方，七月流火，阴气凝聚，形成城市中的一阴一阳，与宇宙、天地、世界的阴阳组合是一致的。大地东西平面与天地上下立面组成一个阴阳交流的空间，万事万物因此而皆禀赋此阴阳二气。阴阳二气是产生生命的动力和源泉，因而人皆具有仁心，这是文脉代代相传的根基。

紫禁城、北京城的文武建筑布局，是传统文武之道、仁义之道和阴阳之道的体现，其文武理念原出于天，始于文祖，辉煌于文王。阴阳交流产生生命，因而天是主生的，其本性是善。从尧舜开始，经孔子、孟子、朱熹等人的发挥，将之上升为天道。天道主生，天道要传下来，要依赖于圣人，儒家所创造的尧、舜、禹、汤、文、武、周公、孔子、孟子这个道统，以仁为根本，成为道统的精神灵魂，“惟天地万物父母，

---

① 前揭王国轩译注《大学中庸》，页150。

惟人万物之灵”，天地产生了万物，人作为万物之长，故要代行天地之仁义，“能尽人之性，则能尽物之性；能尽物之性，则可以赞天地之化育”[①]，保持天心，以仁存心，就能充分发挥自己的本性，就能充分发挥万物的本性，最终达到赞助天地化育生命的目的。建立这个道统精神之上的紫禁城、北京城才有了一颗仁心，才能如月之恒，日之升，如南山之寿，永不崩塌。

第三节

重华宫与重其文德

永乐时建造的紫禁城文武大厦，几百年后，被乾隆继承了下来，不过他是以另一种方式进行了表达，这算是古老文明的遗音了。

弘历25岁登大宝位，年号乾隆。即位后，第一个大规模的宫殿改造工程，是他对其潜邸的改造。首先站在一个道德的价值观高度，以“重华”来为整个潜邸命名曰“重华宫”。重华是大舜的名字，说明乾隆要以大舜为榜样，将圣王之道发扬光大。大舜，在《孟子》一书中，被上升到了理想人格的高度，是仁慈的化身，是尧、舜、禹三代相传的承上启下者。说明乾隆以传续三代圣王之业自居，建筑成为他表达这一理念的载体。

一、重华宫改造过程

百子门之北为乾西五所，在明代是地位低的宫婢居住的地方，清代是皇子皇孙居住的地方。其中西二所是乾隆的潜邸。雍正年间，赐居于此，弘历与富察氏的新婚在这里举行。弘历即位后，即将此升为宫，仿

① 前揭朱熹《四书集注》，页15。

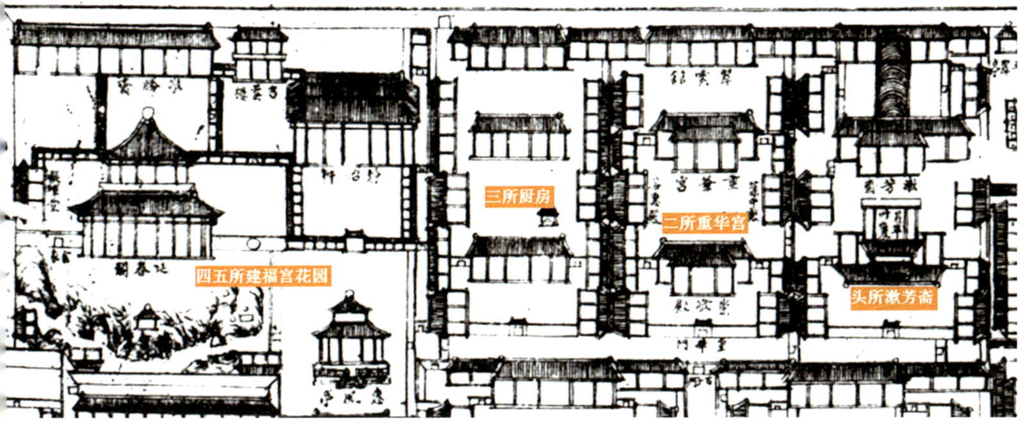

1–20 《乾隆京城全图》局部 – 潜邸重华宫平面图

唐玄宗改造潜邸兴庆宫的陈例，把整个乾西五所都纳入改造计划之中，头所改造为漱芳斋院，包括重檐大戏台、前殿正谊明道和后殿金昭玉粹；二所改造为重华宫院，包括崇敬殿、重华宫和翠云馆；三所为重华宫厨房；四、五所为建福宫花园（图1–20）。

潜邸改造时间，造办处档案记载：“（乾隆元年二月）初九日，太监毛团传旨，重华宫俟秋后再行收拾，钦此。于本年五月十八日，太监毛团传旨，重华宫不必俟秋，今拆造，现今预行备料，即择日开工修造，钦此。于本年五月二十七日，太监毛团传旨，着常保将重华宫样伺候看，钦此。”[①]可知潜邸改造动工于元年五月十八日，五月二十七日出重华宫样图。重华宫的改造过程，档案记录如下：

乾隆元年五月二十八日，“重华宫二所二层殿装修暖床并罩后殿装备暖床飞罩落地明等项，水磨烫腊用细白布三十尺”。[②]

乾隆元年六月十五日，“员外郎常保面奉上谕，着将重华宫大殿东

---

① 中国第一历史档案馆编：《清宫内务府造办处档案总汇》（下简称总汇），第 7 册，页 62，人民出版社，2005 年。

② 前揭《总汇》第 7 册，页 395。

角门影壁拆去，添板墙一槽，从东边开门；头所大殿西角门影壁拆去，添板墙一槽，从西边开门”。①

乾隆元年六月二十九日，“西洋人郎世宁来说太监毛团传旨，重华宫着画通景油画三张，钦此”。②

乾隆元年七月十七日，“画院处员外郎陈枚持来汉字帖一张，内开本月十六日太监憨格传旨，重华宫后照房内横眉壁子着画四季花卉，钦此”。③

乾隆元年八月十八日，“鋄作为奉旨着鋄重华宫隔扇上曲涢十个，圈子十个，用长三寸四分宽二寸五分，重五分”。④

乾隆二年九月初二日，“催总白世秀来说太监毛团、胡世杰传旨，重华宫大书房东次间着添做照随安室笔筒拦杆床样做一张，随坐褥入靠背，钦此”。⑤

乾隆二年九月初六日，“司库刘山久来说太监毛团、胡世杰传旨，重华宫大书房东次间流云罩口下照西次间现安槅扇式样安槅扇八扇，三屏风两边各安壁子一扇，上面画书格，再将现安花玻璃拆去另换净玻璃，钦此”。⑥

乾隆二年九月二十一日，“催总白世秀来说太监毛团、胡世杰、潘凤传旨，重华宫大书房东次间东一扇窗户上着安满玻璃，西次间梢间着安玻璃窗户眼八块，钦此”。⑦

乾隆二年十一月二十四日，“司库刘山久来说宫殿监督领侍苏培

---

① 前揭《总汇》第7册，页62。

② 前揭《总汇》第7册，页177。

③ 前揭《总汇》第7册，页177。

④ 前揭《总汇》第7册，页515。

⑤ 前揭《总汇》第7册，页664。

⑥ 前揭《总汇》第7册，页667。

⑦ 前揭《总汇》第7册，页703。

盛、正侍谢成传旨，重华宫后殿着安大玻璃窗户四扇，钦此”。[①]

乾隆三年二月初一日，“司库刘山久、催总白世秀来说太监胡世杰传旨，着照重华宫宝座书格背画西洋券门景，圆明园有应配合隔断之处着量画样装修，钦此”。[②]

乾隆三年五月初五日，“催总白世秀来说太监胡世杰传旨，重华宫后照房假仙楼添栏杆三堂，先画样呈览，准时再做，钦此”。[③]

乾隆三年五月初七日，“催总白世秀、六达子来说太监胡世杰传旨，重华宫中殿东次间添曲尺围屏一架，用绢画柏木色，群板画紫檀木色，绦环纹画楠木色，边框再后殿仙楼安楠木栏杆，画样呈览，准时再做，钦此”。[④]

乾隆三年六月初十日，“首领李久明来说太监胡世杰传旨，重华宫后殿内东一间曲尺壁子着画山水花草翎毛，钦此”。[⑤]

乾隆三年九月初五日，“七品首领萨木哈来说太监胡世杰传旨，重华宫着做紫檀木抽长镶玉宝座一座，其镶嵌之玉用从前交出玉带板镶，先做样呈览，准时再做，钦此。于十月十二日，司库刘山久、七品首领萨木哈、催总白世秀来说太监胡世杰传旨，要嵌玉抽长紫檀木活腿宝座呈览，钦此”。[⑥]

乾隆三年十月二十五日，“员外郎常保来说太监毛团传旨，重华宫正殿东西进深着做槅扇二槽，东梢间床罩一分，上安透绣，交海保成造，画样呈览，钦此”。[⑦]

乾隆三年十二年十五日，“催总白世秀来说太监毛团传旨，将重华

---

① 前揭《总汇》第 7 册，页 704。

② 前揭《总汇》第 8 册，页 139。

③ 前揭《总汇》第 8 册，页 80。

④ 同上注。

⑤ 前揭《总汇》第 8 册，页 225。

⑥ 前揭《总汇》第 8 册，页 95。

⑦ 前揭《总汇》第 8 册，页 101。

宫宝座着收拾见新，钦此”。[①]

乾隆三年十二月二十六日，“司库刘山久、七品首领萨木哈来说太监胡世杰传旨，重华宫宝座书格上着做一异兽座挑杆一件，先画样呈览，准时再做，钦此”。[②]

乾隆六年六月二十日，“员外郎常保来说本年二月初六日太监胡世杰传旨，重华宫后殿西次间添飞罩一座，钦此。于二月初八日，员外郎常保画得飞罩纸样一张持进，交太监高玉等转呈御览，奉旨：准照夔龙卧蚕花式做，钦此”。[③]

乾隆七年三月二十三日，“副催总六十七持来司库郎正培押帖一件内开为乾隆六年七月二十日，副催总王起祥来说太监高玉、毛团传旨，玉兰芬五更钟门上着郎世宁照重华宫大宝座隔后面画西洋景油画，钦此”。[④]

乾隆八年十二月十六日，“太监王明贵持来图记帖一件内开懋勤殿首领郑爱贵、夏安为重华宫后芝兰室写磁青纸挑山一张，用大赤飞金一千张，记此”。[⑤]（图1–21）

乾隆十年三月十五日，“催总五十八来说太监张玉交御拟匾名重华门、葆中殿（东配殿）、浴德殿（西配殿）、翠云馆（后层照房）、崇敬殿、漱芳斋（头所中层殿）、重华宫，传旨重华门、葆中殿、浴德殿，着做铜字金线斗子匾，其余俱做铜字龙边匾，钦此。俱写满汉字，于三月二十五日太监张玉传旨，各殿室匾额拟尺寸交懋勤殿，钦此。于四月二十八日，司库白世秀来说太监胡世杰交白笺纸满汉字扁文七张”。[⑥]

乾隆十年三月十七日，“司库白世秀、催总五十八来说太监胡世杰

---

① 前揭《总汇》第8册，页103。

② 前揭《总汇》第8册，页530。

③ 前揭《总汇》第9册，页694。

④ 前揭《总汇》第11册，页123。

⑤ 前揭《总汇》第11册，页799。

⑥ 前揭《总汇》第13册，页392。

图 1–21　重华宫东梢间芝兰室

传旨，着安宁到重华宫看明间现安的碧纱厨上绣片心看明，将重华宫东梢间毗卢帽床罩上横披、罩腿上绣片心着照明间现安的碧纱厨上绣片心一样绣造送来，钦此”。[1]

乾隆十年四月二十二日，“司库白世秀来说太监胡世杰传旨，着照廓然大公现安黑漆金花镶大理十三屏风样款做法配做宝座一座，得时在重华宫乐善堂正宝座安设，其屏风应收什之处收什，钦此”。[2]

乾隆十年五月初三日，“司库白世秀来说太监胡世杰传旨，重华宫雕漆宝座照瀛海飞龙地平款式做屏风一座、地平一座，得时在芝兰室安，其宝座上添做青素缎座褥一件，葛布单一件，钦此”。[3]

① 前揭《总汇》第 13 册，页 711。
② 前揭《总汇》第 13 册，页 275。
③ 前揭《总汇》第 13 册，页 284。

乾隆十年七月二十一日，“司库郎正培等将画得重华宫紫檀木大插屏背面绢画一张呈览，奉旨：着交造办处托好糊上，钦此”。[①]

乾隆十年七月二十一日，“司库白世秀来说太监胡世杰传旨，重华宫仙楼上下槅扇横楣栏杆群板绦环俱着画宋龙样呈览，准时交粤海用紫檀木成做，其堂子交苏州用月白地透缂丝花树鸟花纹，钦此。于本日，司库白世秀将画得宋龙槅扇横楣栏杆群板绦环纸样持进交太监胡世杰呈览，奉旨：槅扇横楣栏杆群板绦环俱照样准两面做，交粤海用紫檀木成做，其堂子用月白地透缂丝花树鸟花纹照样准交苏州成做，钦此”。[②]

潜邸改造，前后历经将近十年，它由漱芳斋院、重华宫院、厨房和建福宫花园组成，其中由原二所改造的重华宫院是其中心，头层殿崇敬殿，以武王“敬胜”对越羹墙，牢记心中，同时也说明了乾隆要以仁守之的决心。[③]二层殿重华宫，曾是乾隆的旧书房，乾隆八年，《题重华宫旧书室》诗曰“何曾寂寞仲舒帷，依旧明窗受暖曦。闲却七弦调雁柱，汲来六一煮银丝。三余乐有陈编伴，几暇权无奏牍披。彷佛当年吟破腊，掞笺搦管恰移时”，明窗阳光明媚依旧，仍有书籍相伴，暂无奏牍批阅，可以坐下来调调雁柱，煮煮银丝。重华宫东室曰芝兰室，《孔子家语》曰“芝兰生于幽谷，不以无人而不芳；君子修道立德，不以穷困而变节”，“与善人居，如入善人之室，久而不闻其香，即与之化矣”。乾隆以此自勉，要永保芝兰之馨香，这里也曾是他与富察氏生活起居的地方。后罩房翠云馆有长春书屋，乾隆八年《长春书屋》诗曰：“书屋长春到处如，长春之义可言诸。元为善长功生物，人以仁名语启予。潜毓当年悦有素，起行今日惧违初。阳和渐觉回寰宇，嘉与吾民共恺舒。”书屋取名长春，是因为长春之义为仁之意。天有大德曰生，要向天那样把善施与百姓。乾隆

① 前揭《总汇》第13册，页371。

② 前揭《总汇》第13册，页723。

③ 王子林：《抱蜀不言：乾隆七十三年的坚守》，页26—39。

三十三年，《长春书屋》诗曰“四序春为首，一心长体仁”，四季以春为首，生命总是循环反复，所以要永保仁心。

二、改造潜邸的目的

乾隆执政四十余年之后，他才下决心写一篇《重华宫记》[①]：

> 宫殿之制，乾清坤宁二宫为紫微正中，左右各二永巷，每一永巷以次列三宫，斯为十二宫，其后东西以次各列五所，重华宫则昔之西二所也。雍正年间，予蒙赐居于此，即位后应升为宫，彼时大学士鄂尔泰、张廷玉拟以重华为额，虽颂之意耶！而规即在此，是以俞而称之夫！重华协帝，岂易言哉！必有所以敕几兴事，知人安民，而其本则在于审危微之心，执精一之中。是以四十余年，惟日孜孜，宵衣旰食，虽未致陨越，而于熙世化民究无所成。是故《纪恩堂之记》为于丙戌，《抑斋之记》作于辛卯，凡所以迟迟慎重者，恐有言行不符，致负初心耳。若夫《重华宫之记》自不可阙，而其应慎重，又奚啻前二记之比哉！少而居之，长而习之，四十余年之政皆由是而出之。兹去归政之年亦只一纪，然予犹是予也，政犹是政也，寰区犹是寰区也。而户口日以增，谷帛日以昂，养且不能，那更言教？蒿目焦心，难臻大当。回思居是宫，勤圣学而谈王道，不唯莫之有为，而竟失于无策，则是记也。亦自讼自责之章，益增惭愧而已。昔宋孝宗倦勤之后，所居号重华宫，此系近年观《武林旧事》而知者其名不约而同然。既为上，皇奚取重华之义，彼其之人，实非予所羡也。一纪之后，将退居宁寿

---

① ［清］弘历：《重华宫记》，《御制文二集》卷一四，《钦定四库全书·集部·别集类》，台湾商务印书馆影印，1986 年。

宫，亦不忍移此名于彼。盖宿学之所安，旧剑不能忘也。是以四十八年以来，元旦除夕无不于此少坐，新正与诸臣茶宴联句，率为例典。异日归政，或时一来临，更成佳话。其能践斯言与否，则敬俟昊苍之眷佑。今日之下，亦不敢预为侈谈也。①

按照一般的惯例，重华宫竣工后，就应该写一篇记，可是乾隆迟迟不肯动笔，直到乾隆四十八年，他才非常慎重地写了这篇《重华宫记》。原因为何？如他所言是“恐有言行不符，致负初心耳”。我们知道，这里曾是弘历成婚后居住的地方，雍正十一年，弘历被封为“和硕宝亲王”，第二年，弘历不忘旧日书屋名，重新书写了“乐善堂”匾，落款为“雍正甲寅嘉平月吉旦日”，挂于西二所内。当弘历登上皇位后，重新写了一篇《乐善堂记》。乐善堂名的由来，弘历称：“颜之曰乐善堂者，盖取大舜乐取于人以为善之意也。”“乐取于人以为善”出自《孟子·公孙丑章句上》：“大舜有大焉，善与人同，舍己从人，乐取于人以为善。自耕稼、陶、渔以至为帝，无非取于人者。取诸人以为善，是与人为善者也。故君子莫大乎与人为善。”孔子称大舜伟大，是对他舍己从人的赞美。大舜从一位从事耕种、狩猎的普通人到帝王，无非是不断地向他人学习，吸取别人的优点来行善，也就是与别人一起来行善，然后再乐于帮助他人。书屋取名“乐善”，就是为了表示像大舜那样“乐取于人以为善”。过去效法东平王容易，而今想达到大舜那样的境界太难，所以乾隆感到了肩上的责任重大。

雍正十三年八月二十三日子时，雍正帝病逝于圆明园，九月初三日清晨，弘历即皇帝位。十月初九日，乾隆召集庄亲王允禄、果亲王允礼、大学士鄂尔泰、张廷玉等总理事务王大臣，亮出了自己的施政思想是“宽”，正式宣布要以宽治国：

---

① ［清］庆桂等编纂：《国朝宫史续编》卷五六，页450，北京出版社，1994年。

治天下之道，贵得其中，故宽则纠之以猛，猛则济之以宽。而记称一张一弛，为文武之道。凡以求协乎中，非可以矫枉过正也。皇祖圣祖仁皇帝，深仁厚泽，垂六十年，休养生息，民物恬熙，循是以往，恐有过宽之弊。我皇考绍承大统，振饬纪纲，俾吏治澄清……此皇考之因时更化，所以导之于至中，而整肃官方，无非惠爱斯民之至意也。……兹当御极之初，时时以皇考之心为心，即以皇考之政为政，惟思刚柔相济……朕主于宽。[1]

《礼记》称一张一弛谓之文武之道。治理天下之道，在于宽严相济。康熙时深仁厚泽，恐有过宽之弊。雍正时则肃清吏治，但目的都是为了慈惠爱民，究其用心而论，与皇祖的宽大政策并不矛盾。乾隆所谓的宽是指刚柔相济，宽在于“兵丁之宜存恤，百姓之宜惠保，而非谓罪恶之可以悉赦，刑罚之可以姑纵，与庶政之可以怠荒而弗理也”，就像《孟子·离娄章句上》所言“不以规矩，不能成方圆”。要求诸大臣认真体会自己的“宽大居心”和“用宽之意”。《孟子》曰“尧舜之道，不以仁政，不能平治天下”，乾隆还是主张以宽治国，这恐怕与他少年时以大舜“乐取于人以为善”为目标理想有关。

重华宫是乾隆常常临憩的地方，四十余年所制订的政令都是从这里颁发的。乾隆还特别提到，潜邸名重华宫与宋孝宗赵昚倦勤之后所居之宫同名，实属偶然，并非是羡慕他的宫殿而名之。也就是说乾隆名重华宫是另有一番意义的。他说大学士鄂尔泰、张廷玉名我的潜邸为重华宫，虽是称颂之意，但却给我制定了一个典范，让我只有进步，不能后退。舜帝的名字曰重华，是圣王，孔颖达疏云：“此舜能继尧，重其文德之光华。用此德合于帝尧，与尧俱圣明也。”大舜名重华，大舜能

---

① 《大清高宗纯皇帝实录》卷四，雍正十三年十月上。

继承尧，是因为他弘扬了尧的文德，文德即善政，也就是儒家所言之内圣，文雅纯厚，慈惠爱民之德。“重华协帝，岂易言哉！”乾隆说我怎么不会有这样的感慨呢？舜帝与尧帝合志，是因为他有深远的智慧，而又文明、温恭、诚实，达到这种境界太不容易了！这一定要“敕几兴事，知人安民，而其本则在于审危微之心，执精一之中”，才能做到。所以四十余年勤政爱民，始终抱守大舜所传之心法“人心惟危，道心惟微，惟精惟一，允执其中”，不断地去除贪欲，永远保持至诚之心，“惟日孜孜，宵衣旰食”，循武公之志，体仁临民，像大舜那样永远坚守天道，把善施与普天之下，让文德重放光芒。

三、小结

永乐时，朱棣把整个北京城和紫禁城赋予文武阴阳的特质，强调传统的力量和儒家道统的核心价值。在他的心中，只有这样，才能体现自己统治的合法性。也只有这样，才能建立一个“乡田同井，出入相友，守望相助，疾病相扶持，则百姓亲睦”的社会。正如他为迁都北京所做的动员宣传时所言：“今建北京，思与百姓同享太平，惟能务善去恶，可以永保身家。凡一家有家长，一乡一坊有乡坊之长，为家长者教训子弟，讲读诗书，明达道理，父慈子孝，兄友弟敬，尊卑长幼，各循其序，如此则一家和顺辑睦，有无穷之福。为乡坊之长者，教训其乡坊之人。农力于稼穑，毋后赋税；工专于技艺，毋作淫巧；商勤于生理，毋为游荡。贫富相睦，邻保相恤，毋为争竞，毋习赌博，毋奸宄窃盗，毋藏匿逋逃，如此则乡坊之内，相安相乐，有无穷之福。”①

乾隆的“文德”思想，更多的是强调自身的修养，所以“四十余年，惟日孜孜，宵衣旰食”，常审危微之心，永执精一之中，不敢有丝毫的懈怠。为此，把自己的潜邸命名为重华宫，重其文德之光华，目的

① 《大明太宗文皇帝实录》卷九二，永乐七年五月甲辰。

就是提醒自己常怀敬胜之心，以仁守之，保持那颗天地之心。

第四节

和与秩序的大当理想

清王朝更三大殿名为太和、中和、保和，从宇宙和的高度来促成社会的和谐，以保持社会安定，百姓乐业。但和的背后是乐，要使社会处在一个和的状态，就要“礼节民心，乐和民声”，用礼节制民心，用乐调和民气，强调和与秩序的完美统一。

一、三大殿更名

永乐时三大殿名奉天殿、华盖殿和谨身殿，嘉靖时更名为皇极殿、中极殿和建极殿，清顺治时更名为太和殿、中和殿、保和殿。三大殿承袭周代三朝制度，是国家举办大典和临朝听政的地方。三大殿建于永乐十八年，第二年四月十五日被雷击烧毁。正统五年三月兴工重建，第二年竣工。嘉靖三十六年四月十三日又被雷击烧毁，两年后的十月十日下旨重建，三年后完工，更名为皇极殿。万历二十五年六月十九日皇极殿被雷击烧毁，天启五年二月二十三日重建，七年八月初二日竣工。

明末，皇极殿是否被焚毁，据《乾隆朝上谕档》记载：“遵旨将从前流贼焚毁宫殿，系前三殿抑系后三殿及康熙年间宫殿因被回禄重行修理之处，交查内阁、工部。兹据覆称恭查《实录》，顺治元年四月，李自成焚烧宫阙遁走，十月设御座于皇极门受朝贺。二年正月朔，上御皇极殿旧址，张御幄受朝，三年十月，太和殿、中和殿成。据此，则李自成所焚当是前殿。”①乾隆下令内阁、工部查明李自成撤离时焚毁宫殿

①《尊查奏闻李自成焚前三殿毁及其修复等事》，清乾隆五十年三月十二日辛酉，《乾隆朝上谕档》，第 12 册，页 513。

事，内阁依据《实录》所记，认为三大殿的前殿即皇极殿被李自成所焚毁，原因是：1.元年十月御座设于皇极门，而没有设于皇极殿；2.二年正月朔，顺治帝御皇极殿旧址，于皇幄里接受群臣朝拜。皇极殿即太和殿前身，顺治帝进宫后，是在皇极门升座的，《清实录》记顺治帝进大清门，上入宫，设御座于皇极门阶上，陈诸王表文于阶东，诸王及文武各官以次列阶下，顺治帝升座后，阶下鸣鞭，众大臣行三跪九叩礼，礼毕，遣官祭告太庙、大社、大稷，颁顺治时宪历。[①]据《明会典》记，皇帝登基在皇极殿举行，“是日早，鸣钟鼓，锦衣卫设卤簿大驾，上服衮冕御华盖殿，文武百官各具朝服，入丹墀内，鸿胪寺引执事官进至华盖殿行礼毕，赞各供事，奏请升殿，上由中门出，升宝座，锦衣卫鸣鞭，文武百官上表称贺，上命百官免贺，免宣表，止行五拜三叩头礼。……遣官祇告天地、宗庙、社稷。”[②]顺治帝在皇极门升座的礼仪与明代皇帝登基礼是一样的，说明皇极门升座是一场登基大典，从而证明皇极殿已被焚毁，无法在皇极殿举行登基大典。顺治二年的元旦庆典，也只能在皇极殿旧址上张御幄接受朝贺。《清实录》记：“顺治二年乙酉春正月乙酉朔，上诣堂子行礼还入宫拜神毕，出御皇极殿旧址，张御幄，诸王贝勒文武群臣及外藩蒙古王使臣等上表朝贺。”[③]

太和殿的重建工程由摄政王多尔衮主持，顺治元年六月初四日，多尔衮询问大学士：“‘殿工大木产于何处？’大学士等对曰：‘川广。’又问：‘大木可常有否？’对曰：‘极大者亦甚难得，殿柱间有三合四合者。’王上又问曰：‘闻皇极一殿费至六百万金，果否？’对曰：‘诚然，其两厂见贮木料尚不在数。’”[④]顺治二年五月重建工程启动，《清

① 《大清世祖章皇帝实录》卷九，顺治元年冬十月。

② 《大明会典·礼部三·登极仪》卷四五。

③ 《大清世祖章皇帝实录》卷一三，顺治二年春正月。

④ ［清］李若琳：《多尔衮摄政日记》，页2，国立北平故宫博物院印刻，1935年。

实录》记："是月，兴太和殿、中和殿、位育宫工。"[1]是年更名三大殿名，《大清会典》记："顺治元年，定鼎燕京，上大清门牌额。二年定正中三殿名。"[2]顺治三年十月太和殿完工："壬寅，太和、中和等殿，体仁等阁，太和等门工成。太和殿连廊共十一间，长十八丈五尺，宽十丈一尺，高七丈五尺。中和殿连廊共五间，宽六丈五尺七寸，四面俱同，高四丈八尺。位育宫连廊共九间，长十四丈一尺，宽六丈六尺，高五丈八尺。"[3]太和殿完全按照明代皇极殿规制重建，与中左、右门有连廊相连，太和殿连廊面阔11间，按清1尺等于0.32米，合算为今制面阔59.2米，进深32.32米，高24米，与今天太和殿的体量是一致的。

"太和"出自《周易·乾卦》"乾道变化，各正性命，保合太和，乃利贞"，是说天地阴阳是万事万物产生的基础，万事万物又因天地的运动变化而获得各自的恰当位置。保持元气的聚合就是"太和"。"中和"出自《中庸》"喜怒哀乐之未发，谓之中；发而皆中节，谓之和。中也者，天下之大本也；和也者，天下之达道也。致中和，天地位焉，万物育焉"。喜怒哀乐各种感情没有表现出来的时候，心情是平静的，不偏不倚，叫作中；表现出来后符合节度，叫作和。不然身有所忿懥，则不得其正。中是天下的根本，和是天下普遍遵循的规律。达到中和境界，天地便各在其位，万物就发育生长。"保和"出自《魏书·崔浩传》"愿陛下遣诸忧虞，恬神保和，纳御嘉福，无以暗昧之说，致损圣思"，怡养精神，保持温和。

太和、中和、保和是和的三种状态，太和（图1-22）：指宇宙的本质，原生状态，有了太和，才能产生万物。中和（图1-23）：北宋理学家程颐曰"中也者，言'寂然不动'者也，故曰'天下之大本'；和也

---

① 《大清世祖章皇帝实录》卷八，顺治二年五月。

② 《钦定大清会典》卷一二六，台湾商务印书馆影印，1982 年。

③ 《大清世祖章皇帝实录》卷二八，顺治三年十月。

图 1–22　太和殿内景

者，言‘感而遂通’者也，故曰‘天下之达道’”，中是无思无为的状态，和是感必应而能万事皆通的状态，所以中是天下万事万物的根本，和是天下共行的大道。中和的作用发挥出来在于人，人作为宇宙与社会之间的纽带和媒介，能调节万物，使之达到和谐。保和（图1–24）：永久保持宇宙与人类社会的和谐。《庄子·天道》称“与人和者，谓之人乐；与天和者，谓之天乐”，保持人之人、人与天之间的和谐关系，就能达到人和与天和即天人合一的境界。

1-23　中和殿内景

图 1–24　保和殿内景

二、和与礼乐的关系

和，甲骨文写作“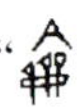”形，字形分两部分，上部为口朝下，表示用嘴吹奏，下部为多管多孔的排笛。这些排笛大小长短不一，每个长笛的音是不同的，有高音、中音和低音之分，如果单独吹奏，则音质单调，不成旋律，但经过口将排笛发出的不同的音组合在一起吹奏，则产生了和谐共振，奏出了美妙的有旋律的音乐，这就叫“和”，强调了不同而和、多样性的统一，这是和的本质。

和代表了人利用自然而获得的超越自然的美妙的享受。古人用芦管吹出了“和”的声音，这种声音被认为是天音，体现了天地的本质。如《礼记·乐记》所言“大乐与天地同和，大礼与天地同节”，“乐者，天地之和也”，所以古人认为宇宙是和谐的。《吕氏春秋》提出“天地合和，生之大经也”，一切生命产生的途径是因为天地和谐。古人通过制作乐器，吹奏出了和的声音，找出了天的规律与本质，所以乐是和的体现。

《礼记·乐记》[1]称“凡音者，生于人心者也。乐者，通伦理者也。是故知声而不知音者，禽兽是也；知音而不知乐者，众庶是也。唯君子为能知乐”，“乐者，音之所由生也，其本在人心之感于物也”。乐是从声音中产生的，而其根本则在于人心对外物的感知。但动物只知声而不知音，普通百姓只知音而不知乐，只有君子能知乐。为什么呢？《乐记》曰：“夫古者，天地顺而四时当，民有德而五谷昌，疾疢不作而无妖祥，此之谓大当。然后圣人作，为父子君臣，以为纪纲。纪纲既正，天下大定。天下大定，然后正六律，和五声，弦歌诗颂，此之谓德音，德音之为乐。”古时天地和顺，四季适宜，百姓有德，灾祸不兴，是大得其当的时候，所以乐是天下太平的产物，是圣人所创，是德音。

魏文侯曾问子夏，为什么听古乐，则唯恐卧，“听郑卫之音，则不知倦”？子夏解释说：“今夫古乐，进旅退旅，和正以广。弦匏笙簧，会守拊鼓。始奏以文，复乱以武。治乱以相，讯疾以雅。君子于是语，于是道古。修身及家，平均天下。”所谓古乐，演奏时进退整齐，中和正大而宽广。各种管弦乐器，要等到领乐的拊鼓敲响后才一齐演奏。始以鼓声，收以金铙。用相来调整结束的音乐，用雅来控制音乐的速度。君子通过这些来说明此乐舞的深刻含意义，通过这些来称道古代圣王的业绩。用以修养自身、和睦家庭，以至于治国平天下。而郑卫之音即所谓的新乐，“进俯退俯，奸声以滥，溺而不止。及优侏儒，獶杂子女，不知父子，乐终不可以语，不可以道古”，新乐演奏杂乱不齐，淫邪的声音泛滥，男女混杂，父子不分，音乐终了也无法说明什么道理，也不能讲述古代圣王的业绩。

---

① 钱玄等注译：《礼记》（下），页 494—529，岳麓书社，2002 年。

所以子夏说，你问的是“乐”，却喜欢的是“音”，二者是不同的。[①]

懂得了乐，也就接近懂得礼了。礼乐两者都有所得，就叫作“有德”，故“德音谓之乐”“乐者，所以象德也”，乐是用来表现道德的，并非单纯的音乐。“德者，性之端也；乐者，德之华也”，德是人性的发端，乐是德开出来的花朵，如《孟子·公孙丑章句上》所言“闻其乐而知其德”。《清庙》并非把高妙之音包罗无遗，大飨之礼并非把一切美味搜罗尽致。“是故先王之制礼乐也，非以极口腹耳目之欲也，将以教民平好恶而反人道之正也”，乐与礼不可分，但礼乐不是用以满足人们口腹和耳目的欲望，而是用来教导民众爱憎分明，回到做人的正道上来。“人生而静，天之性也；感于物而动，性之欲也。物至知知，然后好恶形焉。好恶无节于内，知诱于外，不能反躬，天理灭矣。夫物之感人无穷，而人之好恶无节，则是物至而人化物也。人化物也者，灭天理而穷人欲者也”，人由于感知外物而发生情感的变化，如果被外物诱惑，好恶之情不能节制，天理就泯灭而穷尽人欲，所以需要礼的约束。“乐者为同，礼者为异。同则相亲，异则相敬”，乐的特性是要求一致，礼的特性是要求不一致。同使人们互相亲爱，异则使人互相尊敬。“大乐必易，大礼必简。乐至则无怨，礼至则不争。揖让而治天下者，礼乐之谓也”，大乐一定是简单的，大礼一定是俭朴的。乐到了极致，则人心无怨，礼到了极致，则人无所争。大家彬彬有礼，互敬互爱，自然天下就大治了即所谓“揖让而治天下者”，指的就是以礼乐治天下。暴民不作，诸侯宾服，兵革不试，五刑不用，百姓无患。合父子之亲，明长幼之序，使四海之内互相敬爱。礼乐具有强大的教化功能，它能使上下合和，使社会变得有秩序，如《孟子·滕文公章句上》所言：“父子有亲，君臣有义，夫妇有别，长幼有序，朋友有信。”

“和故百物不失，节故祀天祭地。明则有礼乐，幽则有鬼神。如此则

① 前揭钱玄等注译《礼记》（下），页515。

四海之内，合敬同爱矣。礼者殊事，合敬者也；乐者异文，合爱者也”，和合，才使万物生长不会错过天时；节制，才有了祭祀天地的不同仪式。人间有礼乐，阴司有神灵。如此，普天之下互敬互爱。礼虽有不同的形式，却都能表达恭敬；乐虽有不同的声律，却都能表达亲爱。“乐者，天地之和也；礼者，天地之序也。和故百物皆化，序故群物皆别。乐由天作，礼以地制。过制则乱，过作则暴。明于天地，然后能兴礼乐也。”乐，是天地之和的象征；礼，是天地之秩序的象征。和谐，才能使百物化育生长；秩序，才能使群物有区别。乐是依据天的规律而作成，礼是按照地的规律而制定。礼的制作超越了秩序，就会出现混乱；乐的制作破坏了和谐，就会显得粗暴。明白了天地的规律，然后才能制礼作乐，礼乐是天地规律的体现。“是故大人举礼乐，则天地将为昭焉。天地欣合，阴阳相得，煦妪覆育万物，然后草木茂，区萌达，羽翮奋，角觡生，蛰虫昭苏”，施行礼乐，天地也将要为之大放光明。天地契合，萌发勃动，是因为阴阳配合得当。天用气温润万物，地用休养育万物。所以草木茂盛，种子萌发，鸟类展翅高飞，兽类繁殖生长，蛰伏的虫儿也复苏了。

自然、社会的和谐是建立于礼乐之上的，因为乐的本质是和谐，“故乐也者，动于内者也；礼也者，动于外者也。乐极和，礼极顺”。乐发动于内心，礼作用于外表。乐极其平和，礼极其恭顺。“礼之用，和为贵。先王之道，斯为美；小大由之。有所不行，知和而和，不以礼节之，亦不可行也”，礼的运用，以和为可贵，如果只是为了和而求和，而不用礼加以节制，那也是不可行的，这就是和与秩序的关系。《论语·阳货第十七》曰：“礼云礼云，玉帛云乎哉？乐云乐云，钟鼓云乎哉？”朱熹注曰：“敬而将之以玉帛，则为礼；和而发之以钟鼓，则为乐。遗其本而专事其末，则岂礼乐之谓哉？程子曰：“礼只是一个序，乐只是一个和，只此两字，含蓄多少义理，天下无一物无礼乐。”礼的核心是秩序，乐的核心是和谐，一个礼乐的社会，就是一个和谐的社会。

明清两代，太和殿(明奉天殿、皇极殿）是举办国家重要典礼的地方，冬至、登基、万寿三大节均在太和殿广场举行。届时，在太和殿前设卤簿，太和门外设步辇，午门外设训象、仗马、黄盖、云盘和导迎乐、龙亭及香亭，中和韶乐设于太和殿前檐下，丹陛大乐设于太和门内。礼仪三百，威仪三千。苟不至德，至道不凝焉。如果不具备崇高的德行，就不能凝聚极高的道。所以紫禁城的布局是五门三朝、东西六宫、前朝后寝，就是按《周礼》来设置的，这本身就是礼，古人认为这样的布局，才能体现极高的道——和。

清代将三大殿更名为太和、中和、保和，目的是建立一个礼乐的社会。在这个社会里，才能够实现“老吾老以及人之老，幼吾幼以及人之幼”“妻子好合，如鼓瑟琴。兄弟既翕，和乐且湛”的理想，邻里相亲，守望相助，黄发垂髫，怡然自乐。《孟子·离娄章句上》曰“仁之实，事亲是也；义之实，从兄是也；智之实，知斯二者弗去是也；礼之实，节文斯二者是也；乐之实，乐斯二者，乐则生矣；生则恶可已也，恶可已，则不知足之蹈之、手之舞之”，乐的实质，就是以礼义为快乐，快乐产生了，又如何止得住啊，一止不住，就不知不觉手舞足蹈起来了。在这样的社会里，“万物并育而不相害，道并行而不相悖。小德川流，大德敦化，此天地之所以为大也”，让万物一起生长而不互相妨害，让规律一同运行而互不违背，小德如川流不息的河流，大德则敦厚纯化，天地和谐，孕育万物。

三、小结

乐是德的体现，可以教化天下，孔子称乐《韶》“尽美矣，又尽善也”，闻之三月不知肉味。乐具有的这个功能和作用，是因为它的本意是和，故大乐与天地同和，故为德音即最高级别的音。

孔子说和要与礼相结合，如同天与地的结合一样，这样才能形成一个和而有序的社会。《礼记·乐记》称：“在天成象，在地成形，如此则礼者天地之别也。地气上齐，天气下降，阴阳相摩，天地相荡，鼓之以雷霆，奋之以风雨，动之以四时，暖之以日月，而百化兴焉，如此则乐者天地之和也。化不时则不生，男女无辨则乱升，天地之情也。及夫礼乐之极乎天而蟠乎地，行乎阴阳而通乎鬼神，穷高极远而测深厚。乐著大始而礼居成物。著不息者天也，著不动者地也。一动一静者，天地之间也。故圣人曰‘礼乐云’。”在天者形成天文，在地者形成地形，天地间的区别和界限就是礼。地上的气上升，天上的气下降，阴阳相互摩擦，天地相互激荡，以雷霆来鼓动，以风雨来润泽，以四时来运行，以日月来温暖，于是万物化生而兴旺，因此，乐就是协调天地万物走向和谐的东西。化育不时，万物就不能产生，男女没有分别就会出现祸乱，这是天地的情怀和意志所决定的。所以礼乐充满了天地之间，连接阴阳运行，通达鬼神之间。高远至于日月星三辰，深厚如山川，礼乐都能穷尽其情。乐产生于万物始生的太始之时，礼出现于万物形成之后。运行而不停息者天也，坚固而不动者地也。天地之间，一动一静。礼乐如同天地，所以圣人在讲乐时，一定要与礼结合在一起。[①]

当和与秩序达到完美结合时，就进入了礼乐社会，人人以仁存心，以礼存心，谦谦君子，温文尔雅，这就是太和充满，也就是推行仁政即重其文德所要达到的理想状态。

---

① 钱玄等注释：《礼记》（下），页 504。

第二编

万载宫室

周武王曾向他的师傅吕尚问过一个问题，怎样才能守住天下传之万世，吕尚回答说『以仁守之』。汉代班固西都赋曰『据坤灵之正位，仿太紫之圆方』，虽然长安城宫室具有天地气象，却未能幸免于战火，历史上又有多少宫室具有相同的命运。要使宫室传之万载，在长期的历史实践中形成的观念起着重要的作用，即使宫室被毁，观念一样可以历久弥新，一座新的宫城又会拔地而起，文脉又得以延续。

第一章 神之格思

紫禁城除了体现一个天心即仁心作为紫禁城的灵魂外，还有一个神的降临护佑，即一个神统，这就是钦安殿所供之玄天上帝，即真武神。钦安殿位于紫禁城北，肇建于元代，玄天上帝为北方天空七宿天神玄武，是元代兴起于北方的保护神。明代朱棣坐镇北平，以元大内为藩邸，他利用玄天上帝南下“靖难”取得天下，玄武是他的天命所依之神，故在营建紫禁城时，把中轴对准了钦安殿，使钦安殿位于紫禁城的北方，统握元枢，君临天下。

“玄天上帝”是元代时对这位北方天神玄武的称谓，它原本是汉文化中的一位重要神祇，为汉人所崇拜，元人只是利用了这尊神为自己王朝兴起做论证而已，故永乐帝保留了钦安殿，以此神为紫禁城立威。玄武神起源悠久，曾是中华文明的始祖黄帝的象征。从唐代始，此神受到帝王们的崇信，在宋代地位更为显著，成为赵氏家神。朱棣于武当山、北京地安门创建真武宫观以供奉玄武神，并享受国家祭典，将此神抬高到最尊的地位，目的是以此神确立他得天下的神统天命。

第一节

玄武天神与始祖黄帝

紫禁城北门玄武门（神武门）内有一座宫殿钦安殿，殿内供奉了一尊玄天上帝铜像，披发、赤足、仗剑，目如闪电，眉横云阵，威武庄严，统握枢机。神像前置龟蛇，龟蛇乃北方天空七宿的星象，是天神玄武的化身。远古时代，华夏民族的共主黄帝诞生于轩辕，故称轩辕氏，轩辕即天鼋龟蛇，它是黄帝族群的标志。这支最早生活于北方大地上的部落，头顶北方七宿龟蛇星象，肇建文明，统一天下，黄帝被尊为中华人文始祖。

一、紫禁城中的龟蛇

紫禁城呈龟蛇之象，金水河被设计成了一条蜿蜒爬行的蛇状，蛇头在东南角。万岁山（清称景山）被设计成了一座龟山，二者合一则是天神玄武的化身。[①]紫禁城的龟蛇设计，源于朱棣"靖难"假真武神之由，希冀天神镇守紫禁城，助他为天子守边，保持北方边疆的稳定。

汉代刘安《淮南子·天文训》记："北方，水也。其帝颛顼，其佐玄冥，执权而治冬。其神为辰星，其兽玄武。"北方属水，水神是颛顼，其助手是玄冥，管理冬天，同时也是北方天空七宿龟蛇玄武天神。颛顼是黄帝的孙子，汉代司马迁《史记》称："帝颛顼高阳者，黄帝之孙而昌意之子也。"[②]故天神玄武是从黄帝、颛顼一脉传下来的。东汉魏

---

① 参见王子林《紫禁城建筑之道》（典藏版），故宫出版社，2019 年。

② 前揭《史记》卷一，页 11。

伯阳《周易参同契》称“玄武龟蛇，盘虬相扶”，东汉张衡《思玄赋》曰“玄武缩于壳中兮，腾蛇蜿而自纠”，唐人李善注云“龟与蛇交曰玄武”。龟蛇互缠在一起，这恰是北方天空七宿的天象。

北方七宿为何与黄帝有关系呢？

二、天鼋即轩辕

据杨向奎先生《大一统与儒家思想》考证：

1. 黄帝活动于北方。司马迁《史记》记，黄帝是中华民族的始祖，曾与炎帝战于阪泉之野，与蚩尤战于涿鹿之野，又定都于涿鹿，故黄帝的活动中心在今北京与河北保定一带，地属北方。

2. 轩辕即天鼋。周人兴起于岐山，自称继夏，“祀夏配天不失旧物”，所谓旧物，是指夏时的族徽，《国语·周语》记：“昔武王伐殷岁在鹑火，月在天驷，日在析木之津，辰在斗柄，星在天鼋。星与日辰之位皆在北维，颛顼之所建也，帝喾受之。我姬氏出自天鼋，及析木者有建星及牵牛焉，则我皇妣大姜之侄，伯陵之后，逢公之所凭神也。”[1]

天鼋在周金文中多见，郭沫若先生在《两周金文辞大系图录考释》中称：“天鼋二字……器铭多见，旧释为子孙，余谓天鼋即轩辕也。《周语》下‘我姬氏出自天鼋 ’，犹言出自黄帝。‘十二岁之单于 ’，即十二次之天鼋。”出自天鼋即出自轩辕，而轩辕即黄帝，也就是姬氏出自黄帝。“单于”即“天鼋”之音转，实为一。

“天鼋”多见于青铜器铭文中，，为龟即鼋，为玄，实象龙蛇盘柱，或即华表，乃用以悬“物”者，所谓“祀夏配天不失旧物”，物即族徽，一如后来之旗帜。

① ［吴］韦昭注：《国语》卷三，清文渊阁四库全书本。

3. 夏为姒姓，姒字原作“”，本象盘蛇。而鲧、禹名字亦与龙蛇有关，天鼋之作黄帝称号（轩辕），说明黄帝与夏之密切关系。

4. 天鼋即玄鼋。玄，甲骨文中玄作“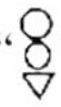”，金文作“”，而《说文》作“”，《玉篇》作“”，与上面图形字都有相似处，图形作盘旋状，而文字作环形，后来之解“玄”或“玄冥”者都与龙蛇有关。是知“玄鼋”本与“天鼋”并行，特后人不解图形之玄鼋，于是天鼋遂独行于世。

《国语·郑语》：“训语有曰：夏之衰也，褒人之神化为二龙以同于王庭，而言曰‘余褒之二君也’。……漦流于庭不可除也，王使妇人不帏而噪之，化为玄鼋以入于王府。”玄鼋，韦注以为“象龙蛇者”，是知玄鼋即天鼋之别称，古音本同。

以上是杨向奎先生的观点[①]。

笔者在此基础上，做如下推论：

1. 天鼋即轩辕，天鼋即龟蛇，黄帝的本相为龟蛇。

2. 周承袭夏礼，夏传自黄帝，故鲧、禹名字与蛇有关。

3. 杨向奎先生称象龙蛇盘柱，或即华表。太和殿内六根盘龙金柱，可能就是的遗意。

4. 天鼋又称玄鼋，玄鼋即玄冥，玄冥即玄武，丁惟汾《俚语证古》曰：“武，古音读没，为冥之双声音转。”[②]玄为蛇，武为龟，与玄鼋义相同，玄鼋—玄冥—玄武，三者同义。

5. “星在天鼋”，韦昭注曰：“星，辰星也。天鼋次名，一曰玄枵，从须女八度至危十五度为天鼋。谓周正月辛卯朔二日壬辰，辰星始见，三日癸巳，武王发行，二十八日戊午，渡孟津，距戊子三十一日。

---

① 杨向奎：《大一统与儒家思想》，页 18–23，北京出版社，2018 年。

② 丁惟汾：《俚语证古》，页 6，齐鲁书社，1983 年。

二十九日己未晦，冬至，辰星在须女，伏天鼋之首。”[①]天鼋又称玄枵，位北方，为十二星次之别名。须女，即北方七宿中的虚、女二宿，天鼋在虚女八度至危十五度之间。冬至日，辰星即水星在虚女，正好处于龟头上，为武王伐纣之兆。

6. “我姬氏出自天鼋”，韦昭注曰：“姬氏，周姓。天鼋，即玄枵，齐之分野。周之皇妣王季母太姜者，逄伯陵之后，齐女也。故言出于天鼋。《传》曰：‘有逄伯陵因之，蒲姑氏因之，而后太公因之。’又曰：‘有星出于须女，姜氏、任氏实守其祀。’”[②]周的祖先为弃，弃是上古帝王高辛氏娶有邰氏之女姜嫄所生。姜嫄和姜子牙都是炎帝之孙伯陵的后代。逄伯陵是太姜的先祖，逄公是逄伯陵后裔，是太姜之侄，商代晚期封为逄国国君，地在今山东临淄逄陵故城。故韦庄认为周姓天鼋即玄枵，乃北方玄武，为齐之分野。

7. “及析木者有建星及牵牛焉”，韦昭注曰：“从斗一度至十一度，分属析木，日辰所在也。建星在牵牛间，谓从辰星所在须女天鼋之首。至析木之分，历建星及牵牛，皆水宿，言得水类也。”[③]析木为日月星辰出没之区，水宿即北方七宿。

黄帝活动于涿鹿一带，地属北方，北方天空的龟蛇星象，自然成为黄帝族群的标志。所谓“星在天鼋”“我姬氏出自天鼋”即黄帝族群出自北方七宿，析木为十二星次之一，与二十八宿相配为尾、箕二宿，玄枵和析木是说明方位的，玄枵在北方，析木在东北。“有建星及牵牛焉”，建星在斗宿的东北方，牵牛星即河鼓三星，在牛宿的上方。在汉代之前，冬至点是定在牵牛初度即斗二十一度黄道子宫处，建星和斗宿之间被当作日月出没之处，即日月最初的出发地，可见它是天庭极其重

① 前揭韦昭注《国语》卷三。

② 同上注。

③ 同上注。

要的地方。大地北方是寒冷之地，是冬至产生之处，又是一岁之始，所以黄帝族群将北方七宿当作自己的族徽，说明与上天的依存关系。期冀在其照临下生衍繁息。

玄枵为子，星纪为丑，析木为寅，夏正建寅，殷正建丑，周正建子，合称三正，夏为正月为人正，殷为十二月为地正，周为十一月，十一月为冬至月，所以周为天正，处玄枵即天鼋。冬至时，辰星运行在虚、女二宿，伏天鼋之首，这正是周应天象的时刻，故称“我姬氏出自天鼋”。

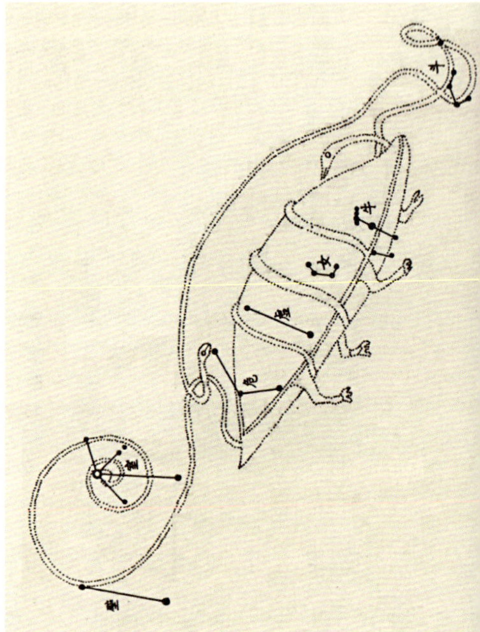

图 2–1　北方天空七宿玄武星象图

北方七宿由斗、牛、女、虚、危、室、壁组成，斗、牛为蛇身，其余五宿均为龟身，故认为实为北方七宿的星象图（图2–1）。

三、小结

紫禁城的龟蛇设计，虽然直接动机来自朱棣所借之真武神的龟蛇化身，但玄武龟蛇却是承袭了黄帝的龟蛇图腾。北方天空的星象是龟蛇、黄帝、真武三者联系在一起的根本原因。令人震惊的是，这种文化元素在无意识中完成了传承，虽然在传承中发生了变化，但事实上紫禁城供奉的玄天上帝（真武大帝）就是黄帝，华夏民族的先祖，《史记·五帝本纪》中的三皇之一，他是我们记忆中完成大一统的第一帝，没想到在紫禁城的钦安殿中仍能看到他那威严而充满正气的身影。

钦安殿玄天上帝与帝统继承

儒家讲究皇位传承的正统性，父死子继是天经地义的规则，不容紊乱。朱棣是建文帝的叔伯，却推翻了侄子的统治，夺取了天下，破坏了纲常，为儒家礼制所不容。所以朱棣只能寻找神的帮助，用神统来代替儒家的帝统。这实际上还是一种天命论。“肆朕起义兵，靖内难，神辅相左右，风行霆击，其迹甚著”[①]，假借玄天上帝（又称玄武或真武）翊助自己“靖难”，并把玄天上帝与太祖朱元璋联系在一起，说这尊神在太祖肇兴时曾显灵护佑。朱棣《御制大岳太和山道宫之碑》曰：“天启我国家隆盛之基，朕皇考太祖高皇帝，以一旅定天下，神阴翊显佑，灵明赫奕。”[②]来证明自己与太祖一脉相承。

一、钦安殿建于元代

钦安殿位于坤宁宫后，重檐盝顶，五开间，前设开阔的月台，饰精美的百花蟠龙汉白玉石栏杆板，明嘉靖时增建缭垣和天一门，清乾隆时于月台上增建抱厦。据文献记载，钦安殿建于元代顺帝时，《文章辨体汇选》记：“公姓陈氏，讳达字，元达温之永嘉人，家婺之兰溪，妣江氏封温国夫人，而公沈氏出也。三岁而孤，伯母陈留郡夫人江氏鞠育之长大。年十五征入宿卫，二十学书于平章康里公库库，待制杜公本，学诗于张贞君、天雨马教授伯诚。年三十，书名于康里公上下。钦安殿成，在廷善笔札者，咸书榜上进，独用公所进者。至正壬辰，擢端本堂司经，寻转正字，又迁文学。”[③]《（万历）金华府志》亦记：“陈达，

① 《武当山历代志书集注》，页 434，湖北科学技术出版社，2003 年。

② 同上注。

③ ［明］贺复征编：《文章辨体汇选》卷六八八，文渊阁四库全书本。

字元达，兰溪人，自中之孙，父萍仕元为宣政院使。达自少征入宿卫，学书于康里子山、杜清碧。诏书钦安殿榜，称旨，擢端本堂司经。”[①]陈达祖籍永嘉，今温州，善书。20岁时，学书于康里公，30岁时，其书法与康里公不相上下。钦安殿建成后，元顺帝下令大臣各书“钦安殿”匾呈进，唯陈达所书被选中。不久陈达转正字，又转文学，因劾弹元顺帝时奸臣秃鲁帖木儿而遭迫害，解官南归，病卧故里。

二、玄天上帝铜像为元代所供

据现状，钦安殿明间靠金柱设有一座巨大的神龛，龛内供有一尊坐式铜鎏金真武像（图2-2），高约200厘米。神像披发跣足，手执断魔雄剑，身穿金甲，目光如炬。这尊神像为元代所供，笔者论证如下：

第一，钦安殿是一座神殿。按规制，当今王朝一般不会使用前朝的宫殿名。朱元璋曾说：“盖我中国之民，天必命中国之人，以安之夷狄，何得而治哉！予恐中土久污膻腥，生民扰扰，故率群雄奋力廓清，志在逐胡虏，除暴乱，使民皆得其所，雪中国之耻。”[②]在当时，这种对立的思想与情绪是很大的。朱元璋定都南京之前，曾以何处定都有过一番陈述意见，他说：“若就北平，要之宫室，不能无更作，亦未易也。”[③]据《辍耕录》记载，元大内有棕毛殿、畏吾尔殿，还有覆白琉璃瓦顶的宫殿，这些不符合汉人的传统，改动太大，故朱元璋打消了定都大都的想法。所以朱棣迁都北京建紫禁城，继续使用元大内宫殿名，几乎是不可能的。为何永乐帝不改钦安殿名呢？笔者认为此殿一定是一座神殿，所供之神一定是汉人崇拜的神且与帝王有着不解的关系，只有这样，才使永乐帝不敢妄动此殿，不得不保留这座宫殿及其殿名（图2-3）。

① ［明］陆凤仪：《金华府志》卷一六，明万历刻本。
② 《大明太祖高皇帝实录》卷二六，吴元年十月丙寅。
③ 《大明太祖高皇帝实录》卷四八，洪武三年正月癸卯。

图 2-2　正龛玄天上帝铜像

图 2-3　玄天上帝像

第二，燕王起兵时的征兆是真武神显灵。燕王府是由元大内改造而成的[①]，《明史》记载，起事之前，燕王曾于府内秘密练兵，起兵之时，“适大风雨至，檐瓦堕地，成祖色变。道衍曰：‘祥也。飞龙在天，从以风雨。瓦堕，将易黄也。’”[②]天空骤然变色，风雨大作，这一现象被认为是真武神显灵的征兆。为何朱棣想到了借用真武神？极有可能是燕王府里供有真武神即钦安殿里的真武神。

第三，钦安殿供奉真武神无御制碑文的原因。“靖难”成功后，永乐

① 《大明太宗文皇帝实录》卷五，建文元年十一月乙亥。参见王子林《元大内中轴在武英殿与慈宁宫一线》，《故宫学刊》第 22 辑，故宫出版社，2021 年。

② 《明史》卷一四五，“姚广孝传”。

十三年，于北京地安门建佑显宫真武庙，供奉真武神，朱棣《御制真武庙碑》称："顾惟北京天下之都会，乃神常翊相予于艰难之地，岂可无庙宇为神攸栖，与臣民祝祈倚庇之所？遂差吉创建，崇殿修庑，缔构维新，亢爽高明，规模弘邃。"[①]永乐十六年，又于武当山冶铜为殿，范神之像，供奉真武神，朱棣《御制大岳太和山道宫之碑》记："惟武当神之攸栖，肃命臣工，即五龙之东数十里得胜地焉，创建元天玉虚宫；于紫霄、南岩、五龙创建太元紫霄宫、大圣南岩宫、兴圣五龙宫；又于天柱之顶，冶铜为殿，饰以黄金，范神之像，享祀无极。"[②]永乐帝于地安门佑显宫、武当山天柱顶建金殿供奉真武神，特别是武当山的金殿，是从北京铸好后通过万里水道运至武当山的，《敕建大岳太和山志》记："今命尔护送金殿船只至南京，沿送船只，务要小心谨慎。遇天道晴明，风水顺利即行。船上要十分整理清洁。故敕。"[③]唯独没有于紫禁城中供奉真武神的记录，原因可能是钦安殿里已有元人供奉的真武神了。

第四，"玄天上帝"号为元代所封。真武神是汉人崇拜的北方天空七宿星神，原名曰玄冥即玄武，龟蛇是其化身，宋代得到帝王们的崇拜，不断被加封号，为避圣祖赵玄郎名而改称真武。元大德七年封真武神为"光圣仁威玄天上帝"[④]，简称"玄天上帝"，地位被提高到了上帝之尊的高度。据现状，钦安殿所供真武铜像前立有"玄天上帝"神牌，可证玄天上帝像当为元代所供。

三、永乐帝将钦安殿置于紫禁城的中轴上

钦安殿建于元代，但它并没有位于大内中轴上。大内中轴是在元世祖忽必烈建皇宫时确定的，《析津志》记："世皇建都之时，问于刘太保秉

① 《御制真武庙碑》，《中华道藏》第 30 册，页 715，华夏出版社，2010 年。

② 前揭《武当山历代志书集注》，页 107。

③ 前揭《武当山历代志书集注》，页 104。

④ 《元史》卷二一〇，"本纪第二十一 · 成宗四"。

忠定大内方向。秉忠以今丽正门外第三桥南一树为向以对。上制可。”[1]大内轴线以对准南一树为向确定了大明殿的位置，轴线终于大明殿。元大内中轴上的建筑，据元代陶宗仪《南村辍耕录》记：“大内南临丽正门，正衙曰大明殿、曰延春阁……正南曰崇天……北曰厚载……大明门在崇天门内，大明殿之正门也……文思殿在大明寝殿东……紫檀殿在大明寝殿西……宝云殿在寝殿后……延春门在宝云殿后，延春阁之正门也……慈福殿又曰东暖殿，在寝殿东……玉德殿在清灏门外。”[2]中轴线上的建筑有崇天门、大明门、大明殿、宝云殿、延春门、延春阁、厚载门，其所录元大内宫殿史料来自《经世大典》，比钦安殿建成时间早，故陶宗仪没有提到钦安殿。明初萧洵奉命至大都城，对元大内进行了考察，所著《元故宫遗录》记：“南丽正门内，曰千步廊……建棂星门……门内数十步许有河，河上建白石桥三座……度桥可二百步，为崇天门……由午门内可数十步，为大明门……中为大明殿……连建后宫……障后即寝宫，深止十尺，俗呼为弩头殿……庑后横亘长道，中为延春堂丹墀……其上为延春阁……又后为清宁宫……又后为厚载门，上建高阁环以飞桥舞台于前……台东百步有观星台，台旁有雪柳万株。”[3]这是萧洵看到的元大内中轴一线的建筑，与《辍耕录》所记基本相同，只是增加了清宁宫和舞台两座建筑，没有钦安殿，说明钦安殿没在元大内中轴上。

萧洵漏记钦安殿的原因，是因为他只走了大内中轴一线，故而未见钦安殿。

据现存原状，钦安殿位于紫禁城中轴的北端，说明永乐帝营建紫禁城时将中轴对准了钦安殿，将钦安殿作为紫禁城中轴北端上的建筑，是因为该殿供有玄天上帝，是他的保护神，是他正统名分的象征。笔者在

---

① 前揭《析津志辑佚》，页 213。

② 前揭《南村辍耕录》卷二一，页 250–252。

③ ［明］萧洵：《元故宫遗录》，清乾隆道光间长塘鲍氏刻知不足斋丛书本。

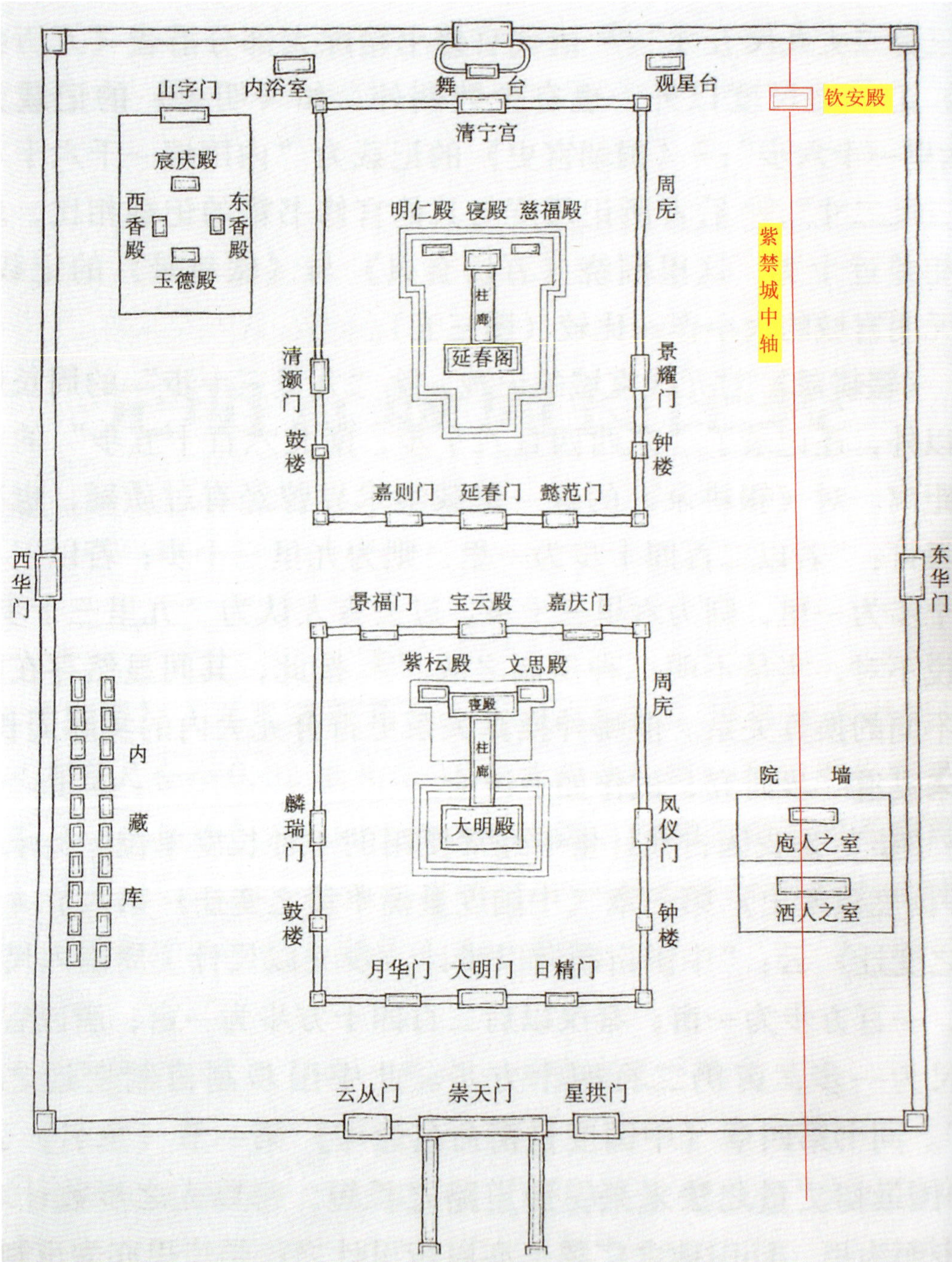

图 2-4　钦安殿在元大内中的位置示意图（参考朱偰《元大都宫殿图考》）

《元大内中轴在武英殿与慈宁宫一线》[①]一文中，详细论证了明紫禁城中轴较元大内中轴东移了约230米（图2-4），说明钦安殿在元大内中轴的东边。

四、永乐帝创建玄武神空间

唐玄宗御撰《大唐六典》之“尚书省工部”条记载：“殿（按：指紫宸殿）之北面曰玄武门。”原注曰：“其内又有玄武观。”[②]大明宫北门玄武门内有玄武观，供真武神。永乐帝为紫禁城北方设计了一个玄武天神的空间，北门曰玄武门，门内为钦安殿，钦安殿相当于大明宫内的玄武观。永乐帝将紫禁城中轴对准元代钦安殿，其目的就是把钦安殿纳入北方天神的空间里，以符古制。

永乐时又于钦安殿两侧建东西七所（图2-5），大学士杨荣《皇都大一统赋》称“六宫备陈，七所在列”，据杨文概《北京故宫乾清宫东西五所原为七所辨证》的考证，乾清宫东西五所原为七所。东西七所的

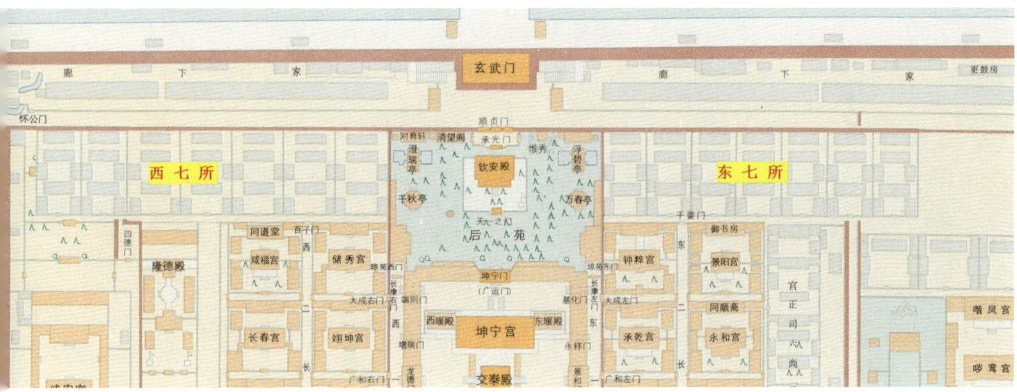

2-5　钦安殿左右两侧的东西七所

① 王子林：《元大内中轴在武英殿与慈宁宫一线》，《故宫学刊》第22辑。

② 参见陈学霖《“真武神、永乐像”传说溯源》，台北《故宫学术月刊》第十二卷，第三期（2001年第4期）。

设置，源于司马迁《史记·天官书》“北宫玄武”之说，“北宫”是指“北宫七宿”斗、牛、女、虚、危、室、壁，七宿为北方天空的星宿，其形如龟蛇缠绕。[①]以钦安殿为中心，后有玄武门，两侧有东西七所，使紫禁城北方形成了一个玄武空间，其目的是想借玄武天神继续镇佑紫禁城。

五、玄武神与帝统的确立

玄天上帝跟王朝的兴起产生关联，始于元代。赵孟頫《启圣嘉庆图序》称：“大元之兴，实始于北方。北方之气将王，故北方之神先降。事为之兆，天既告之矣。”[②]虽然玄武被宋人请到了南方武当山，但人们还是认为北方是玄武显灵的地方，元统一天下，是玄武的翊助之功。元大都的肇建亦是玄武的神示，至元六年十二月庚寅，有神蛇出现于城西高梁河中，首耀金彩，翼日辛卯，又有灵龟出游，背纹金错，祥光绚烂。于是于明年二月甲戌于所现之地建庙以祀，以昭神贶。元翰林侍讲徐世隆撰《元创建真武庙灵异记》称：“我国家肇基朔方，盛德在水，今天子观四方之极，建邦设都，属水行方盛之月，而神适降，所以延洪休昌景命，开万世太平之业者，此其兆欤！”[③]

玄武除了这一作用外，更早的是与帝王的继位相关。唐太宗李世民发动兵变夺取帝位的地点是在玄武门，无疑是得到了玄武天神的护佑。宋太祖赵匡胤刚黄袍加身不久，天神于大内端明殿显灵，自称是“天都北极真武灵应真君”，告知太祖说看见了上帝的批鉴“闻有天下霸业侯王，尚或守据一方，未怀臣顺。近曾亲见上帝批鉴：‘并合归宋朝为一

① 杨文概：《北京故宫乾清宫东西五所原为七所辨证》，《中国紫禁城学会论文集》第一辑，紫禁城出版社，1997 年。

② 《道藏·玄天上帝启圣灵异录》第 19 册，文物出版社、上海书店、天津古籍出版社出版，1994 年。

③ 《道藏·玄天上帝启圣灵异录》第 19 册。

统，永昌万世帝王之业’”[①]。但李世民有杀兄逼父夺位之违背伦理的不孝不悌之举，赵匡胤有陈桥兵变胁迫孤儿寡母让位之为，所以这尊天神非同一般，他肩负着帝王的使命，是不合法继位者的舆论支撑。包括宋仁宗亦然，他本是宋真宗赵恒宠幸了章献明肃皇后刘氏的侍女所生，却被赵恒声称为刘氏所生，仁宗赵祯自然有此得位不正之忧，故《玄天上帝启圣录》称“朕举目，忽见北方天门开，现红光数道，内有金甲裙琱拖一足，满空悠悠，向前而过，知是北方真武”[②]，遂下令于宫中建真武庙以为天神所佑。

古代帝王的皇位传承主要是靠帝统即父死子继来延续的，如《诗经・文王》所记“文王孙子，本支百世”，嫡长子继承制是最好的传承方式，如果是皇位传给嫡长子，嫡长子再传给嫡长孙，这才算真正的正支正脉，但这种情况在历史上极少出现。常常被其他原因打破。如果皇帝没有嫡长子，庶长子继位大统也是理想的传承。如果皇帝没有庶长子，庶子即位也是合法的。比如皇太极传顺治、顺治传康熙、康熙传雍正、雍正传乾隆、乾隆传嘉庆等，庶子即位且一直传下去，也算是正支正脉。就怕皇帝死后无子，古代有个传统传子不传女，传女则变成外姓，正统血脉就没有了。

皇帝一旦无子，只能于他的兄弟中挑选他们的孩子即位，如果兄弟也没有孩子，就只能实行兄终弟及了，这是最不想看到的情况。因为在古代，皇帝孩子多，除了继位当上皇帝的儿子居宫中外，其他孩子都要被分封到外地做藩王即诸侯王，或于京城中建王府以供其居住。特别是藩王继位，这是朝廷的大忌，《孟子・告子章句下》说过“五霸者，三王之罪人也；今之诸侯，五霸之罪人也”，诸侯在外，拥有统兵权，一旦某一位诸侯继承了皇位，其他诸侯怎么办？所以朝廷想出了一个办法

---

① 《玄天上帝启圣录》卷三，“宋朝一统”，《中华道藏》第 30 册，页 652。

② 《玄天上帝启圣录》卷二，“金殿金裙”，《中华道藏》第 30 册，页 646。

即过继法，先皇的兄弟的孩子，先过继给先皇，改认亲生父母为皇叔父母，这样先皇的这支正统血脉也就得以传续了。其实这源于民间，古人重家国情怀，这种做法能得到了社会的普遍认可，其他诸侯也就无话可说了。但这也有一个致命的缺陷，即伦理与帝统的关系，是父子伦理重要还是帝统重要？出现的两位太后其地位如何平衡？这都不是常人所能解决的问题。一旦处理不好，便会激化矛盾，明代“大礼仪之争”便是如此。

朱棣是以“靖难”之名取得的皇位，实际上是造反，这种情况就比较严重了，它违背了儒家的继统原则，被视为大逆不道，是篡位。但朱棣是太祖朱元璋的第四子，也属正统的血脉，说他造反，这是朝廷的说法，他认为自己是迫不得已而为之，是为了帮助建文帝“肃君侧，远佞人”。但无论如何辩说，总之是缺乏继位的合法性。皇位继承，有了正统性，还不行，还必须要有合法性。要扭转这种局面，唯一的方法就是借助神力，在皇权与神权的对比中，神权是占上风的，故“君权神授”可以让不合法者获得合法的地位。

《明史》所记朱棣起事时风雨大作，檐瓦坠地，被说成是改易黄瓦的征兆，是天命所示。朱棣靖难，无法依据儒家的正统继位观来为自己正名，有得位不正之嫌，他只能利用这尊神，在武当山玄武得道升天之处创建规模宏大的道观，《御制大岳太和山道宫之碑》称朱棣起兵靖难时，天神辅相左右，其迹甚著，以玄武神确定了自己的正统合法地位，至此玄武神成了帝统合法的象征。

嘉靖帝因他的出生与永乐帝一样，都是藩王身份，属正统皇族血统，但在继位问题上朱厚熜比朱棣要轻多了，毕竟他不是靠反叛来取得帝位的，与朝廷产生的“大礼仪之争”的关键处在于朱厚熜是否认孝宗为皇父。但朱厚熜是一位孝子，断然拒绝了朝廷的要求，封生父帝王谥号，并奉祀于太庙，确立起了以他为始的另一正支血脉。在与朝廷分争抗礼的过程中，他以朱棣为榜样，抬出了玄天上帝为自己正名，嘉靖十四年亲至钦安殿祭拜玄天上帝。《明实录》记：“（嘉靖十四年十月丙午）初，上又以文祖建钦安殿祀真武之神，诏持（特）增缭垣、作天一门及大内左右诸宫益（并）加修饬，至是皆告成。上亲制祀(祝)文告，列圣于内殿，仍具皮弁服祭真武之神于钦安殿。”[①]以示自己承继玄天神统，又下令大修武当山，举办“罗天大醮”，立“治世玄岳”石牌坊，《御制重修大岳太和山玄殿纪成之碑》称“朕皇考封藩郢邸，实当太和灵脉蜿蜒之胜，岁时崇祀惟谨”[②]，向天下宣告自己继承了玄武神统，确立了自己的帝统合法地位。

六、小结

玄天上帝不仅是王朝兴起的象征，也是帝统合法性的象征。钦安殿所供玄天上帝，原本是道教中的一位方位神，由于它与诸多帝王的继位产生了联系，因此它被抬至证明帝王继位合法性的高度。朱棣南下“靖难”，仍然是利用了这尊神来为自己正名，希望通过玄天上帝的“显灵”，以达到“君权神授”的目的。在营建紫禁城时，将紫禁城中轴对准钦安殿，以实现曾翊助过自己靖难的玄天上帝处元枢之上，这尊神的地位得到最大限度的提升。朱棣还于钦安殿两侧建东西七所，使紫禁城北方形成一个玄武空间，给了这尊神至高无上的地位。

---

① 《明世宗实录》卷一八〇，嘉靖十四年十月丙午，页 3855，台北“中研院”历史语言研究所校定影印，1966 年。

② 《大岳太和山纪略》卷五，清乾隆九年下荆南道署刻本。

第三节

天穹宝殿与顺治帝入主紫禁城

天穹宝殿位于后宫中，原名玄穹宝殿，供奉有一位尊神“昊天至尊玉皇上帝”铜像，此神是天庭的主宰者，此号源于宋徽宗赵佶所上尊号。政和六年四月二十九日，徽宗下诏称“永惟玉皇大天帝、昊天上帝主宰万化，名殊实同，而昔之论者析而言之不能致一，故于徽称阙而未备”，于是上尊号曰“太上开天执符御历含真体道昊天玉皇上帝”，始将道教玉皇与国家祭祀中的昊天上帝相等同。据陶金博士考证，宋徽宗为神宗第十一子，宋哲宗之弟，兄终弟及而入继大统，为了宣扬自己入统的合法性，曾杜撰自己梦游神霄殿，得到了玉帝的启示，于自己的诞生地福宁殿东建玉清和阳宫，以作为“此帝君旧居”的呼应，接着为玉皇上尊号的方式与圜丘所祀的昊天上帝等同起来，《宋会要辑稿》录有玉册全文。钦安殿藏有一块刻宋徽宗御制玉皇册文中的一句“太上开天执符御历含真体”玉简册单片（图2-6），应为金人攻占汴梁后将其掠至燕京而进入金宫廷，经元、明、清三代而保存至今，物史对证，作为崇信道教的徽宗，其身份得到了儒道双重加持，更加深了他继承大统的合法性和神性。[①]同样，隐藏于深宫中的天穹宝殿也具有这样的作用。

图 2-6 钦安殿藏宋徽宗御题玉册单简

一、天穹宝殿的陈设

《国朝宫史》记：“六宫之东，有小长街。街南向东直出者为苍震

① 陶金：《钦安殿藏玉宋徽宗御题玉册单简初探》，《钦安殿原状》，故宫出版社，2021 年。

图 2-7　天穹宝殿

门，街东为内库房。其北向西者为钦昊门。门中向南为天穹门。门内为天穹宝殿，祀昊天上帝。御笔联曰：无言妙化资元始，不已神功运穆清。”①

天穹宝殿位于东六宫之东（图2-7），长方形院落，月台上为正殿天穹宝殿，五开间，黄琉璃瓦歇山顶，东西置配殿各三间。南墙正中开琉璃门一座，名天穹门。门外为一长方形院落，东抵东筒子西侧宫墙，西端为钦昊门。院南为陈放祭品的群房。

据乾隆十六年十二月所立《天穹宝殿陈设底档》的记载，乾隆之前的天穹宝殿旧有神像供器陈设如下②：

① ［清］张廷玉编：《国朝宫史》上册，页 220，北京古籍出版社，1987 年。

② 《天穹宝殿陈设底档》（乾隆十六十二月立），《天穹宝殿日记陈设底档》（乾隆二十三年六月立），《天穹宝殿档案》（乾隆四十一年十月立），《天穹宝殿档案》（道光十二年二月立），故宫博物院藏。

图 2-8　东方镇坛斗（修复前）

（玉皇大帝）宝座前红漆描金香几五个，上供铜香炉一件，铜蜡钎一对，铜花瓶一对，内插灵芝花。

羊角海灯一件。

各色锦缎穿琉璃珠命魔幡一对，红油挑杆石座。

红油漆案一张，石青缎画泥金龙套一个，案前蓝缎织金龙幡六首。

东经桌二张，蓝缎泥金龙套二个，上供皇经五部，道经五部，敕剑令牌一份，铜磬一口，铜帝钟二把。

西经桌二张，蓝缎泥金龙套二个，上供皇经五部，道经五部，敕剑令牌一份，木鱼一件。

东法器桌一张，蓝缎泥金龙套一个，上供铜钹一副，铜铙一副，铜铦子二副，铜铛子二副，铜镀金小钟一架，大鼓一架。

西法器桌一张，蓝缎泥金龙套一个，上供铜韵锣二架，扇鼓二面，扎鼓一面，紫檀木板一副。

神牌桌五张，石青缎泥金龙套五个，五方神牌五份，每一份镇坛斗一座（图2-8），内安伞一把，旗五面，戥子一杆，秤一杆，铜镜一面，剪子一把，尺一根，弓一张，箭三枝，木剑一把。乾隆二十五年四月初六日，造办处白世秀请去五方神牌五份见新，本年八月初一日造办处白世秀请来安供天穹殿。

拜垫一块，提炉一对，御杖一对，黄缎画五彩龙旗一对，办道场用。铜花瓶三对，锡香炉三件，锡蜡钎五对，锡花瓶二对，锡奠池一件，锡手炉六把，铁焚化炉一个，黄铜净手盆一件，锡柿子壶二把，铜海灯一件，铜丝罩，紫檀木座，花毯一块。

到乾隆时，供奉规模扩大，增加了很多画像和供器，如乾隆八年于正殿挂供玉皇、九天、吕祖、太乙、紫阳真人等十一轴画像，月台上陈设古铜八卦宝鼎。十年于月台下正甬路安设古铜麒麟鼎炉一座，十一年于明间挂供乾隆御笔七言金字黑漆地对联一副，十二年于殿前安铜龟座二个等。特别应该提到的是乾隆十七年三月二十六日，工匠们在给玉皇上帝縻洗时认出是金胎，中正殿的画佛像喇嘛罗追大瓦还亲自到天穹宝殿画玉皇金面。将旧冕旒托板换成新的铜镀金九龙冠，还将旧郁罗萧台欢门换成新做的，并重新制作了“昊天至尊玉皇上帝”玉圭（图2-9），档案记载：“（乾隆十七年）三月二十六日，奉旨：叫大工程上白、天保带领着匠役们至天穹宝殿，縻洗玉皇圣像，认出是金胎，添安木座。四月初三日胡世杰奉旨将天穹宝殿供的哈达十八个交自鸣钟首领郑玉柱收去讫。九月二十九日，总管王常贵、三合交来新钟一口，玉磬一面连架，随红油香几一对连黄绫套安供。当日将旧钟磬连架交给造办处白世秀收去。十一月十七日，造办处拨什库达、五十八带领中正殿画佛像喇嘛罗追大瓦至天穹宝殿画玉皇金面。十一月二十三日，库掌巴克妲、笔帖式马清阿至天穹宝殿玉皇前安供铜镀金九龙冠一顶，点翠随玻璃吊挂二十六挂，合珠玻璃镶嵌铜镀金簪一枝，黄缎绣八团金龙袷袍一件，黄鞓白玉带一条，计玉二十块。本日将旧冕旒托板一块连珠二十六挂，玉过梁一根连玉珠四颗，玉簪一根，交库掌巴克妲、马清阿收去讫。十二月二十四日，催总

图 2-9　乾隆制玉皇上帝玉圭

五十八至天穹宝殿挂绣欢门“郁罗萧台”一份，旧的收去。”[①]

二、天穹宝殿所供神像

（一）正殿里的诸神

正殿明间正中置须弥座，上供铜镀金玉帝像，座后为仙楼龛，档案记载：“天穹宝殿内阁上供玉帝一尊，金胎，手执碧玉圭，从神十四位，铜镀金胎。石青缎泥金龙幔子一架。阁前供玉帝一尊，铜胎，手执碧玉圭。”[②]阁，指仙楼龛，仙楼龛位于供奉玉帝铜像的须弥台后，龛内供玉皇上帝铜像一尊，前立“玉皇高上帝赦罪大天尊之位”神牌，再前立三块三清神牌，分别是“玉清圣境元始天尊”“太清仙境道德天尊”“上清真境灵宝天尊”。道教认为神界以三清为最高神，三清即元始天尊、灵宝天尊和道德天尊（太上老君）。玉帝铜像的左右两侧供有真君天将铜像十四尊，根据神像底座上的铭文，可知玉帝铜像之左列七位天尊铜造像，分别是神功妙济许真君、正一静应张真君、正一灵官马元帅、地祇太保温元帅、北极天蓬苍天上帝、北极翊圣皓天上帝、赤心忠良王天君（王灵官）；右亦列七位天尊铜造像，分别是太极仙翁葛真君、一元无上萨真君、金轮如意赵元帅、神霄荡勇岳元帅、北极天猷丹天上帝、北极佑圣玄天上帝、太岁殷元帅。仙楼龛供奉的特点是，前排为四大天师，中间为护法四帅，后排为北极四圣和两位天将。

张真君、许真君、葛真君、萨真君为四大天师。张真君，头戴束发冠，红须怒眼，执令牌，身着道袍，为东汉道士张道陵。许真君，头戴束发冠，白脸，手执令牌，身着道袍，为晋代道士许逊。葛真君，头戴束发冠，执令牌，身着道袍，为西晋道士葛天。萨真君，头戴束发冠，执令

① 《天穹宝殿陈设底档》（乾隆十六年十二月立），《天穹宝殿日记陈设底档》（乾隆二十三年六月立），《天穹宝殿档案》（乾隆四十一年十月立），《天穹宝殿档案》（道光十二年二月立），故宫博物院藏。

② 同上注。

牌，着道袍，为宋代道士萨守真。

马元帅、赵元帅、温元帅、岳元帅为护法四帅。马元帅（图2-10），头戴攒顶帽，身披金甲，三眼，白面，右手持枪，枪上有一蛇缠绕，左手持金令牌。赵元帅即赵公明，头戴攒顶帽，身披金甲，手执铁鞭和铁锁链，虬须髯。温元帅，头戴攒顶帽，身披金甲，左手执玉环，右手握铁锏，是泰山神东岳大帝的部将，玉帝封他为“亢金大神”，赐金牌一面，上有“无拘霄汉”四字。天将神霄荡勇岳元帅，丹凤眼，美髯须，头戴幞头冠，身披金甲，右手持长枪，左手捋须。

图2-10　正一灵官马元帅

北极天蓬苍天上帝、北极翊圣皓天上帝、北极天猷丹天上帝、北极佑圣玄天上帝为北极四圣。北极天篷苍天上帝，怒眼圆睁，四面八手，身长五十丈，着金甲，手持剑戟、帝钟、神印等。北极翊圣皓天上帝，披发，着金甲，右手执剑，左手结斗诀，又称黑煞将军。北极天猷丹天上帝，头戴束发冠，虬须怒眼，身披金甲，六臂，所执法器有日、月、剑、帝钟等。北极佑圣玄天上帝即真武，披发跣足，着金甲，右手持剑，左手结斗诀。

赤心忠良王天君（王灵官）和太岁殷元帅为三十六天将之二将。王灵官为南斗离星的化生，封为“火府天将”，红脸虬须，怒眼圆睁，着金甲，右手执鞭。太岁殷元帅，白面獠牙，怒眼圆睁，四臂，所执法器有方天画戟（戟杆上挂一幡）、帝钟、日、月。

仙楼龛外垂蓝缎云龙幡，上绣金字“郁罗萧台”，龛上幔子为蓝素缎子身，其刷子绣五方神（图2-11）。郁罗萧台，《玉清宝诰》称是元始天尊的居地，在玉清圣境清微天宫中，渺渺金阙，森罗净泓，是天中

图 2-11　郁罗萧台幡

之天，上极无上之地。

“阁前供玉帝一尊”，即位于明间正中须弥台座上的玉帝铜像（图 2-12）。台四周设栏杆，南出蹬道，上置宝座，玉帝呈坐姿，头戴冕旒，双手执玉圭，外罩黄缎绣八团龙袍，前置神牌“昊天至尊玉皇上帝”，玉圭上刻款曰“大清乾隆年制”。须弥台南垂天蓝缎欢门幡，东西垂天蓝缎绣金字花纹光明幡，上绣“大自在光玉皇大天尊天穹高上帝”，台前置供案，上供乾隆年制天青瓷五供。

《玉皇宝诰》称玉皇上帝为“玉皇大天尊天穹高上帝”，居太上弥罗无上天妙有天真境里的紫金阙太微玉清宫里，无限光明，又称光明神，大光明殿供的就是这位尊神，清代娄近垣值季大光明殿，就是此殿的住持法官。玉帝是三清化出的第一位尊神，代表三清行化宇宙，行天之道，布天之德，掌握至高权威，施无边法力的万能之主，下设六部四相，掌理万圣千真，主宰三界十方。

图 2–12　玉帝铜像

（二）东配殿里的诸神

东配殿三开间，为雷神殿，档案记载："东配殿内供九天一尊，铜镀金胎，从神八位，铜镀金胎连座。"明间供描金红油漆神龛一座，内供九天一尊，九天即九天应元雷声普化天尊，从神八位，他们是雷霆行令使者张天君、上清神烈阳雷苟元帅、混元八卦洞神刘元帅、混元八卦洞神庞元帅、雷霆天医五雷陶天君、雷霆掌令青帝辛元帅、雷霆主令炎帝邓元帅、上清神化阴雪毕元帅。

九天应元雷声普化天尊是雷部的最高神（图2–13），三目，绀发跣足，美髯须，着金甲，右手执钢鞭，左手结斗诀。他是元始天尊第九子玉虚真王的化生，专制九霄三十六天，执掌雷霆之政，又称"神霄真王"。其职司"主天之灾福，持物之权衡，掌物掌人，司生司杀"。

雷霆主令炎帝邓元帅是雷部的首位天君，红发赤眉，喙嘴，翼其两肩。雷霆掌令青帝辛元帅，黑脸红须，右手执笔管。混元八卦洞神庞元

图 2–13　九天应元雷声普化天尊铜像

帅，红脸金甲，左手托葫芦，右手执锤。上清神化阴雪毕元帅，原为雷精，藏于地中，寄胎于田间，得千年石乳钟气而生。混元八卦洞神刘元帅，红脸金甲。雷霆行令使者张天君、上清神烈阳雷苟元帅、雷霆天医五雷陶天君均是雷部正神二十四天君中的三位雷神。

描金红油漆神龛两侧供红油漆神龛桌，内供神牌，南侧龛桌内所供神牌有九天雷祖大帝、六天洞渊大帝、可韩司丈人真君、九天生神上帝、斗母摩利支天大圣、东极注生大帝、长生保命天尊、南斗六司星君、天地人黄甲君、三台华盖星君、十二宫辰星君、十一道曜星君，共十二位。北侧龛桌内所供神牌位有二十八星君、三垣帝座星君、天都万寿天尊、北斗九皇星君、福禄寿星真君、三十二天帝君、保运妙化天尊、六波天生帝君、碧玉宫太一大天帝、南极长生大帝、雷声普化天尊，共十一位。

（三）西配殿里的诸神

西配殿三开间，为三官殿，档案记载："西配殿内供三官大帝三尊，铜镀金胎，文昌帝君一尊，铜镀金胎。"明间供描金红油漆神龛一座，内供火神帝君和三官大帝铜像，神像前供"当今皇帝万岁景命星天"牌位即本命牌。档案所记文昌帝君像应是火神帝君像。火神帝君，红脸，怒目，头戴冲天冠，坐于宝座上，后置屏风。三官大帝即治理天、地、水三界的大帝（图2-14），也就是天官、地官和水官，其全名为上元一品天官赐福紫微大帝、中元二品地官赦罪清虚大帝、下元三品水官解厄洞阴大帝。天官居紫微宫，总主诸天帝王、大圣高真及三罗万象星君；地官居清虚之宫，总主五岳帝君并二十四治山、九地土皇、四维八极神君；水官居长乐之宫，总主九江水帝、四渎神君、十二溪真及三河四海神君。

图 2-14　三官大帝之一

描金红油漆神龛两侧供红油漆神龛桌，内供神牌，南侧龛桌内所供神牌有十向十极天君、下方灵宝天尊、西北方灵宝天尊、东南方灵宝天尊、北方五气天君、南方灵宝天尊、中央一气天君、西方一气天君、东方九气天君、太平护国天尊、星主紫微北极大帝，共十一位。北侧龛桌内所供神牌有勾陈上宫天皇大帝、承天效法后土地祇、福生无量天尊、南方三气天君、北方灵宝天尊、东方灵宝天尊、西方灵宝天尊、东北方灵宝天尊、西南方灵宝天尊、上方灵宝天尊、五福十神真君，共十一位。

天穹宝殿所供诸神是道教天庭的神系结构。最尊者是道教始祖三清，他们是万物的主宰者和缔造者，无形无影。由三清化生的四御来统治宇宙，作为四御中地位最高的玉帝是天地神祇的管理者，真君、天将、护法和北极四圣等都是玉帝的属下，负责保卫天庭。配殿的雷神殿所供九天应元雷声普化天尊及从神，天地水火殿里帝君，也都是玉帝神系里的成员。

三、天穹宝殿的建造年代

在明代，天穹宝殿所在的地方是宫正司六尚局，《明宫史》记“宫正司六尚局皆在乾清宫之东”[①]，据朱偰《明清两代宫苑建置沿革图考》，宫正司六尚局位于东六宫之东，也就是说明代这里是衙门，不是道教宫殿。

又据《明宫史》的记载，明宫中供奉道教神像的殿宇，刘若愚只提到隆德殿和钦安殿，“其两幡杆插云向南而建者，隆德殿也，旧名玄极宝殿。隆庆元年夏，更曰隆德殿，供安玄教三清上帝诸尊神（万历四十四年十一月初二日被毁，天启七年三月初二日重修）。崇祯五年九月内将诸像移送朝天等宫安藏，六年四月十五日更名曰中正殿”。又记：“坤宁宫之后，则宫后苑也，钦安殿在焉，供安玄天上帝之所也。有门曰天一之门。殿之东北，有足迹二，传云：世庙时，两宫回禄之变，玄帝曾立此默为救火，其灵迹显佑，有如此者。崇祯五年秋，隆德殿、英华殿诸像，俱送朝天等宫、大隆善等寺安藏，惟此殿圣像独存未动也。”[②]

刘若愚是万历时太监，生活于明末清初，先后在司礼监和内直房供职，据他所记，到崇祯五年时，隆德殿、英华殿里供奉的神像俱送至朝天等宫、大隆善等寺安藏，宫中只留下了钦安殿里的玄天上帝铜像未动。刘若愚对紫禁城各处宫殿了若指掌，而且都有记载，不可能漏掉玄穹宝殿。他所著的《酌中志》中没有提到玄穹宝殿，只能说明明代紫禁城里没有这座宫殿。据《清宫述闻》记载：“玄穹宝殿，清顺治时改建后，以避讳，改玄曰天。”[③]可知玄穹宝殿为清顺治时改建，康熙时为避“玄烨”名讳而改称天穹宝殿。

这座神殿的建造与顺治帝有关。

顺治帝入主紫禁城时，年仅六岁，由于当时大朝正殿皇极殿已毁，

---

① ［明］吕毖编：《明宫史》，页 14，北京出版社，1963 年。

② 前揭吕毖编《明宫史》，页 14、15。

③ 章乃炜：《清宫述闻》下册，页 573，紫禁城出版社，2009 年。

只能设御座于皇极门，举行登极典礼，颁诏天下，加封和硕睿亲王多尔衮为叔父摄政王。多尔衮独断朝纲，于顺治四年对皇帝停止行跪拜礼。顺治五年，称多尔衮为皇父摄政王，所用仪仗、音乐及卫从之人，俱僭拟至尊。凡一切政务，多尔衮不再向顺治帝请示，未奉皇帝旨意，却一律称诏下旨，俨然如同皇帝，而且任人唯亲，任意罢免和提升官员。顺治七年多尔衮死于喀喇城，顺治帝亲至郊外祭奠，尊摄政王为懋德修道广业定功安民立政诚敬义皇帝[①]。顺治八年，下诏议罪，"追论睿王多尔衮罪状……俱僭拟至尊……又擅自诳称太宗文皇帝之即位，原系夺立，以挟制中外"[②]，可见在多尔衮摄政期间，顺治帝是没有权力的。

顺治八年议多尔衮罪状，以巩固顺治帝的权力外，另一原因，大清王朝是否继承大统，仍然是清初所要面临的问题，社会仍然动荡不安，在朝代更替之际，新王朝更需要得到认同，因为前朝的官员百姓只认前朝帝统为合法帝统，所以新朝需要抬出一位神来为自己的王朝证明身份，获得合法性。所以顺治二年对紫禁城宫殿名进行了更改，仍然使用了儒家传统文化经典词语，以示承袭正统。

在消除多尔衮的影响后，顺治帝将明代的宫正司六尚局改建为玄穹宝殿，采用了宋徽宗对玉帝所上的尊号，供奉昊天至尊玉皇上帝神像，将儒道最高神合于一体。供奉此神，就是为了证明自己的身份是天授神权，得到了儒道的双重认同，不可动摇。

四、小结

天穹宝殿是清宫奉祀玉帝的道教宫殿，与宫外的大光明殿、大高玄殿一样都是以玉帝为主神，举办重要道场活动的三大玉帝殿。但大光明殿和大高玄殿是明代嘉靖帝所建。嘉靖帝以藩王身份入继大统，有身份不正之嫌，以杨廷和为代表的儒臣要求朱厚熜认孝宗为父，认自己的亲生父亲为

① 《大清世祖章皇帝实录》卷五一，顺治六年十二月戊子。

② 《大清世祖章皇帝实录》卷五三，顺治八年二月己亥。

皇叔父，因此与朝廷发生“大礼仪之争”，最终他取得了成功，父亲神主进入太庙。供奉玉帝的大光明殿和大高玄殿对嘉靖帝来说，无疑是在宣示自己继承皇位的正统性和合法性。天穹宝殿也具有这样的作用，通过供奉“昊天至尊玉皇上帝”，以证明顺治帝入主紫禁城的正统与合法。

第四节

五龙捧圣大纛旗杆石基座的年代

钦安殿位于紫禁城北方，供奉北方天神玄天上帝，同时他还是一位战神，身穿金甲，手执断魔雄剑，所以他拥有一面北斗七星大纛皂旗。钦安殿西南角所置雕云龙石基座，就是夹这杆七星大纛的石座。

一、石基座不是乾隆所立

钦安殿外西南角，设有一座安插“五龙捧圣”大纛旗杆的石基座，为方形青白石，由两块雕刻精美的巨石拼成，用两个铁箍束紧，基座四面的图案相同，雕刻二龙戏珠纹。基座下部为厚16厘米的水盘衬托，上镌刻有鱼、鳖、虾、蟹、海兽、水怪等，形象生动，技法精湛。基座中心为空洞，直通地下，深不见底，空洞里原立有“五龙捧圣”大纛的旗杆，由长九丈五尺五寸、根径一尺的桅木制成，折合约31米，高出紫禁城。若在北海白塔上向东南眺望，唯有此杆挑出黄瓦绿阴，成为御花园明显的标志（图2-15）。如今旗杆已经不存在了，但夹旗杆石基座却完整地保存了下来。

档案记载乾隆十五年四月十五日：“查得乾隆十年间掌仪司咨取钦安殿所有五龙捧圣旗杆换造需用长九丈五尺五寸、根径一尺桅木一根，移咨工部在案。钦安殿换造需用长九丈五尺五寸、根径二尺、梢径一尺桅木一根，先准内务府咨取。经本部移咨湖南巡抚采办，嗣准该抚以遍

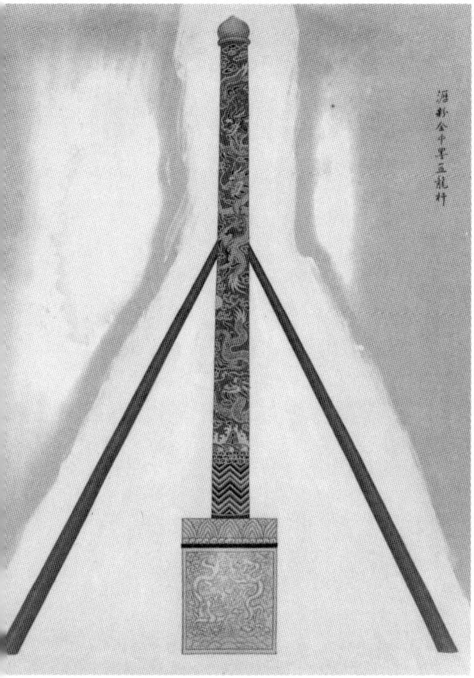

2-15 “五龙捧圣”大纛旗杆

历湖南，复之黔省，深入苗境，竭力搜求，并无此项大木，无凭采办等因，咨复经本部，移咨内务府，复称此项旗杆系奏明更换之项，务令作速采买等，因复经本部移催该抚作速采办并用，毋得再任迟延，以致贻误。”①

乾隆十年已上报钦安殿要替换五龙捧圣旗杆，到乾隆十五年仍未找到合适的桅木，说明这根旗杆非乾隆时所立。乾隆十六年六月十七日，总管内务府奏又查得钦安殿旗杆上楼子歪斜，称：“臣等随交该处搭架将楼子暂行保护，详加踏勘得托楼云墩之下因年久梢有糟朽以致楼子歪斜。今将糟朽处量为剔补，缠绕铁箍，云墩内榫头使油灰，用铜筒套里，将楼座仍照旧式安装，庶可坚固。其旗杆油画亦有爆裂之处，查得乾隆壬申年即系见新油画之年，今既修理楼座，请趁势照旧样见新油画可也。”②一是托楼云墩以下部分糟朽以致楼子歪斜，二是旗杆油画爆裂，针对楼子歪斜，采取加铁箍的办法，油画爆裂，计划明年即壬申年重新油画。

据现存银经匣装藏的经卷上的黄封皮纸上所印题名：“乾隆三十五年六月初一日，钦安殿重立幡杆，藏工敬于竿顶尊藏各种宝经，获资福庆。”可知五龙捧圣旗杆于乾隆三十五年六月初一日进行了重新更换竖

① 《工部为钦安大高二殿换造旗杆需用桅木事》，《长编 69510》，乾隆十五年四月十五日丁亥，中国第一历史档案馆藏。

② 《内务府奏为油饰钦安殿旗杆事折》，《奏销档 224-308-1》，乾隆十六年六月十七日壬子，中国第一历史档案馆藏。

立，并于旗杆顶上装铜胎镀金四方重檐亭一座[1]，亭内放置银经匣一个。

从乾隆十五年到乾隆三十五年修理五龙捧圣旗杆的档案看，只记录了乾隆重新竖立旗杆一事，却未见有因石基座损坏替换石基座的记载，故大纛旗杆石基座不是乾隆所立。

图 2-16 “大明弘治年造”款刻花活环插木灵芝铜

二、石基座疑为明代弘治帝所立

钦安殿举办斋醮活动始见于成化，据《皇明恩命世录》记载，成化二十二年，龙虎山四十七代大真人张玄庆被召进京，“命醮于钦安殿”[2]。

弘治时期，钦安殿斋醮愈演愈烈，《明孝宗实录》记载弘治五年六月，光禄寺卿胡恭上奏称：“本寺器皿近以钦安殿修斋急用，尽数辏补，恐后有斋事，无以供应，故造办以备。”[3]由于钦安殿修斋急用器皿，除用宫外寺庙的器皿外，还要加紧造办，以备日后斋事所用。

从现存钦安殿室内原状来看，弘治时陈设的器物都是大器，未见一件小器，如“大明弘治年造”款刻花活环插木灵芝铜瓶一对（图2-16），通高达120厘米，是钦安殿中最高大的铜瓶；“大明弘治庚戌年

---

① “成造重檐四方亭随莲花托一座，通高四尺七寸五分，共约用行取库贮红铜条四百二十斤四两”，《内务府大臣三和等奏为成造钦安殿旗杆工程估需工料银事折》，《奏销档 296-197-1》，乾隆三十五年四月初十日丁巳，中国第一历史档案馆藏。

② 《皇明恩命世录》卷七，《道藏》第 34 册。

③ 《大明孝宗敬皇帝实录》卷六四，弘治五年六月辛亥。

秋吉日制”款大铜钟及五彩祥云纹仙鹤衔钟木架、二龙戏珠纹大鼓及五彩祥云纹仙鹤衔鼓木架，钟鼓木架宽达205.5厘米、高达450厘米。从这点看，把钦安殿变成道场，弘治帝是第一位花了大力气的人。

有一则史料，引起了笔者的注意，弘治十一年八月五日，弘治帝想于钦安殿外树立斋醮所用幡杆，使钦安殿的道场设施进一步完善，但遭到工部尚书徐贯的反对，《明实录》记：“工部尚书徐贯等言太监李广等所奏钦安殿等处设斋醮所用幡杆，非祖宗旧制，凡宫禁之内不宜用此。上曰尔等言是，其勿造。”[①]那么，真的如弘治帝所说的那样没有建造幡杆？

另一则史料记载，说明弘治帝是一个言行不一致的人，《明史·高瑶传》记：“孝宗践阼，将建棕棚万岁山，备登眺。臣抗疏切谏。祭酒费訚惧祸及，银铛絷臣堂树下。俄官校宣臣至左顺门，传旨慰谕曰：‘若言是，棕棚已毁矣。’”[②]由于廷臣谏言，虽然山顶的棕棚已毁，但这并没有阻止弘治帝于山顶建亭的意志，弘治十一年，“（李）广劝帝建毓秀亭于万岁山，亭成”[③]，大臣反对归反对，自己要办的事是坚决要做成的，棕棚虽毁了，却建了座更坚固的亭子。杨启樵先生在《明清皇室与方术》一书中称孝宗：“孝宗登极之初，黜僧道、诛方士，未几则异端复兴，于宠信番僧外，又广建斋醮，群臣交谏，不省，终弘治之世而不绝。《孝宗实录》颇载谏疏，然事实不明，每于疏后曰纳之，究其实则非，盖孝宗言行不符故也。”[④]所以，笔者认为弘治帝虽口头上答应不立幡杆，实际上他是立了的。三年过后即弘治十四年，龙虎山四十七代大真人张玄庆被召入朝，弘治帝亲御钦安殿召见，命坐赐宴。[⑤]

---

① 《大明孝宗敬皇帝实录》卷一三九，弘治十一年七月壬子。

② 《明史》卷一六四，“高瑶列传附虎臣万传”。

③ 《明史》卷三〇四，“李广列传”。

④ 杨启樵：《明清皇室与方术》，页63，上海书店出版社，2004年。

⑤ 前揭《皇明恩命世录》卷七。

大真人张玄庆的被召入朝，说明一场大的斋醮活动就要举行了，而幡杆的树立标志着道场的形成。按弘治帝的个性，殿外所立幡杆，肯定是巨大的幡杆，其夹旗杆石基座肯定也是最大的，故笔者认为“五龙捧圣”大纛旗杆石基座是弘治时候设置的。

图 2-17　鼓面所绘二龙戏珠纹

另根据殿内所陈设的弘治大鼓鼓面所画二龙戏珠纹（图2-17），其样式、神态与大纛旗杆石基座四面所雕二龙戏珠纹极为相似，二者应是同时期的作品。

三、小结

在明代，弘治时期曾广建斋醮，并服食修炼，《明史·徐溥传》记：“帝自八年后，视朝渐晏，溥等屡以为言。中官李广以烧炼斋醮宠，十年二月，溥等上疏极论曰：‘……近闻有以斋醮、修炼之说进者。宋徽宗崇道教，科仪符箓最盛，卒至乘舆播迁。金石之药性多酷烈，唐宪宗信柳泌以殒身，其祸可鉴。……’”但弘治帝始终不悟，直至生命终结。钦安殿遗存的弘治时期的道教文物，说明在儒家话语权下，钦安殿的道场活动正方兴未艾，自弘治帝始，崇信道教，崇拜玄天上帝正向一条不归之路迈进。至嘉靖帝出现，封龙虎山道士陶仲文为礼部尚书，官至一品，以礼仪取舍的时代已经过去了，而代之以青词作为提拔官员的标准，道教在政治生活中起着越来越重要的作用。

第五节

雍正帝于宫禁广建斗坛

将真武神请进宫里供奉，始自宋代，永乐帝保留了元大内供奉的真武神，并把供奉真武神的钦安殿置于紫禁城的中轴上，以为护佑紫禁城。之后的帝王把神请进宫中，时有发生。在人们的印象中，雍正是位辛勤的君主，常常批阅奏章达旦，然而他却是斗母的信仰者，他把斗母请进了宫廷，于宫内广建斗坛，开辟了他的身份与神的认同之路。

一、雍正帝建斗坛

雍正元年，雍正帝改变父亲住乾清宫的传统，迁至养心殿居住，并在此办公，处理政务，从此，养心殿成为政寝合一的宫殿。但到雍正八年时，养心殿西暖阁却摆进了一座供奉斗母的斗坛。这可能与他的病情有关，他有着长期吃丹药的历史，对神经有所伤害，以致他在某种程度上出现了幻觉，严重地影响了他的健康。这种病在古代，认为是被魇魔缠身，寿数不会长久。所以雍正内心恐惧，但太医院又束手无策，他只好让他的亲信四处求医，曾让白云观道士贾士芳进宫治疗，但病情反复无常，使他认为这都是贾士芳蛊毒魇魅所致，结果贾士芳被杀。进京值季法官江西龙虎山道士娄近垣正是在这时被召进宫继续为雍正帝治病，他采用了设坛礼斗的外在形式，而内用符水为雍正帝暂时治好了病。雍正说："昨岁朕躬偶尔违和，贾士芳逞其邪术，假托'祝由'以治病。朕觉其邪妄，立时诛之，而余邪缠扰，经旬未能净退。有法官娄近垣者，秉性忠实，居心诚敬，为朕设坛礼斗，其至诚默感，确有灵应。又以符水解退，余邪涣然冰释，朕躬悦豫，举体安和。娄近垣一片忠悃，深属可嘉，因赐以四品龙虎山提点司，钦安殿主持。"[①]在给娄近垣莫大之荣誉时，斗坛及斗母神也

① 《起居注册》，雍正九年一月二十四日，台北故宫博物院藏。

成为他身份被认同的载体。所以雍正八年十月十五日，“内务府总管海望奉旨，着养心殿西暖阁做斗坛一座。于十月十八日画得斗坛纸样一张，内务府总管海望呈览，奉旨：照画样做。”[①]一个月后，十一月十一日，“照画样做得糊锦栏杆石青缎金线夔龙斗坛一座，内务府总管海望呈进，安于养心殿西暖阁讫”[②]。在政寝合一的宫殿里设斗坛供女性斗母神，与满族寝室旁供神的传统有关，也可能与本族萨满教完立妈妈和七仙女有关。但无论如何，这在儒家传统里是不允许的。

养心殿为工字形结构，前殿分为明间和东西暖阁，这里是雍正办公和读书的地方，后殿分为明间、东西次间和东西梢间，是雍正燕寝的地方。西暖阁的斗坛与寝室近在咫尺，不仅与治病有关，更重要的是此神成了雍正帝的护佑神。

随后，雍正又于重要地点乾清宫、御花园、圆明园、雍和宫等处建有众多的斗坛，[③]这些斗坛都供有一位斗母神。特别是于御花园所供之斗坛，雍正帝还亲临现场指导，最终选择了澄瑞亭建斗坛（图2-18），“朕看后花园千秋亭若设斗坛不甚相宜，用后层方亭设斗坛好”[④]。可见他对斗坛的重视。《御花园斗坛位育斋陈设档》记载澄瑞亭斗坛陈设（图2-19）：“祥云

图 2-18　澄瑞亭

① 前揭《总汇》第 4 册，页 600。

② 前揭《总汇》第 4 册，页 626。

③ 王子林：《雍正帝所建斗坛和烧丹考》，《故宫学刊》2014 年总第 12 辑。

④ 《清宫内务府造办处档案总汇》第 5 册，雍正九年正月二十七日，页 41，人民出版社，2005 年。

2-19　澄瑞亭斗坛老照片

七猪辇，内供香胎斗母一尊。紫檀木大龛一座，内供画像斗母一尊。”①

娄近垣为雍正帝治病，与贾士芳最大的不同，是请了一位尊神，在外在的形式上站到了高处，而且就安供于雍正帝的寝室旁，起码从心理上征服了雍正，让雍正内心得到了平静，消除了恐惧，这对治愈病魔无疑起到了很好的作用。

图 2-20　西苑万善殿所供斗母

二、斗母的职责

斗母是何方神圣？《先天斗母奏告玄科》称斗母为“九天雷祖大梵先天乾元巨光斗母紫光金尊圣德天后圆明道母天尊摩利支天大圣”（图2-20），其形象是三面四首，左右各有四臂，手中分别拿着太阳、月亮、帝钟、金印、弯弓、矛、戟等法器，座骑为猪。根据她的号和所持法器，可以肯定地说，佛教摩利支天光明母神是她的原型。

虽然斗母源于佛教摩利支天，但其在道教正一派中的本性和作用却发生了根本性的改变，雍正时宫中斗坛设计者宫廷道教的值季法官娄近垣在他所著《梵音斗科》中解释说：“斗尊，由来尚矣。但依法号，称

①《御花园斗坛位育斋陈设档》，故宫博物院藏。

斗姥为九天雷祖者，非九霄中之九天雷祖也。盖斗尊乃金星所化，居西方八天之中，即书中所谓八佛母，故称为九天雷祖，其职则执主雷霆，权衡化育者也，故曰敕赐雷霆大法主也。又曰常行日月二天前即《小雅》所云东有启明，西有长庚是也。《汉书》云星者金之散气，与人相应，是太白实为金之精，而斗姥即为太白之精。以金生水，故为北斗之母，北斗为众星之主，故又为众星之母也。太白既称启明，所以开辟福门，又称长庚，所以绵寿算，宜乎祈求福缘。”①

这段文字，娄近垣的叙说有点复杂，但正是这段文字帮助我们厘清了其内在的逻辑关系，弄清楚了斗母的职责：

1. 她不是九霄中的九天雷祖，但却有主雷霆、权衡化育之功。雷霆产生雨，雨即水，有水即有生命，故有化育之功。化育，即化生养育万物之意。

2. 她是金星所化，掌管启明星和长庚星的运行。她的出现开启日、月的出现和落没，以及诸星的出现和落没，故有手托日月之造型。

3. 星为金之散气，金为白色，太白为金之精，斗母为太白之精。金星又称太白星、启明星、长庚星（启明星和长庚星其实是一颗星，只是在不同的时间出现而已）。金生水，水能生万物，但水是由雷霆产生的，故斗母有主雷霆之职。

4. 在诸星宿中，北斗七星统率天上所有星宿的运转，是为众星之母。

5. 斗母与雷霆、北斗、金星合为一体，兼有多种职能，但最重要的是她是金星的化身，故早晨启明星的出现象征开福门（启明即是福），傍晚长庚星的出现象征绵寿算(长即是寿），主福寿是斗母的重要职责。

斗母既是九天雷祖，又是众星之母，与满族祖先神相似，具有无限的权威和崇高的地位。

---

①［清］娄近垣：《黄箓科仪·清微黄箓大斋科序》，《故宫珍本丛刊》，第525册，页67，海南出版社，2001年。

三、供斗母的目的

雍正帝于宫内外大建斗坛，供奉斗母神，而且还让宫廷画家焦秉贞画了道士做法事时的场景，根据这幅绘画，可观其做法事时的情景。场景应是宫中某殿的广场上（图2-21），斗坛建在殿前的月台上，为桌子搭建的三层高台，上铺红毯，坛前垂织锦缎的长桌围，坛的四周竖立由五彩绳编织的栏杆。坛下左右两侧是奏乐的道士。坛上靠后置罩桌围的供桌一张，桌上靠后立神牌一面，前陈设鼎式炉、蜡钎和花觚五供，炉里插有三块令牌。法官头戴黑纱帽身穿大红道衣，礼斗请神。这位法官很有可能就是娄近垣。

雍正帝请斗母，笔者认为不完全是为了治病，如果是为了治病，用不着这么大张旗鼓地进行，而且还将斗坛建在养心殿和乾清宫这两处重要的具有政治功能的地方，档案记载："（雍正八年十月）二十七日内务府总管海望奉旨：乾清宫月台上新盖黄毡板房后，着做斗坛一座，外面用黄毡安板墙开门。于十月二十八日，做得乾清宫月台上板房斗坛烫胎小样一件，内务府总管海望呈览，奉旨此样做法不是，尔在月台上板房一间，将呈过的拆卸斗坛搭在此板房内，周围具要走得人。则可斗坛内做一插屏，上身高三尺三寸，宽二尺四寸，满扫天青，中间做一径圆四寸玻璃镜，左边做一玻璃红日，右边挂一玻璃白月，俱径一寸二三分，下画流云，上画祥光，暂供用。嗣后再做一九龙边扫金座，上身插屏用白檀，满扫天青。其镜日月照此样做，另画样呈览。于十一月初一日，做得乾清宫月台上板房佛龛烫雕小样一件，画样二张，内务府总管海望呈览，奉旨板房边胎样是照样盖造，斗坛内牌位画样，中间元光太高，日月画在元光上，祥光到顶用云穿插，半掩半露。牌身用柏木做，座子用紫檀木做。其供桌或用花梨木或用紫檀木做，不必用帏，外层板顶，准用黄毡，两山红油薄缝。于十二月二十六日，照样做得紫檀木佛龛一座，催总刘山久持进安讫。"①

---

① 前揭《总汇》第4册，页629。

图 2-21 ［清］焦秉贞绘《礼斗图》，美国弗利尔和沙可乐美术馆藏

我们知道雍正帝的继位充满着争议，“秘密建储制”就是从他开始建立的，他还将外界流言编成《大义觉迷录》，以主张清朝的正统性和“华夷一家”，消弭汉人对夷夏之防，树立清王朝的正统地位。所以雍正帝要尽量把自己打扮成有德之君，因明德而承位。斗母进宫，一是借此立正一派为道教正统，封娄近垣为钦安殿住持，二是借斗母神为自己正名，故一时斗坛遍布宫禁。

三、小结

雍正帝的一场病，请来了斗母神，宫中建起了斗坛，道士娄近垣也因此获得了殊荣，但斗母神源于佛教的摩利支天，故二者的职责有相同之处，也有不同之处。值季法官娄近垣著《梵音斗科》称斗母乃金星的化身，其职责为执掌雷霆，权衡化育，功莫大焉。雍正帝请斗母入宫，除了治病祈求福寿外，为自己正名是其主要目的。

第六节

钦安殿东西次间的玄天上帝铜像

钦安殿建于元代，供奉真武大帝，明永乐时将钦安殿置于紫禁城中轴上，其地位得到了最大限度的提高，永乐帝借此以证明自己皇位的合法性。嘉靖帝以藩王入主紫禁城，钦安殿成为其活动中心，嘉靖十四年增建缭垣和天一门，从此钦安殿界于御花园外，形成了一个独立的道场空间，斋醮活动频繁，仍是为了证明自身身份的合法性。清乾隆时增建抱厦，露天的道场活动转为室内，乾隆三十五年，为迎接他的六旬生日，添供东西大龛，殿内又多了两尊体量巨大的真武铜像。清王朝进入乾隆时代，不再需要证明王朝或皇权的合法性了，而是对自身长寿与国运的祈盼了。

2-22　钦安殿内景

一、钦安殿的三座玄天上帝神龛

钦安殿面阔五间，殿内无隔断，靠后排金柱设有十一座神龛（图2-22），明间和东西次间所供的三座神龛是三座大龛，体量相等，长309厘米，宽291厘米，高468厘米，明间神龛称正龛，东西神龛称东西大龛。龛座均为起地仗涂红漆沥粉描金青白石须弥座，上承楠木雕龙髹金漆大龛即楠木龙龛，内供铜镀金玄天上帝像一尊，像前均供铜镀金龟蛇和木髹金"玄天上帝"神牌，龛前各供一张红漆描金大案，正龛前供执旗剑捧印册四位从神，东西大龛前各供两位执旗剑从神。正龛与东西大龛之间设东西重檐龛，内供真武铜像、铜龟蛇和四位执旗剑捧印册从神，东重檐龛中还供有一位太子铜像，西重檐龛中则供有一位瓷真武像，龛座均为供桌。东西梢间供春夏秋冬四季神牌龛和关圣帝龛，龛座均为供桌。

钦安殿设有三座标明是“玄天上帝”的铜像神龛即正龛和东西大龛，三龛所供玄天上帝铜像均高约200厘米，正龛玄天上帝铜像为元代供奉。东西大龛及玄天上帝铜像是什么时候供奉的呢？

二、东西大龛玄天上帝铜像为乾隆时所添供

为钦安殿添供两尊真武大帝铜像及配套的铜从神、旗剑、龟蛇，始于乾隆三十二年，《奏销档》记：“（乾隆三十二年四月二十日）遵旨粘补修饰见新旧铜佛十六尊内钦安殿供奉镀金真武大帝二尊、从神四尊、旗剑二分、龟蛇二分。”[①]至五月二十日，两尊真武大帝铜像等项已完成烫样，所有铜胎神像要镀金。《奏销档》记：“（乾隆三十二年五月二十五日）奴才三和、英廉、四格谨奏，为奏闻估需银两数目，奴才等遵旨，钦安殿配供神像、令牌龛、案、供桌、香几等项，业已烫样奏准在案，所有铜胎神像镀金，应行收饰之处交铸炉处办理，其龙袍衣交苏州织造处办造外，今奴才等详细估计得钦安殿添造楠木龙龛二座、令牌龛二座、供桌四张、供案两张、香几一对，俱使漆灰四道、绢一道，糙漆垫光漆，雕花处使漆戳扫金，平面光朱红漆。供桌、香几面板、神龛柱、木山板、背板戳扫二色金云龙罩漆。改做旧有令牌龛二座、供桌二张、供案二张。找补地仗并原供神龛五座、供案五张、供桌四张、五供香几一分、灵芝一对、海灯座一个、经桌六张。坐鼓架两分，至钟鼓架二分，旧金不动，过色见新。其余俱照旧式新漆做青白石神座二分，从神座四个换做从神座四个并移请安供神像等项。”[②]由于钦安殿添供

---

① 《总管内务大臣三和等为粘修钦安殿等处镀金铜佛熔化见新事》，《奏案05-0278-069》，乾隆三十五年六月初八日庚辰。

② 《奏为钦安殿添造楠木龙龛等项约估银两事》，《奏案05-0244-008》，乾隆三十二年五月二十五日。

了两尊真武大帝铜像，故又添造楠木龙龛两座，据现存原状，正龛已有楠木龙龛。笔者在《对〈钦安殿原状〉中关于钦安殿及玄武神的补充论证》一文中已论证钦安殿正龛真武大帝铜像供奉于元代，其所配之楠木龙龛应为元代所制，故乾隆所添造的两座楠木龙龛其形制与正龛无异，是为仿制正龛样式。“其余俱照旧式新漆做青白石神座二分”，是指添造的两座楠木龙龛下的须弥座，据现存原状，新漆做的两座青石座与正龛座无异，当是仿照正龛底座样式即施地仗涂红漆沥粉描金须弥座。据现存原状，正龛底座正面地仗驳落、开裂现象严重，东西大龛底座则完好如新，与档案记载相符。为配套两尊真武大帝铜像，添造了令牌龛二座、供桌四张、供案两张、香几一对，供案两张即是现设于东西大龛的红漆描金大案，亦是仿照正龛大案所制。据档案记载，雍正七年八月二十五日，“着用铜镀金字石青地金龙边牌位成造八座内，二座书春令，二座书夏令，二座书秋令，二座书冬令，其牌位高宽照需用的黄纸牌位，做得时四座安在宫内，四座安在圆明园供”[①]。雍正时已于钦安殿安供了令牌龛（图2-23），为何乾隆还要添造两座令牌龛，不知何故。

八月二十七日，乾隆下旨：“再钦安殿内应供奉之铜真武、铜从神、龟蛇、铜供器并添造龟蛇一分等项，俱于回銮前务须全行完峻等谕，奉此，于九月二十日，催长五德将库贮玉带板二分，各计二十四块，配得黄鞓带二条持赴钦安殿挂讫。”[②]另乾隆二十一年所立《钦安殿档案》补贴黄签上所记亦证实了钦安殿内添供的供奉种类：“乾隆三十二年九月十五日，总管内务府大臣三和奉旨：钦安殿殿内配供玄天上帝二尊，系镀金，铜龟蛇大小三分，大二分系镀金，小一分系烧古，‘玄天上帝’神牌两座，铜镀金从神四尊，石青缎坐褥三个，青缎绣十团金龙袍三件，青白玉半晒地行龙花纹黄缎鞓带二条，计玉大小四十

---

① 前揭《总汇》第4册，页369。

② 前揭《总汇》第30册，页730。

图 2-23　雍正时供奉的令牌龛

块，青罗缎绣金龙帐幔三分，红漆描金大案二张。”[①]此则档案中专门提到了“铜龟蛇大小三分，大二分系镀金”和“‘玄天上帝’神牌两座”，显然大号铜龟蛇即是配供两尊真武大帝铜像前的（图2-24）。据钦安殿现存原状，只有正龛、东西大龛真武大帝铜像前供有“玄天上帝”神牌，故这两座“玄天上帝”神牌是仿正龛神牌样式，配供东西大龛真武大帝铜像前的。由此可知，只有正龛和东西大龛所供真武大帝才能称为“玄天上帝”，而东西重檐龛所供真武铜像则不能贯以此号。新增供的两尊玄天上帝铜像，与正龛铜像差异较大，虽然都是座式，体量一样，但左手变为斗诀手势，坐姿变为双腿垂地，在很多细节的处理表现上都做了简化（图2-25）。“铜镀金从神四尊”，与现存原状相符，

① 《钦安殿档案》，陈 425，乾隆二十一年立。

图 2-24　西大龛前的铜龟蛇

东大龛前东侧供执旗、执剑从神两尊，西大龛前西侧亦供执旗、执剑从神两尊，一共四尊，没有正龛前的捧印、捧册两位从神。

图 2-25　东大龛真武像

此项工程结束后，乾隆三十五年六月内务府上报了一份为粘修钦安殿神像用过工料银两清单，记录了两尊真武铜像的尺寸和所用工料银两，档案记："钦安殿供奉满镀金武像真武大帝一尊，通高六尺二寸六分，从神二尊，各通高四尺六寸，龟蛇一分，旗剑二分。找镀金武像真武大帝一尊，通高六尺二寸六分，从神二尊，各通高五尺二寸六分，龟蛇一分，内添配带板带头风衣剑盘剑把勒甲绦等，用过黄铜五百三十斤一两，铸造匠一分三厘三毫工，计五十工。”[①]按清1尺约等于0.32厘米换算，真武铜像高200厘米，二从神高147厘米，另二从神高168厘米，与现存神像比较，满镀金的真武铜像和高四尺六寸的从神铜像属正龛所供神像系列，找镀金真武铜像和高五尺二寸六分的从神铜像，为东西大龛中的一龛所供神像系列，说明乾隆三十二年添供东西大龛时，对正龛神像一并做了粘补修饰。

三、乾隆添供东西大龛的原因

乾隆添供东西大龛跟道教活动没有关系。首先，乾隆崇尚儒家，虽然对道教不排斥，但道教并没有达到如藏传佛教般在宫中受推崇的地步。其次是他对道士有陈见，这跟他的父亲雍正有关，雍正于圆明园暴毙后，第二天，乾隆就下了一道令，将曾经服侍雍正的道士驱逐出宫。《清实录》记：“今朕将伊等驱出，各回本籍。令莽鹄立传旨宣谕：伊等平时不安本分，狂妄乖张，惑世欺民，有干法纪，久为皇考之所洞鉴。兹从宽驱逐，乃再造之恩，若伊等因内廷行走数年，捏称在大行皇帝御前一言一字，以及在外招摇煽惑，断无不败露之理，一经访闻，定严行拿究，立即正法，决不宽贷。”[②]

东西大龛的供奉与他六十岁生日有关。乾隆在《御制元正太和殿赐宴纪事二律用旋转体》“五位轮年十必遇，十成纪年五常并”诗句中注称：“予践阼时，年二十有五，每至纪年逢五，则为旬庆；若纪年

---

①《总管内务府呈为粘修钦安殿等处铜佛像用过工料银数单》,《奏案卷0278，068号，奏案05-0278-068》，乾隆三十五年六月初八日。

②《大清高宗纯皇帝实录》卷一，雍正十三年八月辛卯。

逢十，春秋又却逢五。”纪年逢五，必是旬庆，十年为一旬，三十五年，正好是乾隆六旬，六旬是一个甲子年的结束，又是新的甲子年的开始，而纪年与年龄是五乘十的递演关系，这与天地之数的递演关系是一样的，可以无穷地循环下去。六旬无疑是人生生命历程中的重要节点，故乾隆三十二年八月十五日下旨，钦安殿佛像龛、案、供器等项于回銮时务要完竣。九月十五日，乾隆再次下旨，钦安殿殿内配供玄天上帝二尊，铜龟蛇两座，“玄天上帝”神牌两座，铜镀金从神四尊，为三十五年的六旬做准备。

除乾隆于钦安殿添供东西大龛外，我们在钦安殿还发现了一件铜经盒（图2-26），里面装有78筒经卷和一个紫檀木匣，匣面阴刻填金“御笔元始天尊说北方真武妙经”，打开木匣，里盛册页一本，为乾隆御笔抄写的《元始天尊说北方真武妙经》，落款为“乾隆庚寅上巳日御笔敬书”（图2-27），庚寅年即乾隆三十五年，上巳日即三月初三，是真武

图2-26　铜经盒

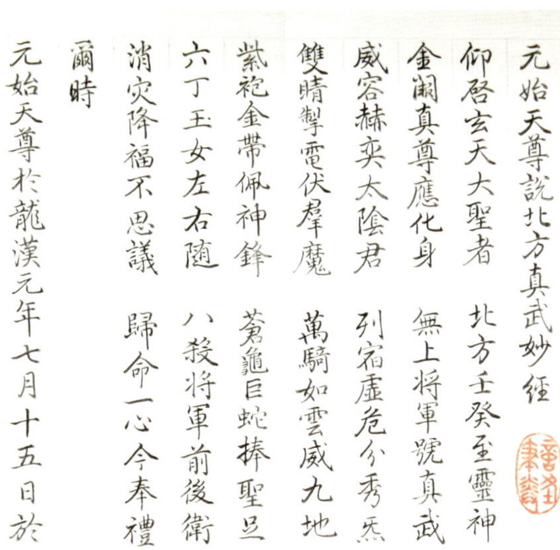

图2-27　乾隆敬书《元始天尊说北方真武妙经》

的生日，乾隆于这天敬书真武经，就是为即将到来的六旬做准备。78筒经卷上印有“太上洞玄灵宝无量度人妙经等经”和“乾隆三十五年六月初一日，钦安殿重立幡杆，藏工敬于竿顶尊藏各种宝经，获资福庆”，原来这件铜经盒是放在殿外五龙捧圣大纛旗杆顶部的。档案记载：“（乾隆三十五年四月初十日）奴才三和、英廉谨奏，为遵旨成造钦安殿旗杆顶铜胎镀金四方重檐亭随莲花托一座，业经将式样遵照指示更定呈准。”[①]重立幡杆，并把铜经盒放在高约31米的五龙捧圣大纛旗杆（幡杆）的顶部，是为了上达天庭，获资福庆。

四、小结

明代嘉靖帝在钦安殿的活动累见于《明史》记载，但却遭到大臣们的反对，称其“伤太平之业，失四海之望”，但钦安殿还是按照嘉靖帝的意志举办了规模盛大的道场祈子活动。自嘉靖之后，道场活动式微。虽然清代雍正帝于宫中建有数座斗坛，曾于钦安殿面赐值季法官娄近垣御笔匾额“澡雪心神”，封钦安殿住持，供奉了四座令牌龛，但道场活动有限。到乾隆时改变了这一切，他将钦安殿跟他的权力象征结合了起来，在剪除了鄂尔泰、张廷玉两大政治集团势力后，于乾隆十一年十二月二十九日悬挂“统握元枢”匾，正式向真武神昭示他的时代的到来，接着增建抱厦，添供东西大龛，重立五龙捧圣大纛旗杆，看似为钦安殿添供，实则是他权力的宣示和六旬庆生，所以乾隆时钦安殿的道场活动被压缩到它本身的范围内，服务于宫廷，不能越雷池半步。

① 《内务府大臣三和等奏为成造钦安殿旗杆工程估需工料银事折》，《奏销档 296-197-1》，乾隆三十五年四月初十日丁巳，中国第一历史档案馆藏。

第二章 钦崇天道

紫禁城要成为永恒之城，除了赋予它神迹外，遵循天道也是重要的因素。所谓天道，即古人认识宇宙自然总结出的规律。建筑中蕴涵的中和之比，完美地阐释了永恒建筑的天道关系。还有一些形而上的观念，对建筑的影响亦十分深远，它左右着建筑的布局和组合，烙印下东方民族特有的思维方式和表达方式。

第一节 紫禁城与天圆地方

紫禁城与天圆地方的关系，是因为单体建筑运用了方圆构图比例。这种比例出自《周髀算经》中的圆方图和方圆图，勾股定理是其构图的基础，而勾股定理又是先民圭表致日活动的产物。天圆地方源于测天。

一、从紫禁城单体建筑构图比例说起

中国古代建筑注重礼与秩序，整体讲究一种和谐的比例关系。紫禁城是保存至今的唯一的古代宫殿建筑群，单体建筑的体量控制恰到好处。其构图比例，王南先生在《禁城宫阙太紫圆方：北京紫禁城单体建筑之构图比例探析》一文中通过对紫禁城9座殿、5座门、3座阁、5座城门楼、3座亭等25例建筑的构图分析，认为紫禁城大量单体建筑在立、平、剖面设计中，从整体到局部，皆运用了基于圆方作图的一系列经典构图比例，尤其是$\sqrt{2}$和$\sqrt{3}/2$。$1:\sqrt{2}$为正方形的边长与其外接圆直径（即该正方形对角线长）之比；如果以一个正方形底边两个顶点为圆心，分别以正方形边长为半径作圆弧，两条圆弧在正方形内的交点将与底边两个顶点形成一个等边三角形，而包含这个等边三角形的矩形，短边与长边之比（相当于等边三角形的高与边长之比）等于$\sqrt{3}/2$。这两个比例是中国古代建筑中重要的构图比例。如太和殿高与通面阔构成两个并列的$\sqrt{3}/2$矩形。总高（台基以上，25.94米）与檐柱柱头以上高18.41米之比=1.409≈$\sqrt{2}$，一层檐口高：明间面阔≈1（图2-28）。这种建筑设

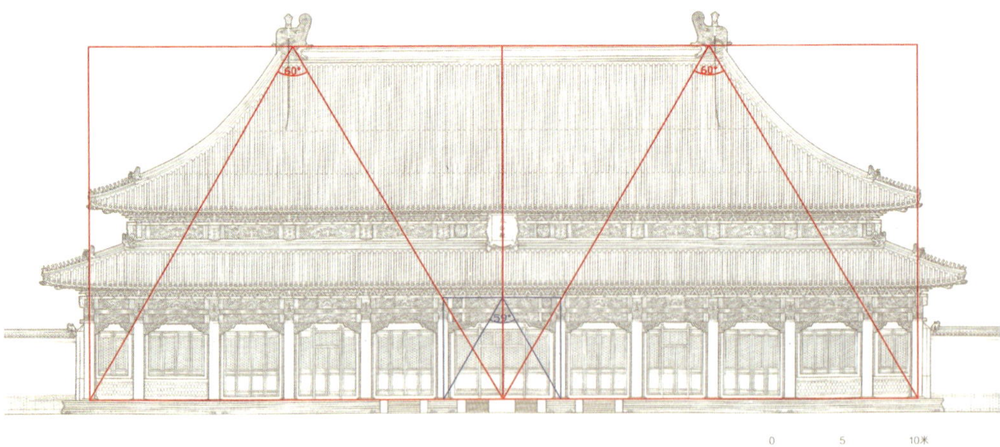

图2-28　太和殿正立面分析图二（采自王南《禁城宫阙太紫圆方：北京紫禁城单体建筑之构图比例探析》）

计中的方圆作图比例手法，是中国古代单体建筑设计中重要而根本的方法。宋代李诫《营造法式》开篇即为《周髀算经》的“圆方图”和“方圆图”，作为“营造法式看详”的重要而根本的设计方法，这正是紫禁城单体建筑设计中运用的方圆作图比例手法[①]。

冯时认为$\sqrt{2}$反映的是勾股定理的一个特例，即等腰直角三角形的斜边长度必是其任意一条直角边长度的$\sqrt{2}$倍，同时它又是两个等腰三角形组成的正方形的外接圆的直径，而正方形外接圆直径恰是同一正方形内接圆直径的$\sqrt{2}$倍。[②]这与《周髀算经》里的“圆方图”和“方圆图”中所包含的方圆作图手法是一致的。

二、圆方与方圆源于测天

《周髀算经》记：“万物周事而圆方用焉，大匠造制而规矩设焉，或毁方而为圆，或破圆而为方。方中为圆者谓之圆方，圆中为方者谓之方圆也。”[③]天地是圆与方的形状，所以我们周围的万事万物都要用到圆与方，为此大匠制造了规和矩。求圆于方或需变正方形为多边形作为圆的更好近似形，或需割圆形为多块弧形作为多边形面积的推算。由内接方向外推算圆谓之方圆，由外切方向内推算圆谓之圆方。由此产生了两个圆与方的图式即圆方图式（正方形外接圆），方圆图式（正方形内接圆）（图2-29）。

西周时商高提出“勾三、股四、弦五”，是历史上第一个把数与形联系起来的定理。《周髀算经》记：“数之法出于圆方，圆出于方，方出于矩，矩出于九九八十一。故折矩，以为勾广三，股修四，径隅五。既方之外，半其一矩，环而共盘，得成三四五。两矩共长二十有五，是

---

① 王南：《禁城宫阙太紫圆方：北京紫禁城单体建筑之构图比例探析》，《建筑史》第42辑，中国建筑工业出版社，2018年。

② 冯时：《中国古代的天文与人文》，页290—292，中国社会科学出版社，2006年。

③ 程贞一、闻人军译注：《周髀算经译注》，页13，上海古籍出版社，2022年。

谓积矩。”[1]圆的直径为一则周长为三，正方形的边长为一则周长为四，伸长圆的周长作为勾，伸长正方形的周长作为股，两端相连成为一直角三角形，斜边正好等于弦五，这就是圆方斜径彼此相通的关系，所以说“数之法出于圆方”。勾、股各自平方，根据三四五特例，即三三得九，四四一十六，加起来等于弦平方二十五。环绕正方形一周，共同形成一方盘，由此推导，得以成立三四五数理关系。“环矩以为圆，合矩以为方”，把矩当圆规，环旋一周，可以得到圆形即以矩的一端为枢，旋转另一端，可以成圆；将两矩相合，可得长方形，如矩之勾股相等则得正方形。[2]“方属地，圆属天，天圆地方。方数为典，以方出圆”，体现了自数而勾股、而方图、而圆图的递进次序。方起于勾股，是一切图形的基础，圆形是通过方形得到的，方形起于勾股之法，勾股之法起于测天。冯时认为：“古人恰恰是通过圭表致日活动认识了勾股，而勾股无疑是天地象征的基础。”[3]《周髀算经》原名《周髀》，书中的陈子说：“古时天子治周，此数望之从周，故曰周髀。髀者，表也。”[4]所以《周髀算经》中的圆方图和方圆图源于测天。勾股定理产生了方形，方形产生了圆形，也就是说勾股定理是因为测得天是圆的、地是方的而推算出来的结果。

图 2-29 《周髀算经》中的“圆方图”与“方圆图”

① 前揭《周髀算经译注》，页 2。
② 前揭《周髀算经译注》，页 8。
③ 前揭冯时《中国古代的天文与人文》，页 290。
④ 前揭《周髀算经译注》，页 38。

三、天圆地方源于测天

据冯时考证，距今五千年前的红山文化圜丘是由粉红色圭石桩组成的三个圆心圆式的祭坛，保留完好的三环实测直径分别为11米、15.6米、22米，构成了$\sqrt{2}$的倍数关系，而这一构图比例恰恰可以通过反复运用"方圆图"和"圆方图"所示的方圆作图手法来获得。[1]说明在远古时代，人们已经掌握了圆方的比例关系来建筑祭祀天地的神坛了，故而先民认为天是圆的，地是方的，并把这个空间形状用于祭祀天地的场所构建之中。

先民怎么知道天是圆的呢？可能有直接来自眼睛所看到的半圆拱形的天体的因素，但原因并非如此简单，从牛河梁石坛遗址看，它源于测天。

先民在长期的观测天的过程中，发现了天有一个中心，它永远固定不动，天上所有星宿都绕着它而运转。这个中心怎么能把它测出来呢？白天立杆测影，根据太阳影子的变化可以测出四季的变化。但白天测天存在着一个缺陷，即无法测出天的中心来，因为白天根本体会不出天有一个中心来，只知道日出与日落。

所以夜观天象在古代是最重要的，观天象即观星象。在夜晚，我们可以明显地观测到天上的北斗七星每夜都在率领天上的诸星宿绕着天的中心运行，这个中心点名曰北极即北辰。孔子说："为政以德，譬如北辰，居其所而众星共之。"测出北辰是天的中心，至少不会晚于孔子时代。天的中心北辰是可以通过牵星术来测量的。

《周髀算经》记："欲知北极枢，旋周四极。常以夏至夜半时北极南游所极；冬至夜半时北游所极，冬至日加酉之时西游所极，日加卯之时东游所极，此北枢璇玑四游。正北极枢璇玑之中，正北天之中。正极之所游，冬至日加酉之时，立八尺表，以绳系表颠，希望北极中大星，引绳致地而识之。又到旦明，日加卯之时，复引绳希望之首，及绳致地

① 前揭冯时《中国古代的天文与人文》，页288—292。

而识，其两端相去二尺三寸，故东西极二万三千里。其两端相去，正东西。中折之以指表，正南北。”[①]北极枢：指天的中心，古人认为天昼夜不停地运行，是因为天体有一根转动的轴（枢），轴的顶点即为天的中心点，它永远不动，处于天中心附近的北极星的位置是变化的，绕轴作圆周迁移。《周髀算经》虽然记录的是测量北极星绕北极枢即天中心周游的方法以确定北极星岁差，但这种测量方法是通用的。先民可以运用此牵星术测量北斗七星绕天中北极运行的轨迹，从而测出天中的位置，其方法与旋玑四游大同小异：根据北斗星四游的规律，以测出天的中心、正东西和正南北。在大地上插一根杆子，顶端系一根绳子，牵着绳子用眼睛瞄准杆子的顶端，通过杆子顶端再瞄准天上的北斗七星中的天枢星，三点成一直线。“旋周四极”即牵着北斗之天星枢走，通过一年的观测，从起点又回到了起点，一共走了365天即一年，并在大地上走出了一个圆圈，这个圆圈就是天体在大地上的投影，因此，天是圆的，是通过实践证明了的，是天理。大地上这个圆圈的大小可根据绳子的长短而决定，当绳子达到无穷长时，也就与天合为一体了（图2-30）。

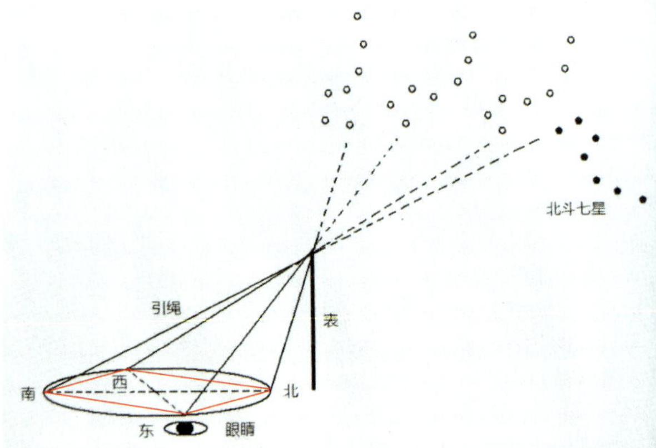

图 2-30　圆方图式即天圆地方观念产生于测天

战国时《鹖冠子》记：“斗柄东指，天下皆春；斗柄南指，天下皆夏；斗柄西指，天下皆秋；斗柄北指，天下皆冬。”当斗杓指向东方时为春，指向南方时为夏，指向西方时为秋，指向北方时为冬，东南西北

① 前揭《周髀算经译注》，页 104。

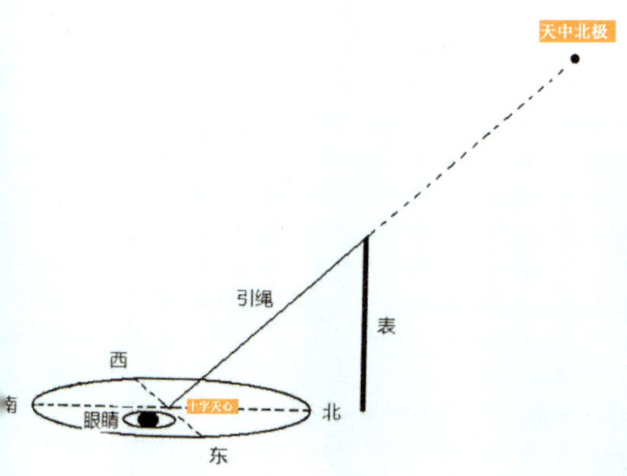

2-31　十字天心是天的中心在地上的投影

的空间是根据斗杓所指方向而产生的，这与《周髀算经》所记定东西、南北的方法是一致的。东南西北在大地上的投影是在圆圈里画一个十字，这个十字与圆圈的交点表示斗杓所指四极，但四极永远在圆圈内，天有多大，它就有多远，若把四个极点连起来，就是一个方形了，地方的形状轮廓就产生了。所以最初的天圆地方图式是外圆内方，这符合天理，天永远包着地，天圆地方的空间形状也就产生了。有了外圆内方，内圆外方的图式也就很自然地推出来了。

“正北天之中”，是指站在十字相交处，通过杆子的顶端瞄准天上的那一点就是天的中心。大地上十字的中心称十字天心，对应天上的天心，这个“十字天心”被神秘地运用于建筑布局之中，它是最神秘的（图2-31）。

四、天圆地方之道

人生活的空间是由天与地构成的，先民通过测量得知天地的形状是天圆地方。《周髀算经》称“笠以写天”“天象盖笠，地法覆槃”，[①]笠：斗笠，就是对天地形状的最朴素的描绘。

《大戴礼记》记载了曾子对天圆地方这一空间形状的怀疑：“单居离问于曾子曰：‘天圆而地方者，诚有之乎？’曾子曰：‘离！而闻之云乎！’单居离曰：‘弟子不察，此以敢问也。’曾子曰：‘天之所生

① 前揭《周髀算经译注》，页 8、页 102。

上首，地之所生下首。上首谓之圆，下首谓之方。如诚天圆而地方，则是四角之不掩也。’”[①]曾子认为如果天是圆的，那么天罩在大地上，大地也应该是圆的，才能与天无缝对接，但大地却是方的，这样就出现了一个问题，大地的四角天就盖不住了。这是曾子把天地形状看成是正方形的内接圆即方圆图的缘故，如果是外接圆即圆方图，就不会产生这样的疑问了。但曾子却用另外一个观点对此进行了解释，并由此将天圆地方之形上升为天圆地方之道。

曾子解释说："且来，吾语汝。参尝闻之夫子曰：‘天道曰圆，地道曰方，方曰幽，而圆曰明。明者，吐气者也，是故外景；幽者，含气者也，是故内景。故火日外景，而金水内景。吐气者施，而含气者化，是以阳施而阴化也。阳之精气曰神，阴之精气曰灵。神灵者，品物之本也，而礼乐仁义之祖也，而善否治乱所由兴作也。’”[②]曾子借孔夫子之言从道的角度来解释了天圆地方之说，称天圆地方实际上说的是天道和地道，天道圆是因为它明亮，地道方是因为它幽暗，所谓"天圆地方"实际上是"阴阳之道"的体现，曾子把它变成了一种哲学观点，而非空间形状。《吕氏春秋》也持此种观点："何以说天道之圆也？精气一上一下，圆周复杂，无所稽留，故曰天道圆。何以说地道之方也？万物殊类殊形，皆有分职，不能相为，故曰地道方。"[③]《淮南子·天文训》亦曰："天倾西北，故日月星辰移焉；地不满东南，故水潦尘埃归焉。"故天道曰圆，地道曰方。方者主幽，圆者主明。

五、中和之比

王南先生称方圆之比为天地之比，紫禁城三大殿之一的华盖殿可作

---

① 黄怀信译注：《大戴礼记译注·曾子天圆第五十八》，页136，上海古籍出版社，2019年。

② 前揭黄怀信《大戴礼记译注》，页136。

③《吕氏春秋集释》上册，页79，中华书局，2018年。

为这种比例的形象象征（图2-32），李时勉《北京赋》曰“华盖穹崇以造天，俨特处乎中央。上仿象夫天体之圆，下效法乎坤德之方”，华盖殿为圆形屋顶和方形平面，不仅运用了方圆之比，其外形也效法天地之形。但笔者认为若将方圆之比称为“中和之比”更为合适。《中庸》曰：“中也者，天下之大本也；和也者，天下之达道也。致中和，天地位焉，万物育焉。”中和，强调了天地相融的状态，也强调了人在天地交会中的作用。圆与方之比最基本的内核是外接圆的直径是正方形边长的$\sqrt{2}$倍，无论这个图式是大是小，$\sqrt{2}$的值是不变的，这是天地相交的密码。这个比例应称为“中和之比”，因为它符合“中和”之义，表示“天地位焉”即达到了“中和之比”，天地便各安其位，特别是将此比例运用于宫殿建筑之中时，便是丹宸永固了。

图 2-32　圆顶中和殿（明华盖殿，采自清人画万国来朝图，图中中和殿为圆形屋顶）

六、小结

“定之方中，作于楚宫”，夜空的星辰是古人建筑时参照的对象，因为时间和空间的概念是从测天中产生的。头顶上的灿烂星空永远是激发古人创造的源泉，所以修建宫殿，实际上是在建筑一个宇宙。宇宙的密码常常藏在最简单的图式里，这种图式让古人有了居天下之中的感受。

圆方图和方圆图是天地的密码图式，它“考诸三王而不缪，建诸天地而不悖，质诸鬼神而无疑，百世以俟圣人而不惑”①，故受到古人的崇信，并运用于单体建筑的设计之中，成为天圆地方的象征。

天圆地方不仅是先民对天地空间形状测量结果的描述，而且还将天圆地方上升到天地之道即阴阳之道的高度。但从追溯它的起源看，可以清晰地认识到中华文明在发轫之际就已充满了科学实践的光芒。

第二节

顶天立地的六根金龙柱

太和殿里宝座的两侧矗立着六根金龙柱，好像有六条龙腾空而起，乾隆皇帝营建太上皇宫时，于皇极殿里仿太和殿也竖了六根金龙柱，此外再无第三座殿竖有这样的六根金龙柱。为何要竖六根金龙柱？它有何用意呢？

一、太和殿六根金龙柱继承明代样式

档案记载乾隆时太和殿已有六根金龙柱（图2-33）：乾隆四十年正月十二日，发现太和殿内金柱边露黑斑，经查属年久地仗内贴金油透露

---

① 王国轩译注：《大学中庸》，页 135，中华书局，2019 年。

2-33 太和殿六根金龙柱

之故，“太和殿金龙柱六根，内钻金柱四根各高三丈八尺，后二根金柱各高二丈七尺五寸，围圆一丈二寸，錾去旧有地仗，柱木间有些微朽裂之处，饬令监督如原式妥协修补。今拟成做钻生漆一道，漆灰七道，夏布二道，糙漆、垫光漆、沥粉照旧式画江山万代升转云龙，使漆戳扫红黄金罩漆”，乾隆下旨：“今岁五月后着收拾，务必上油时要匀，好好收拾。”[①]太和殿金龙柱六根，沥粉画江山万代升转云龙，扫红黄金罩漆，前四根金柱各高三丈八尺（11.78米），后二根金柱各高二丈七尺五寸（8.525米），围圆一丈二寸（3.162米）。六根金柱上“照旧式画江山

① 《内务府大臣英廉奏为修太和殿内金柱估需工料银两事折》，《奏销档 335-094》，乾隆四十年七月二十五日庚午，中国第一历史档案馆藏。

万代升转云龙”，乾隆时的太和殿是康熙三十四年重建的，说明这六根金龙柱是康熙时就有的。但这六根金龙柱不会是康熙时的创造，它们是按照顺治时的规制重建的。顺治时的太和殿重建于顺治二年，而太和殿的前身是明代的皇极殿，皇极殿的前身是奉天殿，顺治时是按照明代样式重建的，故六根金龙柱是明代的创造。

太和殿中一共有四十根金柱，但画有龙的金柱只有六根，每根柱画一条绕柱升龙，共计六条龙，将画有龙的金柱称为金龙柱，以示与其他金柱的区别。六根金龙柱将太和殿宝座包围其中，东边三根，西边三根，具有强烈的装饰性和象征性。

二、大明王朝与“六位时成”

将太和殿所有的大门打开，当冬天的阳光照进殿内，东边三根金龙柱与西边三根金龙柱在地上的影子，便呈现出两个三画卦“≡”，把两个三画卦上下组合在一起，就变成六爻了。太和殿六根金龙柱是否与乾卦有关系呢？我们先来看看唐代儒家孔颖达为《周易·乾》所作的疏，疏曰：“乾元乃统天之义，言乾之为德，以依时乘驾六爻之阳气，以控御于天体。六龙即六位之龙也；以所居上下言之，谓之六位也。”乾卦有六个不同的时位，每个时位所呈现的阳气是不同的，早晨与中午肯定是不一样的，早上阳气渐起，中午阳气鼎盛，所以称六龙为六位之龙，六位之龙即六爻，而六爻就是乾卦，故可以用六龙来象征乾卦。六根金龙柱既是六龙，又是六爻，故象征乾卦。大明王朝的国号曰“大明”，出自《周易·乾》“大明终始，六位时成，时乘六龙以御天”。《管子·内业》称“乃能戴大圆而履大方，鉴于大清，视于大明”。大明指日月，是说日月周而复始地照耀天空，是因为遵循了六个不同的时位即初爻为潜，二爻为见，三爻为惕，四爻为跃，五爻为飞，六爻为亢，就好像驾御着六条龙在浩瀚的天空翱翔，故大明离不开“六”位，而六爻又组成乾卦。《周易·说卦》称“乾为天”，乾象征天，这为太和殿营造出一个象征天的空间创造了理论基础。

元至正二十八年，朱元璋于南京称帝，国号大明。宫城紫禁城始建于至正二十六年，至洪武二十五年才基本完工，前后历时二十六年。朱元璋将紫禁城正殿命名曰奉天殿，出自《尚书》“惟天惠民，惟辟奉天”，即君主要尊奉上天。既然正殿以奉天为名，肯定就要把表现天的一些重要元素运用于建筑构件、内檐装修、室内陈设之中，以体现这座建筑的天意。显然，这些与儒家经典《周易》是离不开的，第一卦乾卦是首先要考虑的内容，因为大明国号即出自乾卦，而六爻是组成乾卦的卦象，把六爻表现出来，也就是把天表现了出来，如何表示六爻？殿内设置的六根金龙柱，就是六爻的象征。《南史・梁本纪中第七》记：“时台内有宿卫士为觇，常见太极殿有六龙各守一柱。”说明南朝梁时大朝正殿内已有六根盘龙金柱。梁都城在建康（今南京），这对明代朱元璋的南京宫城紫禁城大朝正殿奉天殿内金柱的设计必然产生影响。

朱元璋出身农民，合法性对他来说是最重要的，利用乾卦来装饰正殿是顺理成章的事。他的儿子朱棣迁都北京，但朱棣原为藩王，与他的父亲一样也有身份不正之意，所以朱棣迁都北京建紫禁城，一律仿祖制，正殿仍沿用南京紫禁城正殿名奉天殿，其殿内装饰也保持与南京的一致。特别让人惊叹是太和殿的雕龙髹金龙宝座的设计（图2-34），两条伸展的龙身形成左右扶手，左右支撑龙身扶手的是三根金龙柱，一共六根，正好与宝座两侧的支撑屋梁的六根金龙柱相呼应，所以太和殿的宝座是独一无二的，它应是明代奉天殿（皇极殿）里的金漆龙宝座样式，并非清代的创造。

“大明”、六根金龙柱和金漆龙宝座相互呼应，共同组成了太和殿君临天下、君权神授的空间。在这个空间里，可以“时乘六龙以御天”，所以六龙又代指天子乘坐的车，汉代刘向《九叹・远游》“贯鸿濛以东揭兮，维六龙于扶桑”，晋代郭璞《游仙诗》“六龙安可顿，运流有代谢。时变感人思，已秋复愿夏”，人间帝王乘坐的车由六匹马驾

图 2–34 太和殿宝座

驶，马八尺称龙，故又称六马为六龙[1]。帝王坐在太和殿的宝座上，如六龙驾御的车一样，自然是天命神授，统御天下。

如溯源盘龙金柱，笔者在《玄武天神与始祖黄帝》一节中，认为它可能起源于。

三、小结

龙在早期并非天子的象征，它原是与麟、凤地位相同的神物，《礼记·礼运》曰："麟、凤、龙、龟，谓之四灵。"《左传·昭公十七年》："大皞氏以龙纪，故为龙师而龙名。"《吕氏春秋·介立》："晋文公反国，介子推不肯受赏，自为赋诗曰'有龙于飞，周遍天下。龙反其乡，得其处所。'"到汉代时，龙的地位得到了提升，《史记·项羽本纪》曰："吾令人望其气，皆为龙虎，成五采，此天子气也。"龙从此成为帝王的象征。明代紫禁城里更是龙的世界，太和殿里盘在六根沥粉金漆柱上的龙是紫禁城中体量最大的龙。

① 郭沫若：《青铜时代》，页 69，中国人民大学出版社，2005 年。

第三节

五行与紫禁城的五色

五行的概念出现很早，《尚书·洪范》中有“五行：一曰水，二曰火，三曰木，四曰金，五曰土。水曰润下，火曰炎上，木曰曲直，金曰从革，土爰稼穑。润下作咸，炎上作苦，曲直作酸，从革作辛，稼穑作甘”。后来五行成为一种哲学概念，又产生了五方、五色概念，并直接影响建筑的设计和布局。

一、五色与王朝更替

谈颜色之前，先看看我们的人文始祖黄帝，《逸周书·尝麦》记：“昔天之初□作二后，乃设建典。命赤帝分正二卿，命蚩尤于宇少昊，以临四方，司□□上天末成之庆。蚩尤乃逐帝，争于涿鹿之河，九隅无遗。赤帝大慑，乃说于黄帝，执蚩尤，杀之于中冀。以甲兵释怒，用大正顺天思序。纪于大帝，用名之曰绝辔之野。乃命少昊清司马鸟师，以正五帝之官，故名曰质。天用大成，至于今不乱。”[①]战争起于蚩尤西向扩张，炎帝恐惧，遂向黄帝求助，引起黄帝与蚩尤的涿鹿之战。《史记·五帝本纪》亦记载：“蚩尤作乱，不用帝命，于是黄帝乃征师诸侯，与蚩尤战于涿鹿之野。”黄帝与东方的君主蚩尤在中原的涿鹿发生一次决定命运的大战，结果黄帝擒杀了蚩尤，统一了中原各部，并建都涿鹿。《吕氏春秋·应同》记黄帝兴盛的原因：“黄帝之时，天先见大螾大蝼。黄帝曰：‘土气胜。’土气胜，故其色尚黄，其事则土。及禹之时，天先见草木秋冬不杀。禹曰：‘木气胜。’木气胜，故其色尚青，其事则木。及汤之时，天先见金刃生于水。汤曰：‘金气胜。’金气胜，故其色尚白，其事则金。及文王之时，天先见火赤乌衔丹书集于周社。文

① 黄怀信：《逸周书校补注释》，页 294，三秦出版社，2006 年。

王曰：‘火气胜。’火气胜，故其色尚赤，其事则火。代火者必将水，天且先见水气胜。水气胜，故其色尚黑，其事则水。水气至而不知数备，将徙于土。”[①]《吕氏春秋》以五行五色之理来论证黄帝、大禹、商汤、周文王的兴起，所谓五行是指金、木、水、火、土，分别与白、青（或绿）、黑、红、黄五种颜色相配，从此，这五种颜色成为正统颜色。五行是构成世界的五种元素，又具有相生相克的作用，金克木而生水，木克土而生火，水克火而生木，土克水而生火，火克金而生土。黄帝以土德称王，土为黄色，黄帝与黄色联系在了一起。《礼记·月令》记："（季夏之月）中央土，其日戊己，其帝黄帝，其神后土。"人间的黄帝又与执掌中央土的神黄帝结合在了一起。

战国时邹衍在五行的基础上提出"五德终始"说，五德，指金、木、水、火、土五行所代表的五种德性，五德周而复始循环运转，成为历史变迁、王朝更替的根据。

秦王朝统一天下，认为自己承水德，尚黑色。汉代时，正统颜色比较乱。刘邦兴起时，他认为自己为水德，尚黑色。汉景帝时，把秦算在五德里，则汉为土德，尚黄色。而董仲舒则根据新王朝的建立首先要"改正朔，易服色"之理，提出反"五德终始"说的"三统三正"说，称夏、商、周三代遵循天命，按黑、白、赤三统立国，分别以寅、丑、子为正。他认为一年十二个月，有三个月可以作为岁首，它们分别是寅月即正月，丑月即十二月，子月即十一月。建寅以黑为统初，历正日月朔于营室，斗建寅即斗杓指向寅位正月；建丑以白为统，历正日月朔于虚，斗建丑即斗杓指向丑位十二月；建子以赤为统，历正日月朔于牵牛，斗建子即斗杓指向子位十一月。用三统说来推，汉代属黑统，为黑色。夏、商、周正黑统、白统、红统，将黑色、白色、红色提高到王朝立命的高度，是从汉代董仲舒开始的。但汉武帝最终选择了五德终始

① 《吕氏春秋》卷十三，上册，页284，中华书局，2018年。

说，汉为土德，尚黄色。

二、黄色是最高等级的颜色

自汉以后，历经两晋南北朝，还没有出现某种颜色居于至高无上的地位，成为历代帝王们的专用颜色。但到唐代时，情况发生了变化，黄色从诸色中脱颖而出，成为历代帝王的专用颜色，但在唐朝是特指黄色中的赤黄色，官员庶民不得使用此颜色，《旧唐书》记："武德初，因隋旧制，天子宴服，亦名常服，唯以黄袍及衫，后渐用赤黄，遂禁士庶不得以赤黄为衣服杂饰。"[①]《宋史·太祖本纪》记："诸校露刃列于庭曰：'诸军无主，愿策太尉为天子。'未及对，有以黄衣加太祖身，众皆罗拜呼万岁。"[②]五代时期，赵匡胤发动陈桥兵变，黄袍加身，登基称帝，黄袍从此成为皇权的象征。宋仁宗时又规定一般人的衣着不许以黄色为底或配置花样，从此，黄袍和黄色成了皇帝的专用服饰和专用颜色。

明代天顺二年，朝廷下令："禁官民人等衣服不得用蟒、龙、飞鱼、斗牛、大鹏、狮子、四宝相花、大西番莲、大云花样及姜黄、柳黄、明黄、玄色、绿等衣服。"[③]明代又分出了几种黄色是官民禁用的，姜黄是老黄，接近土黄，柳黄是嫩黄，黄中带点绿，明黄是最鲜艳的黄色，应该比金黄还亮。

到清代，才把明黄色提高到了最高的地位，雍正五年下令昭西陵帷幄用金黄色，孝东陵帷幄，用明黄色。[④]雍正朝规定：大祀、大祭、北郊又旧制龛案帷色，均用金黄，今请改用明黄。[⑤]凡祭祀服色，圜丘、祈谷坛，皇帝御天青礼服；方泽，皇帝御明黄礼服；朝日，皇帝

① 《旧唐书》卷四五，《文渊阁四库全书》，台湾商务印书馆，1986 年。

② 前揭《宋史》卷一，"太祖本纪"。

③ 《大明英宗睿皇帝实录》卷二八七，天顺二年二月。

④ 《大清世宗宪皇帝实录》卷五九，雍正五年丁未秋七月。

⑤ 《钦定大清会典则例》（雍正朝）卷三三九，"礼部一百七·大祀·大祭·北郊"。

御大红礼服；夕月，皇帝御月白礼服；其余群祀，皇帝皆御明黄礼服。[①]嘉庆朝规定：皇帝冬朝服、皇帝夏朝服、皇帝龙袍（图2–35），色用明黄。[②]

图 2–35　清代明黄色龙袍

三、紫禁城的五行方位

紫禁城为方形，有四座门，名玄武门、午门、东华门和西华门，从门的命名上就可知道紫禁城具有东、南、西、北、中五个方位。这五个方位是否与五行有关系呢？答案是肯定的。金、木、水、火、土五行象征五方，金为西方，木为东方，水为北方，火为南方，土为中央。一次与故宫学研究所的王军老师探讨时，他谈到紫禁城的方位是用河图象数配五行来表示的，东方三八木，西方四九金，北方一六水，南方二七火，中央五十土。故紫禁城东方用了3、8两个数字，体现在东华门8行门钉和文华殿前的文华门丹陛石雕上的3朵团云上；西方用了4、9两个数字，体现在西华门9行门钉和武英殿前的武英门丹陛石雕上的4条龙上（图2–36）；北方，大家悉知用了1、6两个数字，体现在天一门的“一”和钦安殿丹陛石雕上的6条龙上。但笔者认为中央却没有用5、10两个数字，而是用五行“土”来体现的即三大殿的“土”字形台基（图2–37），使整个紫禁城突出了中央为“土”的这个特点，正位得以确立，实现了《周礼》

① 《钦定大清会典则例》（雍正朝）卷七八，“礼部·祠祭清吏司·祭祀通例”。
② 《钦定大清会典图》（嘉庆朝）卷四十二，“冠服二·皇帝冠服·冬朝服”。

图 2–36　武英门前的丹陛石雕四条云龙纹

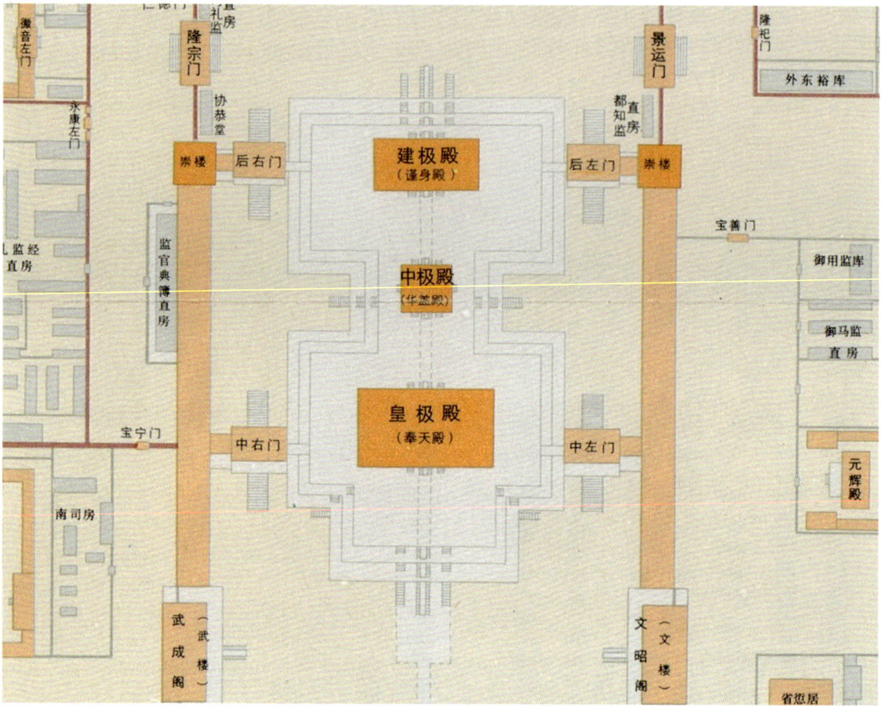

图 2-37　土字形台基

所言的“辨方正位”。南方也没有用2、7两个数字，而是直接用午门的“午”字来体现，因为午指南方，强调坐北朝南的正统方位。

既然紫禁城的方位与五行有关系，那么五种正统颜色红、黄、绿、白、黑也应该在紫禁城中得到全面运用，但事实上并非如此。

四、红墙黄瓦主色调

我们看到的紫禁城是大面积的黄色屋顶和红墙，它构成了紫禁城的主色调[①]，这两种颜色的大面积使用可能是从明代开始的，当然要受到五

① 其他所谓绿剪边、黄剪边等屋顶颜色只起一种点缀作用，且大都为乾隆时所建，位于花园或佛堂区，故不算在紫禁城的正统颜色分布里。

2-38 紫禁城的红墙黄瓦

行相生相克观的影响（图2-38），红墙象征火，黄色的屋顶象征土，喻火生土，火旺则土多，故二者是最佳的色彩配置，相互依附，又相互衬托，红色是为了衬托黄色，使黄色更加明亮，象征拥有广袤的土地。其次，是受最高等级的礼制观的影响。紫禁城象征天上的紫微垣，属最高等级的建筑群，故要使用最高等级的黄色，整体上要突出黄色，因此绝大部分宫殿覆以黄色琉璃瓦，强调这一区域的重要性和崇高的地位，并没有把黄色仅仅留给紫禁城的中央部分。

五、紫禁城的颜色分布

在紫禁城大面积的黄色屋顶中，有绿色屋顶南三所出现于东方（图

图 2-39　南三所西所绿色屋顶

2-39），黑色屋顶东西大房出现于北方，这两处色彩的发现，可以确定紫禁城的绿、黑颜色分布与其所处方位有关。在五行中，西方为白色，东方为青色即绿色，北方为黑色，南方为红色，中央为黄色。南三所为清乾隆时所建，是诸皇子读书之所，位于东方，东方为木，颜色为青色即绿色，寓意茁壮成长，故南三所屋顶覆绿色琉璃瓦。此典可追溯至永乐时期，“文华殿，东宫视事之所也”，文华殿为太子宫，永乐时大学士陈敬宗《北京赋》曰：“其左则为文华之殿，鹤禁青宫，玉叶金枝，储副是崇。讲道毓德，惟孝与忠。”是因为东方属木为青色，太子宫又称青宫，故覆以青色即绿色琉璃瓦。现在我们看到的文华殿是黄色琉璃瓦，是明代嘉靖时改变的。东西大房位于神武门内东西，因北方属水，水为黑色，故覆以黑色琉璃瓦。文渊阁建于乾隆时期，藏《四库全书》，它也是遵循北方属水为黑色之理而位于文华殿的北方，覆黑色琉璃瓦。

《宋书·礼志》“天子坐漆床，居朱屋”[①]，据此，皇宫里应该有覆红色琉璃瓦的房子，但紫禁城里没有出现覆红色琉璃瓦的宫殿，原因是红色已用于墙上，故南方就不用红色屋顶来体现了。元代陶宗仪《南村辍耕录》记：“兴圣殿七间……其柱廊寝殿……覆以白磁瓦。……延华阁五间，方七十九尺二寸，重阿，十字脊，白琉璃瓦覆。”[②]元大内里建有不少覆白色琉璃瓦的宫殿。紫禁城西方武英殿后有仁智殿，仁智殿的年代早于紫禁城的年代[③]，为永乐帝的潜邸改造而来，极有可能是元代的宫殿，永乐帝死后，其灵柩就停放于此，其后“凡大行帝后梓宫灵位，在此停供”[④]，故又称此殿为“白虎殿”，西方为白虎，其色曰白，这样看来，仁智殿极有可能是一座覆白色琉璃瓦的宫殿。

六、小结

绿、红、白、黑、黄五色在中国传统文化中是神圣的五种正统色，古人不喜欢介于二者之间的或过渡的颜色，故有“恶紫以夺朱也”之说。紫禁城分东、南、西、北、中五方，五方与木、火、金、水、土五种元素结合在一起，按理应该配上绿、红、白、黑、黄五色，但五色在紫禁城中是不全的，它的主色调是红与黄，强调的是相生之理即火生土，如果五方配上五色，势必造成相生又相克的循环而无法解脱，所以紫禁城颜色的配制是充满智慧的。

---

① 前揭《宋书》卷一八，“礼志”。

② 前揭《南村辍耕录》卷二一，页 254。

③ 王子林：《紫禁城建筑之道》，页 36，故宫出版社，2019 年。

④ 前揭《明宫史》，页 17。

金水河与天地沟通

让河流在城中穿行，这是古人最理想的居住环境。将水与建筑结合在一起，不仅营造出了一个动静相宜的空间，而且通过方位的界定，将河水上升为沟通天地的工具。

一、万物顺畅

永乐时大学士金幼孜在《皇都大一统赋》里称“禁城之下金水溶溶”，杨荣《皇都大一统赋》亦称：“金水之滨，瑶阶玉除。”说明当时修建紫禁城时已设计了金水河（图2-40）。因水出自西方，按五行之理，西方属金，故曰金水河。明末人刘若愚记金水河沿万岁山西麓流入紫禁城护城河中，成为护城河的水源，再从西北角楼下的地沟引入紫禁城内，至廊下家（无存），由怀公门（无存）以南，过长庚桥（无存）、里马房桥（无存），流经仁智殿（无存）西、御酒房（无存）东、武英殿前、思善门（无存）外，从归极门（熙和门）北地沟进入皇极门（永乐时称奉天门，清称太和门）外宽阔的河道，然后再弯转进入会极门（清称协和门）东庑地沟，经文华殿西，由北而转东自慈庆宫前之徽音门外，蜿蜒向南，过东华门里古今通集库南，从紫禁城巽方东南墙下地沟流出，归入护城河。①

金水河在流出紫禁城东南城墙时，呈现蛇头状，金水河被人为地塑造成了一条蛇的模样。在居住的空间里，营造出一条蛇来，确有恐惧之象。为何要把金水河设计成一条蛇呢?

原来跟传统东南为蛇门有关系，十二地支巳为蛇。《吴越春秋·阖闾内传》记：“子胥乃使相土尝水，象天法地，造筑大城。周回四十七

① 前揭《酌中志》卷一七，页142。

图 2-40　金水河

里，陆门八，以象天八风，水门八，以法地八聪。筑小城，周十里，陵门三，不开东面者，欲以绝越明也。立阊门者，以象天门通阊阖风也。立蛇门者，以象地户也。阖闾欲西破楚，楚在西北，故立阊门以通天气，因复名之破楚门。欲东并大越，越在东南，故立蛇门以制敌国。吴在辰，其位龙也。故小城南门上反羽为两鲵鱙以象龙角。越在巳地，其位蛇也，故南大门上有木蛇，北向首内，示越属于吴也。”[①]越在吴的东南，为了制越，伍子胥特于吴大城东南设蛇门，虽然这带有极强的目的性，但这种形制却被传承了下来，千年之后神奇般地在紫禁城里体现了出来。

图 2–41　佛日楼供广目天王像

紫禁城里的蛇门当然与吴大城蛇门的功能不同。东南为巽，巽是顺的意思，《周易·蒙卦》曰："童蒙之吉，顺以巽也。"《论语》曰："巽与之言，能无说乎？绎之为贵。"故四大天王之广目天王（图2–41），手持蛇，象征风调雨顺之"顺"。

将金水河设计为蛇形，跟朱棣有关系。朱棣南下"靖难"时，曾打着北方神玄武的旗号，以为有神助，《明史》记载朱棣起兵时，黑云密布，狂风大作，掀翻了房上的瓦掉在地上，众将大惊失色，但这时道衍说这是祥兆，飞龙在天，以从风雨，瓦坠，预示即将改易黄瓦。[②]狂风大作，天色骤暗，大雨倾盆，这正是玄武显灵的征兆。朱棣夺取天下后，

---

① 《吴越春秋》卷二，"阖闾内传·阖闾元年"，清文渊阁四库全书本。

② 《明史·姚广孝列传》卷一四五，中华书局，1974 年。

迁都北京，营建紫禁城，把玄武神融入紫禁城的规划之中，万岁山磐衍如龟，金水河蜿蜒如蛇。龟蛇相缠以象征北方天空七宿。

二、天地沟通

金水河是一条人工河，除了宫城用水和排水之外，还体现了古人的宇宙空间观。

紫禁城除了玄武门、午门、东华门和西华门四座大门外，还隐藏着两座门即天门和地门。天门在西北角，地门在东南角，不过这两座门，实际上是两个洞口即金水河进入和流出的洞口。为何要将西北定为天门、东南定为地门呢？根据后天八卦原理即古人的宇宙天地图式，西北为乾位，东南为巽位，《河图括地象》曰：“西北为天门，东南为地户。”《吴越春秋》称：“范蠡乃观天文，拟法于紫宫，筑作小城，周千一百二十一步一圆三方。西北立龙飞翼之楼，以象天门；东南伏漏石窦，以象地户。”[①] 地户即地门，所以古人认为乾位为天门，巽位为地门。天门在西北角，地门在东南角。根据天象，银河出自东北析木之次，流经紫微垣北，折向西，然后向南，归入南方鹑火之次。流经紫禁城的金水河也应该是如此的走向，为何却是西北至东南的走向呢？原因就在于受八卦方位的影响，故只能从西北天门处把银河的水引入紫禁城，然后从东南地户流出。通过金水河将紫禁城的西北与东南连在了一起即象征沟通了天地。

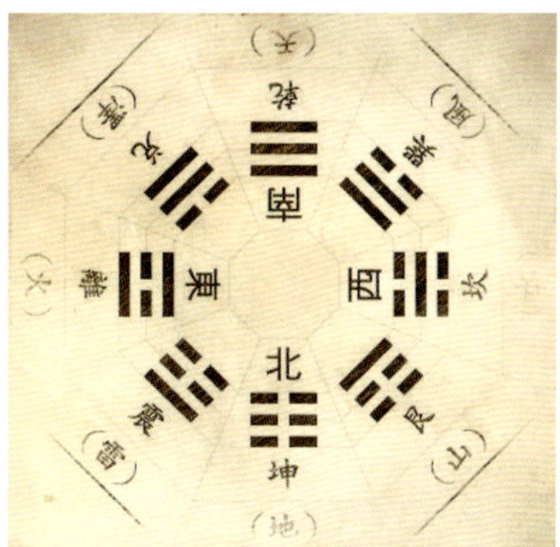

图 2–42　先天八卦图

按先天八卦之理（图2–42），西北变为艮，东南变为兑，艮为山，

① 《吴越春秋》卷五，《文渊阁四库全书》，台湾商务印书馆，1986 年。

兑为泽。故金水河自西北入东南出隐含有两层意思：一是乾巽可以定位天地，因为门户有定位功能；二是艮兑可以连通山泽，因为山泽连通的方式是靠蒸发上升的气。金水河的走向完美地实现了《周易》所言“天地定位，山泽通气”的宇宙空间观。

西北为山，东南为泽，又符合中国地貌特点，故西北高，东南低，众水泥沙向东南流，汇入大海。又山为重浊之气的凝结，与天上的星象对应，因此又符合《淮南子》所言“天倾西北，故日月星辰移焉；地不满东南，故水潦尘埃归焉”的地势走向特点。

沟通天地，是否可以看作沟通天庭与冥界的象征？诗人屈原《楚辞·远游》云：“时暧曃其曭莽兮，召玄武而奔属。”玄武又称玄冥，汉代王逸称其为太阴神，是一位地狱神。这有点像希腊蛇神赫尔墨斯。

天地关系实际上也是一种顺承的关系，即地要顺从于天。《易》称“大哉乾元，万物资始，乃统天”，乾是元始，至大至刚，统领整个宇宙的运行，“至哉坤元，万物资生，乃顺承天”，坤辅助乾，资生万物，故其特点是顺承。《易经衷论》说：“坤之德可以一言蔽之曰顺而已。……坤道其顺乎？盖以地之资生，虽极其盛大，而何一物非天之所为？地特代天以成其终耳。”

三、小结

天地相通，万物顺畅。特别是在中国古代农耕社会里，水对于农业的重要性不言而喻，一条金水河不仅浓缩古人对天地自然的哲学思考与认识，而且还隐含着对神的敬畏和对风调雨顺的期盼。

宁寿宫的山河之象

乾隆营建的太上皇宫宁寿宫，规模宏大，意象深远，把“两戒”“三星”“九重天”理念融入其中，创造了一个多元意象的建筑空间，天、地、福、寿汇集于此。

一、宁寿宫的布局

宁寿宫又称太上皇宫，是为乾隆日后归政所建之宫。乾隆三十五年开始设计、备料和组建宁寿宫总理事务处，三十七年动工，四十一年初步完工，四十四年告成，前后凡十年，占地40000多平方米，分南北两部分，南为皇极殿和宁寿宫区，是举办大典和祭祀萨满神之处。北部分成三路，中路为养性殿、乐寿堂、颐和轩和景祺阁；东路为畅音阁、阅是楼、景福宫、梵华楼；西路为宁寿宫花园即乾隆花园。

乾隆四十一年，宁寿宫区落成，落成之日，乾隆兴奋地召集廷臣联句，《新葺宁寿宫落成新正恭侍皇太后宴因召廷臣即事联句》曰：“广披三路（宫制分中东西三路）地两戒，中峙九重（中路自皇极门至景祺阁凡九重）天大圜。”①这句联句体现了太上皇宫的设计理念：

1. 太上皇宫分为南北两部分，象征大地两戒。

2. 中、左、右三路，象征福、禄、寿三星。

3. 中轴上分布着九座宫殿，象征九重天。

二、南北两部分与两戒

“南北两戒”出自《新唐书》“而一行以为天下山河之象，存乎两

① ［清］弘历：《新葺宁寿宫落成新正恭侍皇太后宴因召廷臣即事联句》，《御制文四集》卷三三，《钦定四库全书·集部·别集类》，台湾商务印书馆，1986 年。

戒”[1]，所谓两戒，开元年间僧一行曰：“自三危积石负终南地络之阴，东及太华，过於河，并雷首、底柱、王屋、太行，北抵常山之右。乃东循塞垣，自濊貊朝鲜，是为北纪，所以戒戎翟也。自岷山嶓冢负终南地络之阳，东及太华，达商山、熊耳、外方、桐柏，自上洛南逾江汉，携武当、荆山，至于衡阳。及东循岭徼，达东瓯闽中，是为南纪，所以戒蛮夷也。”[2]

宋人陈经《尚书详解》称至唐代形成的南北两戒之说是“北纪所以限戎狄，南纪所以限蛮夷，阴阳家亦有山水之说，岂非有所本乎”[3]，一行的南北两戒之说又成为阴阳家认识山脉的依据。

北戒为地脉之阴，南戒为地脉之阳。太上皇宫分南北两部分，象征大地南北，具山河阴阳之象。

三、三路与福、禄、寿三星

太上皇宫北部三路象征福、禄、寿三星。东路景福宫之景福，出自《诗经》“寿考维祺，以介景福”，景福即大福。乾隆四十九年，玄孙降临，五代同堂即大福，“以幸获五代同堂之庆。于万斯年恒保此福”，故东路象征福星。中路乐寿堂之乐寿，出自《论语·雍也》“知者乐水，仁者乐山，知者乐，仁者寿”；又颐和轩出自“颐卦”，《礼记》有“百年期颐”，颐指百岁，故中路象征寿星。西路倦勤斋之倦勤（图2-43），出自《尚书·大禹谟》“朕宅帝位三十有三载，耄期倦于勤”，指大舜年老归政，但大舜禅位禹时，说了一句话，曰“四海穷困，天禄永终”，暗含“禄”；又《宁寿宫万国来朝图》里画有乾隆于宁寿宫花园遂初堂前抱子形象（图2-44），乾隆《考终命》诗曰：“司禄抱子，肫然慈母。”

---

① 《新唐书》卷三一，《钦定四库全书·史部·正史类》，台湾商务印书馆，1986 年。

② 《徐霞客游记》，页 1，民国惠迪吉刊出版。

③ ［宋］陈经：《陈氏尚书详解》卷六，《钦定四库全书·经部·书类》，台湾商务印书馆，1986 年。

]2-43　倦勤斋

-44
隆于宁寿宫
园遂初堂前
子形象

福、禄、寿三星之一的禄星形象是怀抱子（图2–45），故西路象征禄星。

图 2–45　福禄寿三星图

四、九座宫殿与九重天

中轴上建有九座建筑，皇极门、宁寿门、皇极殿、宁寿宫、养性门、养性殿、乐寿堂、颐和轩和景祺阁，规模宏大，构成了太上皇宫最重要、最壮观的空间序列，乾隆称其象征九重天。九重天，屈原《天问》曰“圜则九重，孰营度之”，唐代诗人王维《和贾至舍人早朝大明宫之作》曰“九天阊阖开宫殿，万国衣冠拜冕旒”。

太上皇宫南端矗立着一座九龙壁，正是用九数字的再一次重现和提醒。

九为最大的阳数即天数，表明太上皇宫用了九数即“用九”。用九是指乾卦六爻全为老阳的卦象，《乾·文言》曰“乾元‘用九’，乃见天则”，“乾元‘用九’，天下治也”。一是取其尊贵之意，二是因为老阳变阴，取其变化无穷之意，三是取其体现了春夏秋冬周而复始的法则即天则，四是取其天下大治之意，这是太上皇宫最重要的意象，象征实现了像大舜那样归政的景象：天下太平，万民长寿。

五、小结

太上皇宫被称为紫禁城中的紫禁城，人们一般认为它是紫禁城的翻版，前后两部分象征前朝后寝，但事实上并非如此。太上皇宫的建筑设计完全是另一套观念，该建筑没有遵循传统的《周礼》制度，而是按照乾隆自己的理解设计的。其前后两部分与两戒的关系、九座建筑与九重天的关系、三路与福禄寿三星的关系，是建筑史上的一个创新。

第三章 宫城演变

宫室，《尔雅·释宫》称“宫谓之室，室谓之宫”，晋葛洪《抱朴子·省烦》称“宫室尊卑之品，朝飨宾主之仪”，南朝宋谢灵运《山居赋》称“宫室以瑶琁致美”，宫室指的是宫城或宫殿。作为等级最高、建筑最宏伟的场所，虽然只有明清时代的紫禁城保存了下来，但它并非凭空而生，是在前代宫室的基础上继承和演变而来的。紫禁城是一座时间之城，它贯穿上下五千年，很多重要的建筑元素都能在它身上找到。

第一节 一只飞鸟与建城的真相

一只飞鸟与城发生关系，在古罗马建城时就出现了，占卜师观察飞鸟的行踪来确定地中，以此展开城市的布局。周代建城是靠一根杆子，通过立杆测影，观察太阳运行的轨迹，找出地中，以此点为中心建造城市。这根杆子除了测空间和时间外，还可以系一面旗，用于观察风向预报天气。立旗杆的地方逐渐成为中心，后来与鸟与建城发生了关系。旗帜是如何变成鸟的呢？

一、古罗马的百分田法与周代的十进位划分法

古罗马人建城的方法为："罗马人建都邑时，须由占师先占视飞鸟之行动以察其禨祥。卜地既吉，乃悬规测定地之中点。……中点既定，即于此辟一方场以建设祠庙，又由中心引出正交之纵横二路。以此为基线，辟一中央四分之方形或矩形之地面，于其四隅建立界标，或以木，或以石。其次以白牛牡犊各一曳青铜之犁于其周围起土。当门之处则起犁而不耕。牡犊驾于内侧，土即反于其侧。所积之土墩为墉，所积之土沟为壕。又其次与纵横二路两两平行，各作小径，境内即可成无数之区划，每区以罗马尺二四〇方尺之正方形为定规，时亦分作矩形。"[①]

一只鸟的行踪引发了一座城市的诞生。

首先，由占卜师占视飞鸟的行踪以察其吉凶，卜地为吉后，用悬规测定此地的中心点。中点确定后，于此辟一方场以建神庙。又由此中心点引出正交的纵横（经纬）二路，以此为基线，在地面上画出一个以中央四分的方形或矩形，再于四隅用木或石建立界标。

其次，用两头白色牡犊曳青铜犁将周围的土翻起，留为门的地方则起犁不耕。所堆积的土墩为墉，所犁出来的土沟为壕。

再次，与纵横二路两两平行，各作小路，这样就可以把城划分为无数的区域。

郭沫若在《由周代农事诗论到周代社会》一文中对古罗马城的这种"百分田法"与《周礼》记载的"十进位"土地划分法进行了比较，认为二者是相同的。《周礼·遂人》记："凡治野：夫间有遂，遂上

---

① 前揭郭沫若《青铜时代》，页 90。

有径；十夫有沟，沟上有畛；百夫有洫，洫上有涂；千夫有浍，浍上有道；万夫有川，川上有路，以达于畿。”周代是按一百亩、一千亩、一万亩、十万亩、一百万亩的十进规模来规划径、畛、涂、道、路等道路宽度的。

古罗马人以方形中心为规划的模数，在一个四分的方形或矩形里，又可以不断地分下去，形成面积相等的区域。周代农田的规划，据汉代郑玄的注释，遂，宽、深各二尺；沟，宽、深各四尺；洫，宽、深各八尺；浍，宽二寻、深二仞。沟洫上的道路的宽度，径可以让牛马通过，畛可以让大车(车轨宽六尺)通过，涂可以让一辆乘车(车轨宽八尺)通过，道可以让两辆乘车通过，路可以让三辆乘车通过。根据农田的规划产生了都城的九畿制度，《周礼·考工记》记：“匠人营国，方九里，旁三门。国中九经九纬，经涂九轨，左祖右社，面朝后市，市朝一夫。”城市平面呈正方形，边长九里，每面各有大小三个城门。城内街道划分成九纵九横，路宽七丈二尺，可同时行驶九辆马车。王宫的路门内，左面是宗庙，右面是社稷坛。王宫的前面是朝，后面是市，市和朝都是一百亩（图2-46）。

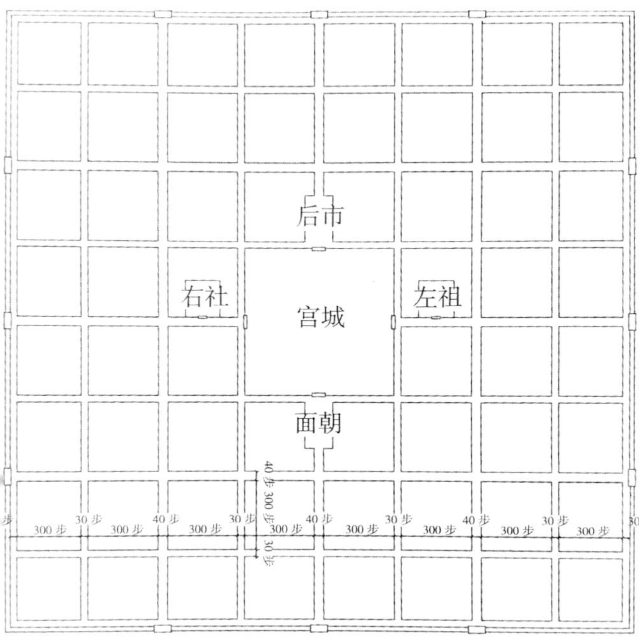

2-46 《考工记》王城规划想象图（采自王贵祥《中国古代人居理与建筑原则》所绘王城复原平面图）

按照十进制规划的周城是否也跟鸟有关系呢?

二、鸟与风的关系

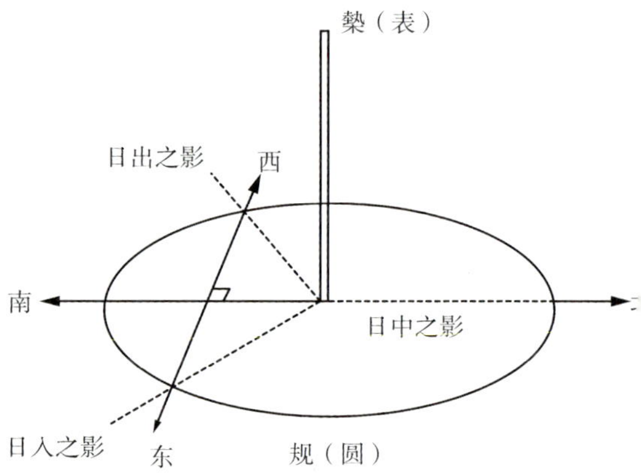

图 2–47　立杆测影图

周代建都城之前，如《诗经·公刘》所记要“既景乃冈，相其阴阳”，先于平地上既景即测量日影，然后登高望远，确定阴阳。朱熹在《诗经集传》中注曰：“景，考日景以正四方也。冈，登高以望也。相，视也。阴阳，向背寒暖之宜也。”[①]景通“影”，即立杆测日影，确定东南西北。正四方后，再求地中，找到了地中，就可以建都了。《周礼·地官司徒第二》记：“以土圭之法，正日景，以求地中。……日至之景，尺有五寸谓之地中，天地之所合也，四时之所交也，风雨之所会也，阴阳之所和也。然则百物阜安，乃建王国焉，制其畿方千里而封树之。”当太阳的影子是一尺二寸时，这里就是天地所合的地中，是建立国都的最佳地方（图2–47）。

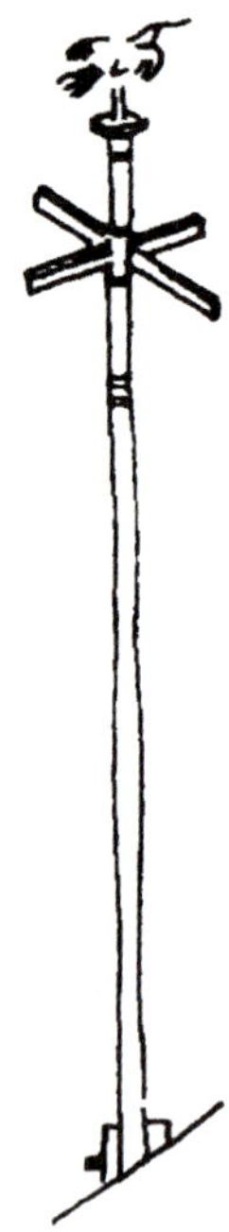
图 2–48　华表（采自秦建明《华表与古代测量术》）

用于建都的这根立杆测影的杆子是什么样的呢？《清明上河图》中绘有一座桥梁，在桥梁的两侧各竖有一对华表（图2–48），华表即表木，测量日影的杆子，表木的上方置有一鸟，秦建明《华表与古代测量术》认为这应是指示方向的设置，其名应当为“准”，准的古字下有“十”，这大概是柱头设鸟的象形字。[②]但汴梁虹桥表木上立鸟并非凭

① ［南宋］朱熹：《诗经集传》卷六，《文渊阁四库全书》，台湾商务印书馆，1986 年。
② 秦建明：《华表与古代测量术》，《考古与文物》1995 年第 11 期。

空而来，《诗经·商颂》记："天命玄鸟，降而生商，宅殷土芒芒。"宅，择吉处而营之也，说明殷都的建立与玄鸟的降临有关。周代承袭了商代对鸟的崇拜，称其祖先专门设置了执掌日历和天气的鸟官。《逸周书·尝麦》记载黄帝时以鸟名官职："乃命少昊清司马鸟师，以正五帝之官，故名曰质。"①《左传·昭公十七年》亦记："我高祖少皞挚之立也，凤鸟适至，故纪于鸟，为鸟师而鸟名：凤鸟氏，历正也；玄鸟氏，司分者也；伯赵氏，司至者也；青鸟氏，司启者也；丹鸟氏，司闭者也；祝鸠氏，司徒也；鴡鸠氏，司马也。"②

但据张富祥《甲骨文"鸟"字释读辨析》的考证，在甲骨文中，鸟实际上指的是风，与测量风向、风速有关系。卜辞中指称鸟类习用"隹"，而不用"鸟"字，他通过对卜辞中有关"鸟"字的释读，确定"鸟"应读作"凤"而借为"风"。甲骨文有"贞，帝，鸟，三羊、三豕、三犬（14360）"，"帝"通"禘"，"鸟"即"风"，指祭风用了三羊。"帝"字本为宗庙神主的摹写，用作祭名则即为禘祭，可能商代的禘祭只限于子祭父，后转为一种特殊的祭祀了。③卜辞"大风自西，率雨（21201）"，说明掌握了风向，就可以预报降雨天气。杆子除了测影确定空间方位和四季外，还有测风预报天气的功能。由于鸟被借为风，鸟与建城的关系最初应该是风与建城的关系。

三、立中与明堂的建立

《吕氏春秋》称："古之王者，择天下之中而立国，择国之中而立宫，择宫之中而立庙。"④祖庙位于宫城的中心，这与古罗马城市的规划是一样的。祖庙就是最早的明堂，祭祖与祭天是不分的，所谓"宗祀

① 前揭黄怀信《逸周书校补注释》，页294。

② 杨伯峻编著：《春秋左传注》（下），页1207，中华书局，2020年。

③ 张富祥：《甲骨文"鸟"字释读辨析》，《殷都学刊》2013年第1期。

④ 许维遹：《吕氏春秋集释》下册，页460，中华书局，2018年。

文王于明堂，以配上帝”。关于中心的起源，唐兰先生认为“盖古者有大事，聚众于旷地，先建中焉，群众望见中而趋附，群众来自四方，则建中之地为中央矣。列众为陈（阵），建中之酋长或贵族，恒居中央，而群众左之右之望见中之所在，即知为中央矣。然则中本徽帜，而其所立之地，恒为中央，遂引申为中央之义，因更引申为一切之中”[①]。甲骨文“中”字本旂旗旒之属，由于它是在立杆测影的杆子上所系之旗，故它具有立表定时的功能，《周礼·大司马》记：“田之日，司马建旗于后表之中，群吏以旗物鼓铎镯铙，各帅其民而致。质明，弊旗，诛后至者。”狩猎之日，立旗召集群众，时间一到，即弊旗，迟到者将被诛杀。《孟子·滕文公章句下》亦记：“昔齐景公田，招虞人以旌，不至，将杀之。”说明这个旗杆最早是由立杆测影的杆子演变而来的，升旗和降旗具有严格的时间规定，谁违背将受到严格的处罚。甲骨文有“丙子，其立中，亡风（存二、八八）”“丙子立中……无风，昜日（《英》680）”，[②]在甲骨文里，“立中”即立旗还具有测风预报天气的功能，如文中所言无风则天气晴朗，故旗相当于现在的天气预报站。用旗子的飘扬方向以确定风的方向和风速，预报天气。巫把上天的变化通过观测表达了出来，故预报天气才能达到与上天的沟通，先民照此办事即可获得成功。巫通过立中即立旗实现了与上天的对话与交流，具有了发号施令的作用，最终成为权力的象征，这应是君权神授的肇始。

由于甲骨文鸟读为“凤”而借为风，风自然就变成鸟了，杆上所系的旗帜也就变成了一只鸟了，中心也就变成与鸟的关系了，故后代有“天降玄鸟，降而生商”，然后宅殷土立国的诗的流传。

立旗之处逐渐演变为中心是因为原始农业阶段先民对天气变化的关心所致。立杆除了测量太阳的影子外，还有预报天气的作用，先民用杆

① 唐兰：《殷墟文字记》，页53-54，中华书局，1981年。

② 徐中舒主编：《甲骨文字典》，页40，成都辞书出版社，2017年；张富祥：《甲骨文“鸟”字释读辨析》，《殷都学刊》2013年第1期。

上系旗的方法以测量风向预知天气变化。立杆测量方位和四季，不是长期要做的事，普通民众似乎对此不太关心，时间对于他们似乎也不太重要，除非有重大的活动必须遵守外。只有天气预报才是先民要关心的日常之事，对于处于原始农业阶段的人来说，刮风降雨、阴晴变化才是最重要的，也是普通民众无法预知和掌握的，但这个才是他们最关心的大事，故立旗之处才有可能逐渐形成中心，飘扬的旗就成为“中”的代名词了。

由于立中处成为中心广场，于此建大房子即明堂以供奉上天和祖先牌位（神主）成为自然发展的结果是必然的。巫由于能预报天气、有沟通天的能力，客观上需要供奉天的神主，向天祷告，为了避雨挡风，大房子也就出现了。于大房子中供奉天的神主的同时，也完成了对自己的神化，为自己赋予了神权。同时把祖先的牌位供奉于此，以证明自己的权力是从祖先那继承下来的，是不可动摇的。商的建立者汤应该就是一位拥有最高权力的大巫，而且具有征伐的权力，《论语》记他“予小子履敢用玄牡，敢昭告于皇皇后帝：有罪不敢赦，帝臣不蔽，简在帝心。朕躬有罪，无以万方。万方有罪，罪在朕躬”，汤祈求上帝不要责罚天下万方，所有罪过由自己一人承担。《吕氏春秋·顺民》亦记“昔者汤克夏而正天下，天大旱，五年不收，汤乃以身祷于桑林，曰：‘余一人有罪，无及万夫。万夫有罪，在余一人。无以一人之不敏，使上帝鬼神伤民之命。’于是翦其发，磨其手，以身为牺牲，用祈福于上帝。民乃甚说，雨乃大至”①，为了祈雨，汤按照祭祀规则不惜以身为牺牲献于上帝。《孟子·滕文公章句下》记“汤居亳，与葛为邻，葛伯放而不祀”，汤着人去问：“为什么不祭祀？”对葛伯言而无信、滥杀无辜的罪行，汤多次前往征讨。汤的这些行为和举动，说明他是一位代表上帝意志并能与上帝沟通的大巫。

① 前揭许维遹《吕氏春秋集释》（上），页200。

建造大房子的目的最初可能是供大巫沟通天使用的，后来逐渐演变为神庙、祖庙和朝堂三位一体的建筑，随着神权向王权的转变，王权逐步加强，祭祀上帝和祖先的功能则削弱，直至二者迁出大房子。后来形成的宫城居中、左祖右社的都城格局，很有可能是从立中发展演变而来的。

四、小结

古罗马的建城方法与周代的土地划分法相似，周代建城与古罗马一样，都先要确立地中。周人是靠立杆测影确立地中。立杆测影的这根杆子具有双重功能，因为它能预报天气，故成为先民聚集的中心，这里也逐渐成为祭祀和权力的中心，城市中心的雏形也就形成了。由于甲骨文“风”借用“鸟”字，鸟成了中心的象征，但这个中心最初是观测风向的地方，只是后世却把风当成鸟了。鸟与一座城的出现的真相不是鸟而是风。

附：商是龙首的象形

“天降玄鸟，降而生商”，传统观念认为鸟是商王朝的图腾，但商王朝国名“商”与鸟实际上是没有关系的。

《甲骨文“鸟”字释读辨析》称商王朝之“商”与“风”有关系，“商”字的古音与“风”字相近，商字自上而下由“辛”“丙”“口”三个字符组成，下部的“丙”当释为祭器的省形，“口”乃是祭器符号，祭祀时大概是在祭器中放一只鸡或鸟，其外露部分或最突出部分则为鸟冠。[①]此说，似不能成立。商字怎么也不像是把鸡放在祭器中，然后再把鸡冠外露。如果商与鸟有关系，那么这只鸟应为神鸟，它是被祭祀的对象，怎么可能把鸡或鸟当作祭品呢？

唐际根老师认为商王朝之商源于商音，为击磬之声，理由是：一是

---

① 张富祥：《甲骨文“鸟”字释读辨析》，《殷都学刊》2013 年第 1 期。

《礼记·乐记》记“商者，五帝之遗声也，商人识之，故谓之商”，二是考古发现有悬挂石磬的木架。但笔者认为《礼记》说完商音后接着说“齐者，三代之遗声也，齐人识之，故谓之齐”，在此文前，还有一大段文字记载子赣请教师乙自己适合唱什么，师乙称“肆直而慈爱者，宜歌商；温良而能断者，宜歌齐”，师乙说“慈祥仁爱的人适合唱《商》，温厚而又敢于决断的人适合唱《齐》”，故商和齐指的是《商》《齐》两首歌，跟商王朝国名没有关系，应该是先有商王朝，后有商人辨识了五帝的遗音，将之称为《商》。如果说商为击磬之声，但甲骨文字中并没有象形的磬即唐老师创造的商字中架上悬挂的磬，说商为击磬之声也似难成立。《礼记》称“石声磬，磬以立辨。辨以致死。君子听磬声则思死封疆之臣”，磬声是让君子想起死守疆土的将士，故商不可能是击磬之声。

河南大学的张立东教授称商为“钺在几上”之象形，但此说，专家提出没有甲骨文上的支持。

确定商王朝国号“商”起源，笔者想到了甲骨文龙字，据冯时老师考证，它是东方七宿青龙角、亢、氐、房、心、尾、箕的象形字。

《左传·昭公元年》记载：“昔高辛氏（帝喾）有二子，伯曰阏伯，季曰实沈，居于旷林，不相能也，日寻干戈，以相征讨。后帝不臧，迁阏伯于商丘，主辰。商人是因，故辰为商星。迁实沈于大夏，主参，唐人是因，以服事夏、商。”[①]帝喾有两个儿子，阏伯和实沈不和，帝将阏伯迁到商丘，让他主祭商星；实沈迁到大夏，让他主祭参星，二星东西相对，永不相见。《传》亦记：“陶唐氏之火正阏伯居商丘，祀大火。”杜注称：“辰，大火也。”按杜预之说，大火即东方青龙七宿之心宿，有星三颗，中间星呈红色，故称大火。《左传》的这则

① 前揭杨伯峻编著《春秋左传注》（下），页1055。

记载，给笔者提供了一个重要线索即商与星象有关系。商、参二星在甲骨文中都有表述，商为，参为，是指巫的头上有三颗星，此三星是西方白虎七宿奎、娄、胃、昴、毕、参、觜之参宿，巫师头顶三颗星，是参宿的象形，说明这位巫师的地位和权力之大。相应地商，就应该是东方青龙七宿中某星宿的象形，但并非指的是心宿三星ₒ○ₒ，因为并不是心宿的象形。

我们还是从东方七宿的甲骨文着手，龙字是东方七宿的象形，看这个字的龙头，不就是一个商字吗？故商字显然为龙字的龙头象形即角、亢、氐三宿的象形：

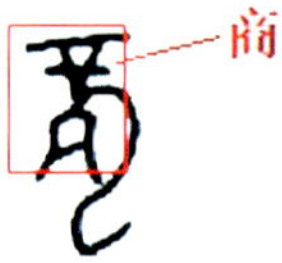

为何是角、亢、氐三宿的象形呢？因为春分点定在角宿处。二月二，角宿从东方地平线上升起，之后亢、氐二宿也相继出现，到春分时，由角、亢、氐三宿组成的龙头已完全显露出来，此即龙抬头，它的出现标志着万物复苏、春回大地，预示着大仓满、小仓流的丰年的到来。甲骨文年字，为一人背着稻禾回家，意指丰收，所以商人是很重视农业生产的。而这一切都是的主宰。在农业社会，观察天象是最重要的工作，春分时的天象自然成为王朝的象征。掌握了春分，也就掌握了天的规律，掌握了天的规律，就会获得丰收，同时也就掌握了权力，故也就成为最高权力的象征了，自然这个符号，也成为王冠的象征了，故帝喾名辛。

第二节

都城轴线的诞生与变化

两点确定一条直线，为了这条直线，古人仰观天象，定之方中。秦始皇表南山之颠以为阙，为都城设计了一条象征天轴的轴线，以确定这里是天下的中心。从此，历朝历代都城的营建离不开中轴的设置。但北京城中轴的形成却与历代不同。

一、天轴原理的发现

北京城有一根轴线，它不是时间的轴线，而是空间的轴线。这根轴线贯穿整个城市，从鼓楼至永定门，全长7.8公里。但北京城的轴线是一个例外，它与之前的任何都城的轴线都是不一样的，以前的轴线没有贯穿整个城市。

这是为什么？

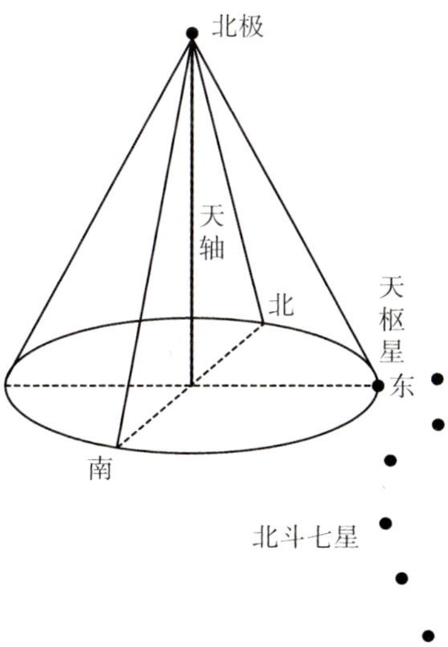

2-49　天为圜形（圆锥体）

古人说："天不变，道亦不变。"灿烂的星空永远指引着人们前行的方向。先民抬头仰望天空，通过牵星的方法找到了天的中心，天的中心处本无星，为了标识，以旁边的一颗小星定为北极星，代指天的中心。北极星位于天的顶点即是天的最高点，故称极，于是天的体积就呈现出来了，是一个圆锥体（图2-49）。

天的顶点找到了，但有一个问题必须回答，为何它永远不动呢？

周代车上立了伞盖，《周礼·考工记第六》记："轸之方也，以象地也。盖之圜也，以象天也。"古人打了一个比方：好比一把伞，伞盖如天盖，旋转伞轴，伞盖转动，但伞盖的顶点永远不动。天的原理也是如此。天的中心点即顶点（北极）不动的原因是因为存在着一根天轴，天轴在不停地转动，而顶点北极永远保持不动，这就是天轴原理。

但是天轴看不见，却又真实地存在，这该如何表现呢？

于是定星就产生了。

古代建城必升高以望，而审其面势之可否；降下以观，以察其土地之宜否；考之日景，而验其方向之正否；稽之卜筮，而考其龟兆之吉否。望、观、景、卜，缺一不可。惟定之为星，乃上天示人以营室之时，正位以向。《诗经·鄘风·定之方中》曰："定之方中，作于楚宫。揆之以日，作于楚室。"战国时人毛亨解释称："定，营室也。方中，昏正四方。楚宫，楚丘之宫也……揆，度也，度日出日入，以知东西。南视定，北准极，以正南北。"朱熹注曰："而人君居必南面，故亥月昏时，见定星当南方之午位，因记此星为每岁营作之候。又因号为营室，此盖成周以后之制。"定，即定星，也称营室星，为北方七宿之一，大约在每年的十月十五后至十一月初，定星在黄昏时出现在正南天空，与北极星相对，两星正好组成一条看得见的南北向直线，这条直线就成为天轴的象征（图2-50）。楚宫参照北极—定星确定其轴线，说明春秋时代，中轴已经出现于都城的规划之中了。

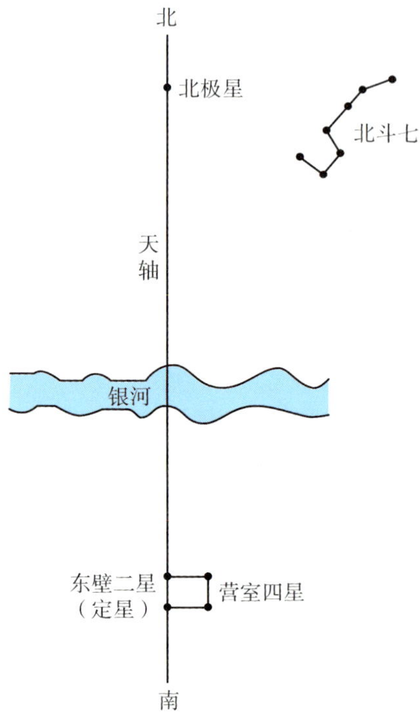

图2-50　天轴图

二、表南山之颠以为阙

中国都城的历史往前迈进的时刻是在秦始皇时代，他统一了中国，

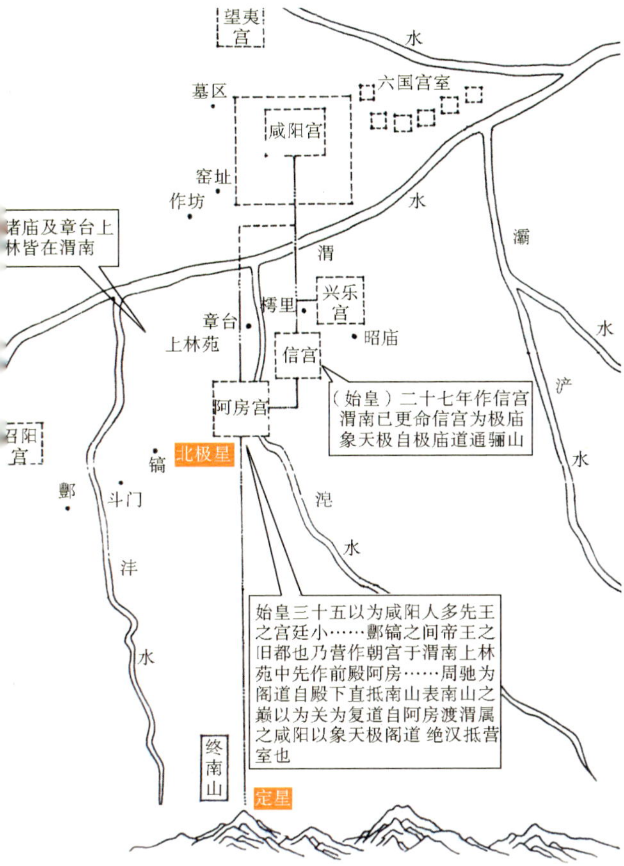

2-51　阿房宫与南山之颠（采自贺业钜《中国古代城市规划史》咸阳城图，第 313 页）

但都城没有像周成王那样迁至洛阳，以便统治东方广袤土地上的人民。秦始皇抬头望天，浩瀚无垠的宇宙，激发了他的雄心壮志，于是他在关中建了一座天空之城。《史记》记载："二十七年，始皇巡陇西、北地，出鸡头山，过回中。焉作信宫渭南，已更命信宫为极庙，象天极。自极庙道通郦山，作甘泉前殿。"[①]始皇二十七年，定咸阳为都，建信宫以象天极，从信宫修了一条御道直通郦山。始皇三十五年，他营建了更为庞大的阿房宫，《史记》又记："先作前殿阿房，东西五百步，南北五十丈，上可以坐万人，下可以建五丈旗。周驰为阁道，自殿下直抵南山。表南山之颠以为阙。为复道，自阿房渡渭，属之咸阳，以象天极阁道绝汉抵营室也。"[②]阿房宫象天极，修了一条直通南山的御道，"表南山之颠以为阙"（图2-51）。

上述秦始皇的建都方法正是运用了天轴原理，建一座大殿，在前面

① 《史记》卷六，"秦始皇本纪第六"，页 241，中华书局，1987 年。

② 前揭《史记》卷六，"秦始皇本纪第六"，页 256。

修一条道路，大殿如北极星，道路如天轴，这条道路成为都城的中央基准线即中轴，中轴就这样诞生了，咸阳成为天下的中心。但有一个问题，中轴是如何定向的呢？首先必须要有两点，两点才能确定一条直线，大殿为一点，另外一点如何确定呢？这就是秦始皇说的“表南山之颠以为阙”，即以大殿正南方向的山为准。山就成为天上的定星，大殿成为北极星，将大殿与山连为一线，都城的中轴就定下来了。为什么要瞄准正南方向的山呢？《诗经》中有多首诗提到南山，如《诗经·天保》“如月之恒，如日之升。如南山之寿，不骞不崩”，《诗经·南山》“南山崔崔，雄狐绥绥”，《诗经·信南山》“信彼南山，维禹甸之”，《诗经》中的南山都是高大的、延绵不绝的，它像天上的星一样永恒长久不崩塌，山永远静止不动，决定了中轴的朝向永远不会改变，意味着都城为天下的中心也是永远不会改变的，王朝的轴线怎么能不对准它呢？

中轴南北向是为了与天轴保持一个方向，以表尊贵，如盘庚迁殷“奠厥攸居，乃正厥位”。南北向也符合自然法则，中国地处北半球，因此坐北朝南是最好的朝向，能够接收更多的阳光。

南山与大殿成为确定轴线的两个点，因此，准确地说都城轴线是终于宫城的，并无贯穿整个都城的轴线，因为轴线的顶点是大殿，如北极星，象征最尊的地位，轴线至大殿就结束了。实现了《孟子·滕文公章句下》所言“居天下之广居，立天下之正位，行天下之大道”的理想。

三、贯穿整个都城轴线的出现

后世效仿秦始皇的方法建都以确定天下的中心。北魏洛阳城轴线有两点即太极宫和圆丘（图2-52），太极即北极，太极宫象征北极星，轴线对准圆丘，圆丘好比郦山或南山。隋唐长安城的轴线亦有两点即太极宫和终南山（图2-53），朱雀大街对准终南山。元蒙定都燕京时，宫城选址于海子旁，由于北京平原上无大山可觅，无奈之下，只好对准丽正门外第三桥南一棵树（图2-54），并封它为独树将军。《析津志》记：

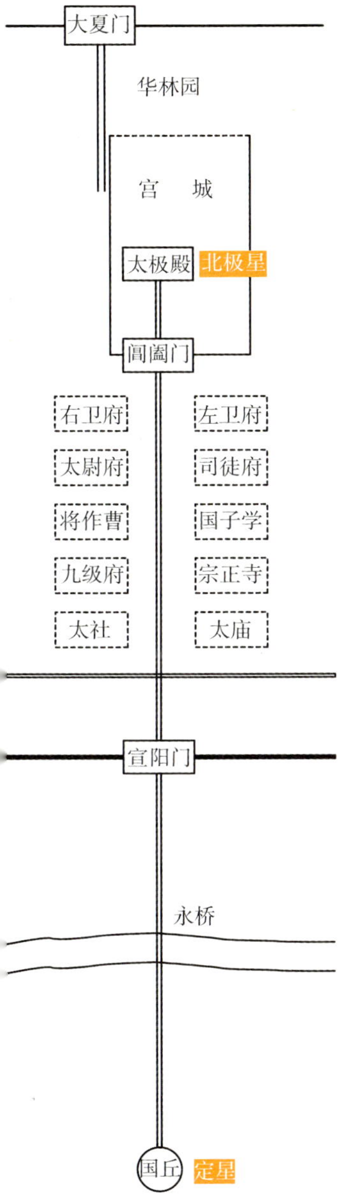

2–52　北魏洛阳城中轴图（采自贺业《中国古代城市规划史》第 468 页）

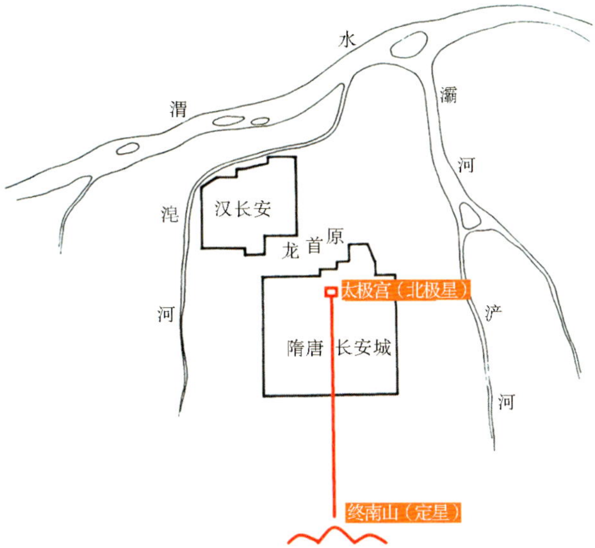

图 2–53　隋唐太极宫与终南山在同一条轴线上（在贺业钜《中国古代城市规划史》的长安城图上绘制）

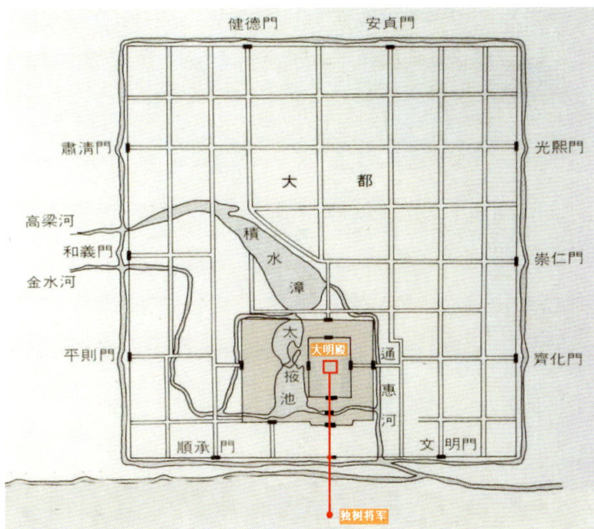

图 2–54　元大内正殿大明殿与独树将军轴线（在贺业钜《中国古代城市规划史》的元大都城图上绘制）

“世皇建都之时，问于刘太保秉忠定大内方向。秉忠以今丽正门外第三桥南一树为向以对，上制可。遂封为独树将军，赐以金牌。”①

100年后，一个特殊的情况出现了，朱棣分封在北平（未迁都前的北京称呼），藩王府由元大内改造而来，后来他取得了皇位，当上了皇帝，曾经的燕王府成为潜邸，因此迁都北京营建宫城紫禁城时，为了保存潜邸，不得已，宫城的轴线做了东移，对准了曾护佑他“靖难”的供奉玄天上帝的钦安殿，同时拆除元代的钟鼓楼进行了重建，体量增大了，成为中轴北端的两座标志型建筑。

原为宫城的轴线变成了整个都城的轴线，轴线延长了，意外地成就了北京城宏大的气势。经嘉靖时增扩外城。北京城的中轴气势宏伟，从南至北依次排列着永定门、正阳门、大明门（大清门）、承天门（天安门）、端门、午门、奉天门（太和门）、奉天殿（太和殿）、华盖殿（中和殿）、谨身殿（保和殿）、云台门、乾清门、乾清宫、中圆殿（交泰殿）、坤宁宫、广运门、钦安殿、坤宁门、顺贞门、玄武门（神武门）、北上门、万岁山（景山）、地安门、鼓楼、钟楼，就像人的脊梁一样，仿佛城市有了生命，能够站立起来，顶天立地。

四、小结

中国古代社会是农耕文明的产物，民众为了不误农时，就必须依赖测天。由测天所得到的宇宙原理被运用于城市的规划之中，中轴就是这样的典型例子。都城中轴源于天轴，建立起了人天同构的一个体系。中轴使得都城的正统性得到了提升。古人遵循这一中轴立城的法则，北京城中轴的出现则将这一法则提升到了极致，真正在地成为整个都城的中轴，它贯穿城市的南北，中轴上的建筑气势恢弘，直冲霄汉。

---

① 前揭《析津志辑佚》，页 213。

第三节

三大殿与参星

虽然繁星满天，但重要的星并不多，屈指可数的有北极星、北斗七星、参星、太阴星、启明星、长庚星、木星、土星、荧火星、定星、天狼星、织女星、牛郎星、营室星、大角星、河鼓星、武曲星、魁星等。其中有些星经常成为建筑布局取象的对象，如北极星、北斗七星，而有些星的命运却没有这样好，在文明的初期光亮，却在文明的发展中被湮没而无人知晓，参星就有着这样的命运。

一、三朝大殿

据《周礼》记载，周代出现了五门三朝，三朝指帝王办公和燕寝的三座宫殿，称为外朝、治朝和燕朝。外朝，《周礼·朝士》曰："朝士：掌建邦外朝之法。"《周礼·槁人》曰："槁人：掌共外内朝冗食者之食。"郑玄注曰："外朝司寇断狱弊讼之朝也，今司徒府中有百官朝会之殿，云天子与丞相旧决大事焉，是外朝之存者，与内朝路门外之朝也。"[①]外朝是帝王办公和举行大典的地方，如商议对抗外族入侵之策或命将出征、商议迁都和立储君等国家大事。外朝是皇宫的正殿。治朝，《周礼·大宰》曰："王视治朝，则赞听治。"郑玄注曰："治朝在路门外，群臣治事之朝。王视之，则助王平断。"[②]《周礼·宰夫》曰："宰夫之职：掌治朝之法，以正王及三公、六卿、大夫、群吏之位。掌其禁令。"郑玄注曰："治朝在路门之外，其位司士掌焉，宰夫察其不如仪。"[③]治朝是帝王与群臣处理日常政务的地方，天子与三

① [汉]郑玄注、[唐]贾公彦疏：《周礼注疏》卷十六，清文渊阁四库全书本。
② 前揭《周礼注疏》卷二。
③ 前揭《周礼注疏》卷三。

公、六卿、大夫和群吏等都要在治朝排正位置，然后群臣上奏章、百姓上书，帝王根据他们的陈述，下达裁决的圣旨。燕朝，《周礼·大仆》记："王视燕朝，则正位，掌摈相。"郑玄注曰："燕朝朝于路寝之庭。"贾公彦疏曰："以其路寝安燕之处，则谓之燕朝。以其与宾客飨食在庙，燕在寝也。但与宾客及臣下燕时，亦有朝。"[①]燕朝是帝王燕寝的地方。

按郑玄的注释，外朝和治朝在路门外，燕朝在路门内，说明周代的三朝是纵向排列。西汉长安城早期以未央宫的轴线为中轴，未央宫为群宫之首，利用南北向的龙首山丘陵高台，修建有前、中、后三座大殿。

《尚书·顾命》记："一人冕，执刘，立于东堂；一人冕，执钺，立于西堂。"《仪礼·释宫》称："夹室之前曰厢，亦曰东西堂。"可能受其影响，汉代中后期的前殿进行大朝会，以东西厢作为日常视事之所。两晋、南北朝宫殿大体相沿，其前殿受汉代东西厢建筑的影响，以主殿太极殿为大朝会之用，两侧建东西堂，处理日常政务。到隋文帝营建新都大兴宫时，改横向排列为纵向排列，建广阳门、大兴宫和中华殿三朝。此后，历代皆以纵向排列的三朝为准则。明代遵循《周礼》，于中轴上建奉天殿、华盖殿和谨身殿，以符合三朝大殿之意。

早期的三座大殿，体量都很大，如唐代大明宫三大殿。明代的华盖殿（清称中和殿）与元大内大明殿寝室有关，故显得很小，整体上比例极不协调。

二、三朝大殿与参星

早期建筑布局离不开星象，《诗经》有"定之方中，作于楚宫"的记载，根据定星方向确定楚宫的朝向；秦始皇有"已更命信宫为极庙，象天极"的设计，将正殿信宫取象北极。

① 前揭《周礼注疏》卷三二。

三大殿无论是早期的纵向排列，还是中期的横向排列，它们的起源肯定与星象有关系。

笔者首先想到了埃及的三座金字塔和中国的三星堆遗存。1993年，比利时土木工程师罗伯特·波法尔，发现胡夫大金字塔恰好对应尼他克，哈夫拉第二座金字塔则与尼兰相对应，而曼卡拉第三座金字塔与另外两个金字塔相比，要偏东一点，这正好构成了一幅极其完整的猎户星座构图。这三座金字塔位于尼罗河西岸，恰如天上银河西岸的猎户星座三颗星一样。无独有偶，广汉三星堆遗址坐落在湔江边上，是突兀在大平原上的三座黄土堆，呈一条直线分布，如同天上参星三颗星。

其次，《诗经·唐风·绸缪》有“绸缪束薪，三星在天”，“绸缪束刍，三星在隅”，“绸缪束楚，三星在户”的记载，三星即参星，十月时参星在天，十一月、十二月时参星在屋角，一月时参星在户梢，不同月份参星有不同的运行轨迹，说明参星在先秦时代已经被人们所普遍认知（图2-55）。十月正是秋末冬初农闲之时，先民利用这段时间建造

图 2-55　三星在隅

房屋为冬天做准备。当先民营建宫室时，参星正出现于天，夜空中三颗耀眼的星辰，定会成为先民设计宫室中最重要宫殿的灵感源泉。

第三，参通“三”，参星就是三颗星的意思。“参”，甲骨文和金文写作，指一个人头顶上有三颗星，旁边的“”表示数字“三”，用“三星”表示“三”，说明“三”这个数字是通天的，映证天上的参星。正如《中庸》所言“可以赞天地之化育，则可以与天地参矣”之“参”，故“三”就是通天地的意思，与天地并列为三。又有“道生一，一生二，三生万物”之说，足见“三”这个数字的重要性。故推测参星在先民的心中是无比重要和神圣的，甲骨文中那位头顶三颗星的人一定是位大巫，按三颗星设计营建的建筑一定是最重要的建筑。

第四，商代军队建有左中右三军，如卜辞“丁酉贞，王作三师左中右（粹五九七）”，建筑布局亦分前中后三室，如卜辞“丁巳卜，小臣刺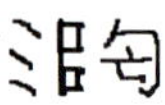于中室（甲六二四）”。[①]

虽然我们没有找到三大殿取象三星的直接史料证据，但依据甲骨文“参”字，以及商代建筑前中后三室的设置，推测三大殿源自三星天象。

三、小结

由于参星没有处于天盖的正中，在战国时代，《石氏星经》将参星列入了西方七宿，成了西方七宿中的第七宿参宿，很快地位就降低了，成了三将军。参宿由七颗星组成，位于中心的为三连星名伐，主斩伐之事。右边四星名玉井，主水泉。下有四星名军井，是专供军营所用的井。《灵台秘苑》记：“主杀伐权衡，所以平理。……参为白兽之体，中横列三星，三将也。其肩：东北左肩，西北右肩，为左右将。足左为后将军，右为偏将军。故占参以应七将。中三小星曰伐，天之部御也，

① 徐中舒主编：《甲骨文字典》，页 40；参见唐兰《殷墟文字记》，页 53–54。

主戎狄之国。右足旁四星曰玉井，主水泉，给尉用也。”[①]西方属虎，主刑伐，故参星成为主宰杀伐权衡的将军，地位降低。

第四节

一张图与北宋三大殿的布局

五门三朝自周代就处于同一条中轴线上，到唐代时加强了这一布局礼制，但北宋时却一反常态，中轴上只有一座大殿，是什么原因造成了这种布局呢？

一、大庆殿、紫宸殿与福宁殿的排列

南宋陈元靓《事林广记》中绘有一张“京阙之图”（即北宋汴京宫城图）（图2-56），详察此图，发现大内中轴为宣德门—大庆门—大庆殿—端拱门—宣祐门—通极门—通掖门—拱辰门，大庆殿是大朝正殿，正如宋人邵伯温《见闻录》所言：“帝坐万岁殿，洞开诸门，端直如引绳，则叹曰：‘此如吾心，小有邪曲，人皆见矣’。”[②]可见中轴上确为大庆殿和诸门，给人带来极为震憾的视觉效果。中轴将整个宫城分成东西两半，以东为明堂、太子东宫和尚药、尚衣、尚食等大内机构；以西为文德殿、紫宸殿、垂拱殿、五师殿、福宁殿等宫殿集中区，这里是皇帝听政和帝后燕寝区，是最重要的区域。在这张图中，还发现宫城中轴上只建有一座大殿大庆殿（崇元殿）而且靠宫城南部，其余建筑均为门，没有三大殿。

又查《宋史·地理志》，大内宫殿记载如下：“正南门内，正殿曰大庆，东、西门曰左右太和（宋初曰日华、月华，大中祥符八年改今

① 李生龙：《占星术》，页210，海南出版社，1995年。

② ［宋］邵伯温：《见闻录》卷一，文渊阁四库全书本。

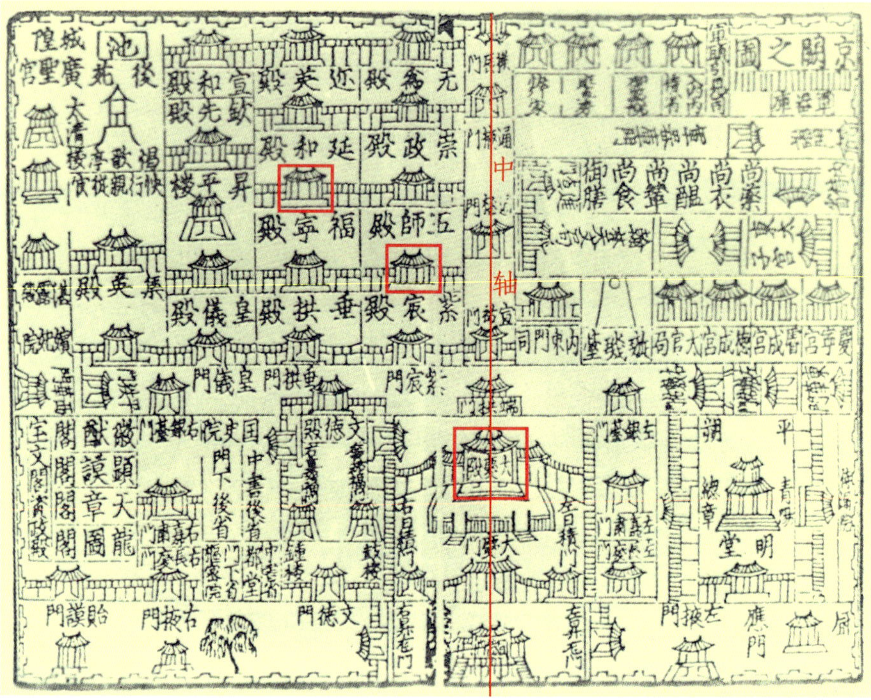

图 2-56　京阙之图（采自南宋陈元靓《事林广记》）

名），正衙殿曰文德（宋初曰文明，雍熙元年改今名，熙宁间改南门曰端礼），两掖门曰东西上阁，东西门曰左右嘉福（宋初曰左右勤政，明道元年十月改今名）。大庆殿（旧名崇元，乾德四年重修改曰乾元，太平兴国九年改朝元，大中祥符八年改天安，明道三年改今名），北有紫宸殿（旧名崇德，明道元年改），视朝之前殿也。西有垂拱殿（旧名长春，明道元年改），常日视朝之所也。……福宁殿（旧名延庆，明道元年改）。”[1]大庆殿为大内正殿，在都城中轴线上大内正门宣德门内，“正至朝会、册尊号御此殿，飨明堂恭谢天地，即此殿行礼”[2]，是举

① ［元］克托奉敕撰：《宋史》卷八五，“地理志第三十八”，《文渊阁四库全书》，台湾商务印书馆，1986 年。

② ［清］徐松：《宋会要辑稿》，页 7320，中华书局，1957 年。

办国家大典的地方。文德殿在大庆殿西侧，“外朝，凡不厘务朝臣日赴，是谓常朝”[①]，是大臣们每日上朝之所。紫宸殿是皇帝视朝的前殿，“每诞节称觞及朔望御此殿”[②]，即主要用于恭贺皇帝生日及每月初一、十五，皇帝至此视朝的地方，此外，也是郊庙典礼完成时的受贺及接见契丹使臣的地方。垂拱殿在紫宸殿西，为“常日视朝之所”[③]，每日引班，大臣们按地上所置石位上的品级阶位就立，事议毕退班。福宁殿在垂拱殿后，为皇帝正寝，太祖赵匡胤居于此，《宋史》记太祖、太宗、真宗、仁宗、英宗、神宗、哲宗均崩于福宁殿，宋仁宗嘉佑八年春正月辛未崩于福宁殿，宋神宗元丰八年春正月戊戌崩于福宁殿。

《宋史》所记与《事林广记》所绘“京阙之图”相同，中轴上设置一座大殿大庆殿，显然是为了突出正殿的唯我独尊。由于大庆殿为正殿，紫宸殿为视朝前殿，福宁殿为正寝，故在所有的宫殿中，这三座宫殿是最重要的，但它们却没有处于同一轴线上。其排列方向是大庆殿为正位，紫宸殿在其西北，福宁殿在紫宸殿的西北。虽然宋太祖初修皇宫时，即规定“凡诸门与殿须相望，无得辄差，故垂拱、福宁、柔仪、清居四殿正重”[④]，指的是不同区域内的建筑的排列。

五门三朝，六寝六宫，自周有之，《周礼·宫人》记：“宫人：掌王之六寝之修。”周天子有六座寝宫，汉代郑玄注曰：“六寝者，路寝一，小寝五。《玉藻》曰：朝辨色始入，君日出而视，朝退，适路寝听政，使人视大夫，大夫退，然后适小寝释服。是路寝以治事，小寝以时燕息焉。”[⑤]周代宫寝的布局，宋代聂崇义根据《周礼》所记绘制了《周代宫寝制图》：“旧图以此为王宫五门及王与后六寝之制，今亦就

---

① ［宋］宋敏求：《春明退朝录》，页 27，中华书局，1980 年。
② ［南宋］王应麟：《玉海》，页 32，北京图书馆出版社，2006 年。
③ 前揭《宋史》卷八五。
④ ［宋］叶梦得：《石林燕语》，页 2，中华书局，1984 年。
⑤ 前揭《周礼注疏》卷六。

改而定之。孔义依《周礼》解王六寝：路寝在前是为正寝，五（寝）在后，通名燕寝。其一在东北，王春居之；一在西南，王秋居之；一在东南，王夏居之；一在西北，王冬居之；一在中央，王季夏居之。凡后妃以下，更与次序，而上御于王之五寝。又案《内命妇》注云：三夫人以下分居后之六宫。”[①]六寝为帝王寝宫，其中路寝为正寝，六宫为王后寝宫，也分正寝一，燕寝五。五门三朝在前，正寝、正宫在后，呈一南北轴线排列，是正统的象征。

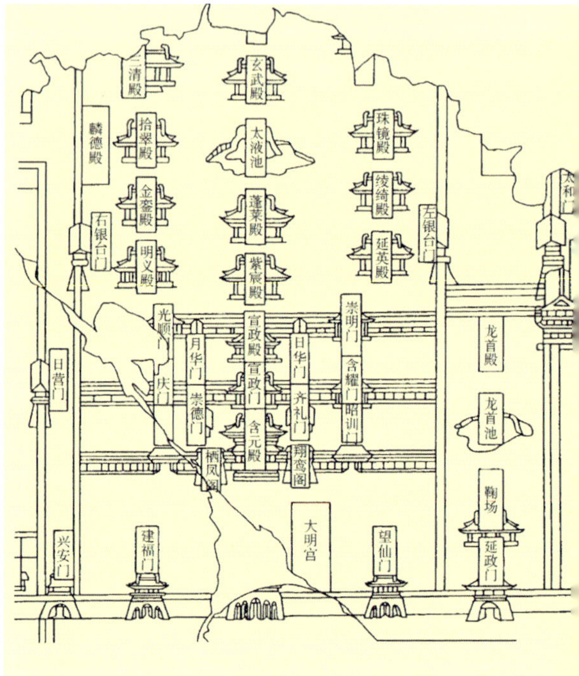

图 2-57　北宋吕大防《长安图碑》大明宫图

北魏洛阳城、隋唐长安城、东都洛阳城，均于中轴上布列前朝后寝宫殿，北魏洛阳宫城太极宫，前为前朝承天门、正殿太极宫，北为后廷，有两仪殿和正寝甘露殿，均在同一轴线上。唐代大明宫含元殿、宣政殿、紫宸殿三大殿处同一条宫城中轴上（图2-57）。宋代之后的元代大内大明殿和延春阁处同一条中轴上，明代紫禁城三大殿和后三宫亦处同一条中轴上，按照正统的观念，前朝后寝即皇帝处理政事与就寝要处同一轴线上，但北宋大内正殿、视朝前殿和正寝三大殿的布局却与此相反，是什么原因造成的呢？

---

① ［宋］聂崇义：《三礼图集注》卷四，《钦定四库全书》，台湾商务印书馆影印，1986 年。

二、 皇陵遵循“五音姓利”说

按《宋史》记载：“东京，汴之开封也。梁为东都，后唐罢晋复为东京，宋因周之旧为都。建隆三年，广皇城东北隅，命有司画洛阳宫殿，按图修之，皇居始壮丽矣。”[①]汴京大内虽然仿洛阳宫的布局，但并没有按照洛阳宫三大殿含元殿、大业殿和徽猷殿那样，建造汴京三大殿，而是一反常态，于中轴上只建一座大殿，这一做法极不合常理。如果说受唐汴州衙城布局的影响，是不得已而为之的，那么开辟汴京中轴线，却于大庆殿后建诸座大门，不建宫殿，难道它们也受旧城的影响？这解释显然不通。

这一定另有其因。

于是笔者想到了北宋皇陵，皇陵是按“五音姓利”国音法来布局的，五音指宫、商、角、徵、羽，五音分别与五行土、金、木、火、水相对应，人的姓氏按五音进行分配，国姓赵姓属角音，五行为木，方向丙壬向。但为何丙壬向是最佳方向呢？笔者做个解释，按五行之理，木能生火，水能生木，又丙为火，壬为水，故最有利的方向是丙—壬即东南—西北方向。为何不是壬丙向呢？这个好解释，因为赵姓为木，木能生火，故先定丙位，从丙位算起。

赵家皇陵选址于伊洛水与嵩岳之间，笔者认为也是出于“五音”的考虑，北方为壬属水，而伊洛水正从北方流过，东南为山，山为土，而火能生土，象征人丁兴旺，故陵寝不靠山而建，而是都坐落于平地上，积土成冢，形成“头枕黄河，足蹬嵩岳”之势，通过陵寝将丙壬连在一起。但不好的是造成了墓室所在地低洼，前人所言“东南地穹，西北地垂”正是说的这个意思即地势东南高、西北低，来祭拜的人都是从高处往低处走，有点怪，不符合传统蹬阶入室祭祖的习惯。总体来说巩义北宋七帝八陵皆坐北朝南，头低足高，有种头重足轻之感。

---

① 前揭《宋史》卷八五。

各陵寝之间的具体排列，按国音法，首先将一块地方分成七七四十九格（图2–58），每边7个格，将天干地支和乾、巽、艮、坤分别填入28个边框中，赵姓属角音，最佳方位在丙位。49个格，不是每一个格都可以葬，只有三个穴位可以利用，即尊、昭、穆，尊即祖穴，昭即地心。

根据此说，并按尊、昭、穆制度，诸陵的排列是（图2–59）：第一座陵是赵匡胤父亲的永安陵（处尊位即祖穴），第二座陵是宋太祖永昌陵（昭即地心），永昌陵在永安陵的西北方，宋太宗永熙陵

巽	巳	丙	午	丁	未	坤
辰		祖穴				申
乙						庚
卯			地心			酉
甲						辛
寅				穴		戌
艮	丑	癸	子	壬	亥	乾

图 2–58　《地理新书》角姓地格图

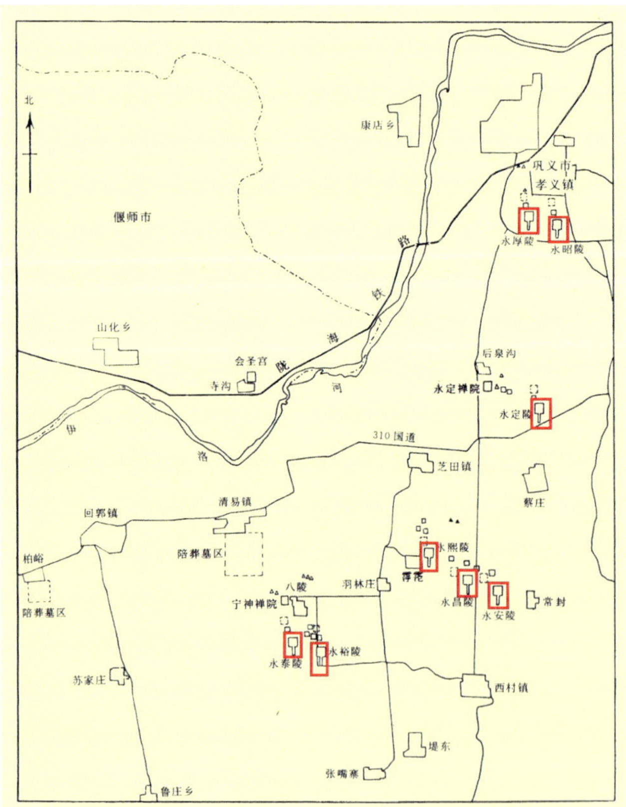

图 2–59
按“五音姓利”法布局的北宋皇陵图

（穆）在永昌陵的西北方。受地形限制，陵墓不可能一路向西北排列，故于永安陵、永昌陵、永熙陵一线的左右按昭穆排列，左为宋真宗永定陵，独处一区，宋英宗永厚陵（穆）在宋仁宗永昭陵（昭）的西北方；右为宋哲宗永泰陵（穆）在宋神宗永裕陵（昭）的西北方。

三、三大殿的布局受“五音姓利”说影响

古人“事死如事生，事亡如事存”，北宋大内宫城是否按照赵氏皇陵“五音姓利”说来布局，一要看时间，二要看排列。在北宋王朝建立的第三年即乾德二年，赵匡胤父亲的永安陵建成，“五音姓利”法得到运用实施，同年赵匡胤以周之旧城开封为都，命有司画洛阳宫城，按图营建，在时间节点上，皇陵和宫城是同一年开工营建的。虽然大内宫城是在唐汴州衙城基础上按照洛阳宫城规划设计的，但却做了改变，特别是大庆殿、紫宸殿和福宁殿的布局是错位的，没在同一条轴线上，就其方位而言，应该是受“五音姓利”说的影响，故大庆殿为尊位，次为紫宸殿，再次为福宁殿，三殿呈丙壬向即东南—西北走向，以突出赵家王朝，占尽天时、地利和人和。

四、小结

北宋王朝的宫城设计是个特例，它没有按照前朝的规制设置三朝大殿，而且还把重要的宫殿都集中于中轴的西侧，如文德殿、紫宸殿、垂拱殿、皇仪殿、集英殿、五师殿、福宁殿、崇政殿、延和殿、无为殿、迩英殿、钦先殿、宣和殿等，中轴以东则设置明堂、太子东宫、内廷机构等，形成西重东轻的布局，西侧面积大于东侧面积。其原因是受“五音姓利”说的影响，以大庆殿为始点，向西北方向发展，故所有重要的宫殿都位于它的西北方，本来朝会殿文德殿、常朝殿垂拱殿、视朝殿紫宸殿、正寝福宁殿都应该置于中轴上，但按“五音姓利”法，一律置于偏位，中轴上只建正殿大庆殿，其余全是门座。

第五节

永乐帝的西宫

永乐帝在迁都北京之前，突然下令营建西宫，在西宫还未完工时，永乐十四年十一月，因“即位之初，尝升为北京，而宫殿未建，文武群臣合词奏请”，又下令王公文武大臣对是否营建北京宫城复议之，似乎西宫的营建与新宫城紫禁城的兴建没有关系。兴建北京宫城复议通过后，西宫并没有停工，说明西宫的营建势在必行。但西宫建造神速，仅用了9个月时间，说明西宫只能是就燕王府改造而成。这样做的目的是永乐帝意欲把潜邸燕王府以西宫的形式纳入新宫城紫禁城之中。

一、永乐帝的西宫不在西苑

永乐帝的西宫，见于《明太宗实录》所记：

> “（永乐十四年八月）丁亥，作西宫。初，上至北京，仍御旧宫。及是，将撤而新之。乃命作西宫为视朝之所。”①
>
> “（永乐十四年十二月）癸酉，赐营西宫官军夫匠钞有差。”②
>
> “（永乐十五年四月）癸未，西宫成。其制：中为奉天殿，殿之侧为左右二殿。奉天殿南为奉天门，左右为东西角门。奉天之南为午门，午门之南为承天门。殿之北有后殿、凉殿、暖殿及仁寿、景福、仁和、万春、永寿、长春等宫。凡为屋千六百三十余楹。”③

①《大明太宗文皇帝实录》卷一七九，永乐十四年八月丁亥。
②《大明太宗文皇帝实录》卷一八三，永乐十四年十二月癸酉。
③《大明太宗文皇帝实录》卷一八七，永乐十五年四月癸未。

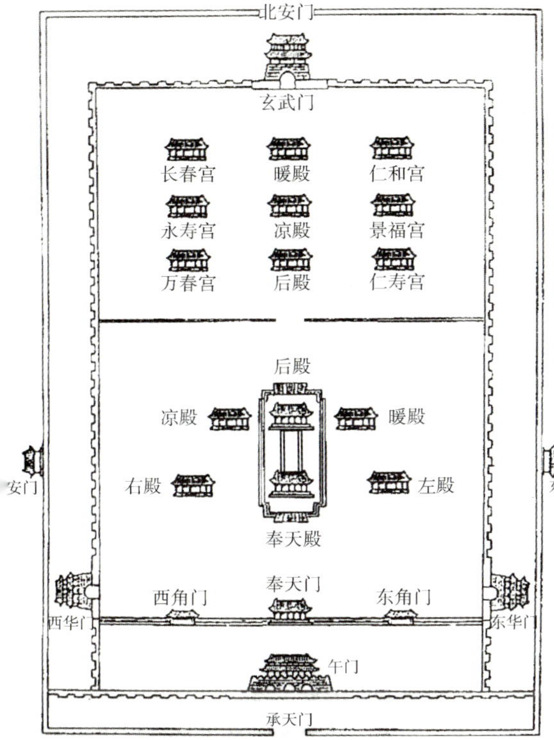

2-60 明初西宫图（据《明代北京都城营建丛考》赵鹏绘西宫图绘制）

永乐时的西宫在永乐时只见这三条文献记载。西宫建于永乐十四年八月，竣工于永乐十五年四月，耗时9个月，前有奉天殿和左右二殿，后有仁寿、景福等六宫，共计房屋1630余间（图2-60）。

首先，永乐帝的西宫不在西苑。

嘉靖万历时人王世贞《弇山堂别集》记“齐庶人榑，太祖第七子……永乐四年八月二十七日，以反谋露，削爵，囚西内”[①]，“谷庶人橞，太祖第十九子……永乐十五年二月初六日，以谋反为兄蜀王所发，逮至京，削爵，锢西内”[②]。清人龙文彬《明会要》记：“（天顺元年）二月乙未，废帝为郕王，迁西内。癸丑，薨于西宫。”[③]

清人谷应泰《明史纪事本末》记：“二月乙未朔，皇太后诰谕，废景泰帝仍为郕王，归西宫，废皇后汪氏仍为郕王妃。”[④]

明人查继佐《罪惟录》记：“孝宗生西宫时，太后育之。”[⑤]

---

① ［明］王世贞：《弇山堂别集》卷三二，页734，上海古籍出版社，2017年。

② 前揭《弇山堂别集》卷三二，页743。

③ ［清］龙文彬：《明会要》卷一，页4，中华书局，1956年。

④ ［清］谷应泰：《明史纪事本末》卷三十五。

⑤ ［明］查继佐：《罪惟录》卷二八，吴兴刘氏嘉业堂藏手稿本。

清代编纂的《明史》记："成化六年七月，生帝于西宫。"[①]

永乐帝绝不会把罪人关在紫禁城里或自己的西宫里。英宗复辟后，将景泰帝关在西内，与永乐帝的做法一样。孝宗乃宪宗偶幸女官纪氏所生，纪氏地位低贱，被宪宗宠妃万贵妃所迫害，因关在西苑，没在紫禁城里，孝宗故能逃过一死。西苑作为元代兴圣宫和隆福宫所在区域，近在紫禁城咫尺之间，自永乐帝始，成为关押重要罪犯的地方。所以这里的"西内"或"西宫"，指的是西苑。以元代旧宫作为囚禁皇室罪人的地方，理所当然，故永乐帝的西宫（燕王府）决不可能在西苑。

二、永乐帝的西宫在哪里

第一，对《明太宗实录》所记"（永乐十四年八月）丁亥，作西宫。初，上至北京，仍御旧宫。及是，将撤而新之。乃命作西宫为视朝之所"这段记载，分析如下：

永乐帝作西宫时，是"将撤而新之"，将什么撤而新之？当然指的是前文"旧宫"一词，新与旧相对。"旧宫"是什么？是永乐帝初到北京时所御之宫殿，这个"旧宫"有两层意思：（1）不是指元大内宫殿，因为元大内宫殿不能称为永乐帝的旧宫；（2）"旧宫"指的就是燕王府，因为燕王府是永乐帝的潜邸，当朱棣成为帝王后，府升为宫。在迁都北京之前，永乐帝是长期住在南京紫禁城里的，南京紫禁城是他的新宫，而昔日的燕王府则成为旧宫。所以永乐帝巡狩北京时，"仍御旧宫"。西宫建成只花了9个月时间，1630余间房屋在短短9个月时间里建成，是绝对不可能的，故西宫只能是利用燕王府改造而成的。

第二，《明太祖实录》记：洪武二年十二月丁卯，朱元璋御览北平行省参政赵耀奏进的工部尚书张允画的《北平宫室图》后，说："令依元旧皇城基改造王府。"[②]洪武三年七月辛卯，张允言诸王宫城宜各因其

① ［清］张廷玉等编纂：《明史》卷一五，页183，中华书局，1974年。

② 《大明太宗文皇帝实录》卷四七，洪武二年十二月丁卯。

国择地而建："燕用元旧内殿……上可其奏，命以明年次第营之。"[①]朱元璋说燕王府要建在元旧皇城基础上，张允进一步称诸王府应各因其国择地而建，因此燕王府最终建在了元旧内殿（即元大内）之上，并得到了朱元璋的同意。所以燕王府的主殿承运殿是就元大内正殿大明殿改造而来的，均为十一间。

显然，三者的逻辑关系是：元大内—燕王府—西宫。

第三，按传统，皇帝的潜邸必须保留，不能拆除。紫禁城刚建成时，大学士金幼孜《皇都大一统赋》称"乾清并耀于坤宁，大善齐辉于仁寿"，李时勉《北京赋》称"其后则奉先之殿，仁寿之宫，乾清坤宁，眇丽穹窿，掖庭椒房，闺闼闳通；其前则郊建圆丘，合祭天地，山川坛壝，恭肃明祀"，仁寿宫、大善殿可与乾清、坤宁二宫相媲美，说明仁寿、大善二殿具有乾清、坤宁二宫的功能。永乐二十二年八月，永乐帝北征时于甘肃榆木川驾崩，壬子日灵柩运回紫禁城时，"奉安于仁智殿，加殓奉纳梓宫"[②]，因为当时寝宫乾清宫火灾后还没重建，故只得停放于仁智殿，以示"寿终正寝"，此记载，足以证明仁智殿就是永乐帝的潜邸。

仁智殿、大善殿和仁寿宫又位于武英殿—慈宁宫一线上，处紫禁城的西路，说明元大内中轴就在这里，也说明了这三座大殿与元大内大明殿等宫殿是一种渊源关系。三座大殿经历了从元大内到燕王府、西宫，再到紫禁城的营建过程，能幸运地保存下来，只能说明它们就是永乐帝的潜邸。从而说明西宫就在武英殿—慈宁宫一线上（图2-61）。

第四，笔者在《紫禁城建筑之道》中称：朱元璋曾于洪武二十二年建西宫，后"崩于西宫"。西宫与东宫相对应，东宫特指太子宫，西宫特指皇帝的便宫。从永乐帝效法南京紫禁城而建北京紫禁城的心理看，于北京建西宫，显然是效法其父的做法。说明永乐帝在筹划建西宫时，已经有了整个紫禁城的布局规划，虽未言紫禁城兴工，但西宫的营建和

---

① 《大明太宗文皇帝实录》卷五四，洪武三年七月辛卯。

② 《大明太宗文皇帝实录》卷二七四，永乐二十二年八月壬子。

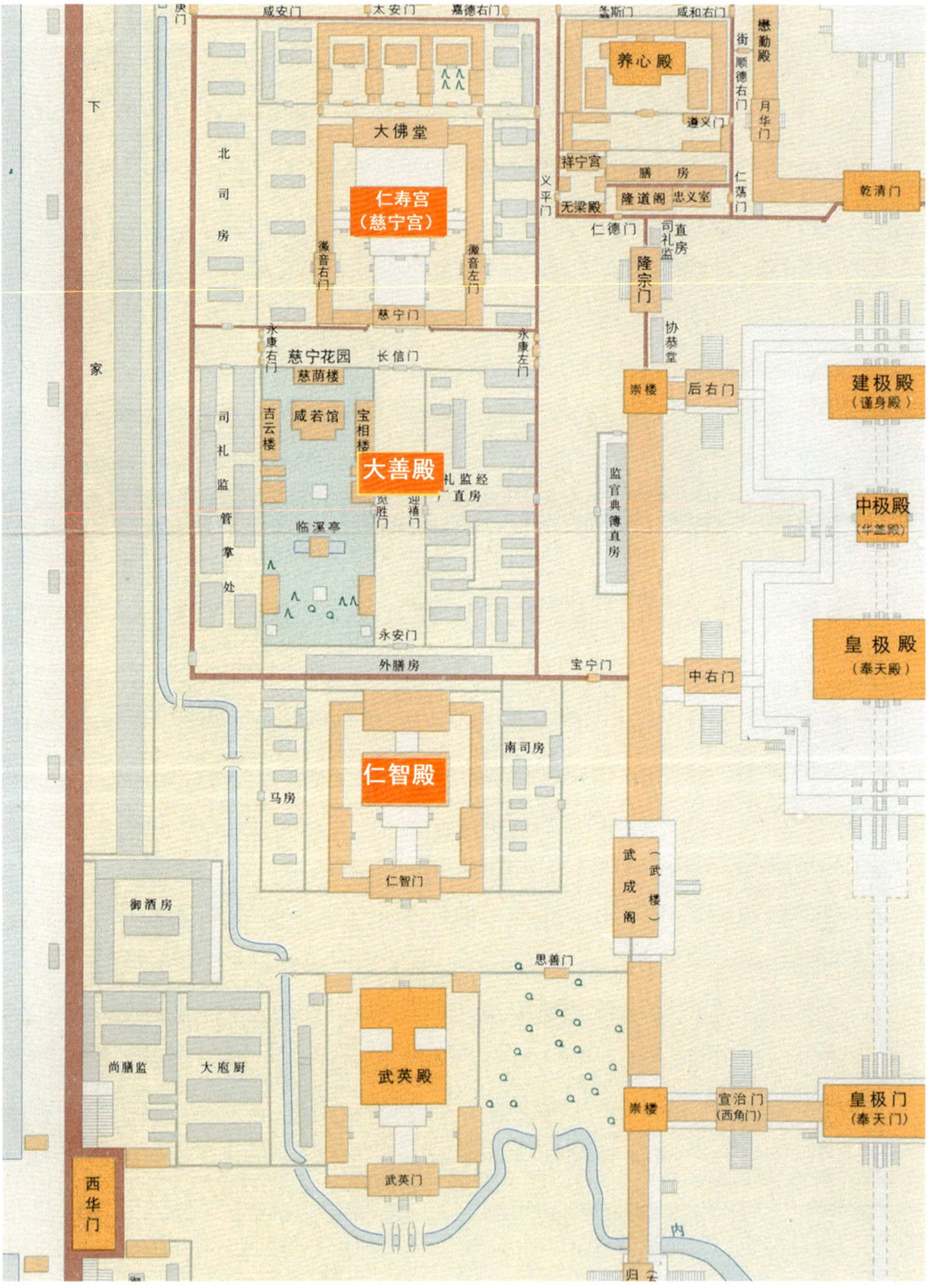

图 2-61　紫禁城西路的三座大殿示意图（据中国社科院考古研究所绘制的《明天启紫禁城图》绘制）

名称却显示了它位于紫禁城中轴的西侧，因为西宫竣工的当年，紫禁城最重要的奉天殿和乾清宫也开始兴工建造了，所以建西宫是早有计划的，这也足见西宫的重要性，即把潜邸燕王府略加改造，纳入其中。同时也成为建紫禁城前的试验品。故紫禁城建成后，西路上的武英殿、仁智殿、大善殿和仁寿宫等宫殿形成庞大的西宫区，既继承了太祖朱元璋西宫之制，具视朝功能，又保存了潜邸，才有可能成为他最终的归宿，故让金幼孜等大学士感到无比的震撼，称可与乾清、坤宁二宫相媲美。但这一切却让后人不明就里，遐想连翩。

三、小结

西宫的出现，对元明之际宫城的演变至关重要。西宫与燕王府的关系，燕王府与元大内的关系，紫禁城与西宫的关系，西宫在其间起着纽带的作用。永乐之后，《明实录》已不再提及或强调西宫，以致后人把西苑的建筑称为西宫，尤以嘉靖帝为执念，造成永乐帝的西宫在西苑的假象。所以寻找西宫的过程，就是确定元大内的过程。

第六节

御花园位于宫城北方

周文王时建有灵囿，那里母鹿优伏，白鸟肥泽，鱼儿跳跃，一派欣欣向荣的景象。后来灵囿逐渐演变为御花园，成为专供帝后游玩的场所。紫禁城的御花园位于宫墙之内，它是否与紫禁城同时落成呢？

一、御花园建于永乐十八年

御花园位于紫禁城的北方，人们一直认为它建于景泰六年，依据的是《明实录》记载的这条史料“景泰六年，增建御花房”，这一说法，几乎成为学术界的定论。

关于御花房，《明实录》有两条记载，第一条：正统十年，“丁酉，看花匠不戒于火，延焚御花房二所，例寸拘役赎徒。上命斩之，不必覆奏”。[①]第二条：“景泰六年，增建御花房。”[②]这两段记载，明确告诉我们，御花房不是御花园，是专门养花的两所房子，正统十年被看花匠烧毁，十年后即景泰六年才下令增建了御花房。因此御花园本来就存在，并不是后来增建的，更不是什么御花房，它建于永乐时，与紫禁城同时落成，故紫禁城中轴上分布着三大空间：一是前朝三大殿，二是后廷三宫，三是御花园。

自古以来，无论帝王的宫室，还是王公大臣、文人巨贾，他们的家舍一般分为三个空间：前厅、中寝、花园，所以又称花园为后花园。御花园位于紫禁城北方，坤宁宫后，可称为紫禁城的后花园。

二、为何御花园要建在北方

《诗经·灵台》：“经始灵台，经之营之。庶民攻之，不日成之。经始勿亟，庶民子来。王在灵囿，麀鹿攸伏。”灵台是周文王营建的御苑。秦汉时期，广袤三百里的上林苑沿渭水南岸交错布列在长安城市群之间，是皇家苑囿区。北魏洛阳城宫城的北部建有华林园，为大内御苑。隋唐长安城北有禁苑名大兴苑，东西二十里，南北三十三里。[③]隋唐宫城太极宫中轴上排列外朝承天门、中朝太极宫、内朝两仪殿，两仪殿北为寝宫甘露殿，寝殿后为后苑，后苑分布有东、南、西、北四海，后苑东建有凌烟阁、云凝阁、功臣阁、千步廊等，西建有望云亭、景福台、承香殿等。宋代宫城北建有后苑和艮岳。元大内北门厚载门北，为禁中苑囿，内有水碾，引水自玄武池，灌溉种花木，自有熟地八顷，内

---

① 《大明英宗睿皇帝实录》卷一三五，正统十年十一月。

② 《大明英宗睿皇帝实录》卷二五〇，景泰六年四月戊寅。

③ 贺业钜:《中国古代城市规划史》，页320、468、477，中国建筑工业出版社，2003年。

有小殿五所。[1]明代紫禁城内坤宁宫北为御花园，园中建有钦安殿、东西七所等，与唐太极宫和大明宫后御苑设置相同。

花园建于北方跟古人对宇宙的认识有关系，他们认为北方属水，水能生木，故御花园里古木参天，浓阴蔽日。因为有了水的滋养，树木才会郁郁葱葱，高耸入云，才会遍地奇花异草，仙禽异兽才会聚集于此。在清代，降雪轩前的仙鹤亭亭玉立，承露台前鹿鸣呦呦。这里生机盎然，满满的生气荡漾，与紫禁城其他地方迥异。我们再仔细观察，会发现御花园中出现了两棵木连理，一棵在天一门外，一棵在天一门内（图2-62）。据《文献通考》记载，木连理原属异木中的一种，后汉安帝元初三年，东平陆上言木连理；延元三年，颍川言木连理；桓帝建和二年，河东言木连理；唐贞观十八年十月，山南献木连理，交错玲珑，有同罗木，一丈之干，并枝者二十余所；二十年正月，玉华宫李树连理，隔涧合枝。[2]《新唐书》将木连理归入祥瑞中，称："凡景星、庆云为大瑞，其名物六十有四；白狼、赤兔为上瑞，其名物三十有八；苍乌、朱雁为中瑞，其名物三十有二；嘉禾、芝草、木连理为下瑞，其名物十四。"[3]祥瑞分大瑞、上瑞、中瑞和下瑞，芝草、嘉禾、木连理属下瑞。御花园中木连理的出现，说明这里和气致祥，万物繁衍。

北方生水，因此诞生了一位水神玄武，它原是北方天空神，玄武有三重身份，一是天神，二是北方神，三是水神。因此，永乐帝除了在北方建一座御花园外，还于园中建了一座供奉北方水神的钦安殿。嘉靖皇帝于钦安殿前增建天一门，更强化了"天一生水"观念。当我们站在御花园南，向北眺望，目光穿过树阴，一座玄宫映入眼帘，门前蹲着两尊神兽獬豸，"天一门"三个大字金光闪闪，它在告诉人们，天下之水都是从这里生出来的，源源不绝，滋润天下。

---

① 前揭《析津志辑佚》，页 2。

② 《文献通考》卷二九九，"物异考五"，文渊阁四库全书本。

③ 《新唐书》卷四六，《文渊阁四库全书》，台湾商务印书馆，1986 年。

图 2-62　木连理

天一门前设置有拜斗石，笔者想起了孔子拜北斗，《圣迹全图》记："孔子作《春秋》制《孝经》，既成，斋戒向北斗而拜，告备于天，乃有赤虹自上而下化为黄玉，长三尺，上有刻文，孔子跪受之。"[①] 这块拜斗石应为孔子拜斗石，是否象征他所著的《春秋》《孝经》就像水一样滋润天下呢？

三、小结

北方的象征除了水神外，还有北斗七星，故在钦安殿西南角，明代设置了一座巨大的夹旗杆石座，旗杆高31米，由桅木制成，杆顶悬挂的七星大纛迎风招展。石座方形，四面雕饰云龙，它立在用石雕刻的水盘上，海水波涛汹涌，海兽鱼鳖出没其间，这让笔者想起了《中庸》里的一句话，"今乎水，一勺之多，及其不测，鼋鼍蛟龙鱼鳖生焉，财货殖焉"，假如水，以一勺之多的一点积累到万丈深渊，以至不测的大海，那么，鼋鼍蛟龙鱼鳖就会从这里诞生，财货宝物就会从这里繁殖。

第七节

交泰殿与元大内大明殿寝室

交泰殿的突然出现，使宫城蒙上了一层神秘的面纱，除了跟嘉靖帝有关系外，还跟永乐帝、建文帝有关系。它最初源于中圆殿建筑形式，而中圆殿的前身是否是华盖殿？华盖殿是否脱胎于元代大明殿后的寝室？

---

① ［清］于敏中绘：《圣迹全图》，故宫出版社，2013年。

一、关于交泰殿建成时间的两种说法

据《明实录》记载，隆庆元年三月，“辛酉，修乾清宫、交泰殿、坤宁等宫”[①]，这是《明实录》中第一次出现交泰殿名，于是就产生了两种意见：一是交泰殿建于明嘉靖，二是建于明永乐。建于明嘉靖时的理由是明代刘若愚《芜史小草》记“中圆殿，更交泰殿匾，嘉靖十四年七月初二日添额”。[②]建于明永乐，理由有三条：一是遵循古礼明堂和路寝制度，中轴上应有三座建筑，明堂对应乾清宫，太庙对应交泰殿，玄堂对应坤宁宫；二是明十三陵定陵的玄宫布局，玄宫分为前、中、后三室，与路寝制度合，象征帝后所居的乾清宫、交泰殿和坤宁宫；三是王府制度，中轴上分布着承运殿、圆殿和存心殿三座建筑。[③]

首先，交泰殿不建于明嘉靖，交泰殿匾是嘉靖十四年七月初二日添额加的，说明这座建筑在嘉靖之前就已存在。

其次，乾清宫、交泰殿和坤宁宫与明堂制度无关。明堂呈“亞”字形结构，所谓亞字形有点类似十字形，也就是东南西北四方与中心构成的平面结构，这是典型的传统宇宙空间结构，起源于立杆测影。四方与四季是相对应的，所以明堂最初是法天之宫，中心的重檐圆顶建筑象征天即宇宙的中心。最初明堂是祭祀上天的地方。

但明人刘若愚却给我们提供了一个重要信息，交泰殿的前身名中圆殿。但中圆殿不像是殿名，明人刘若愚记交泰殿“其渗金圆顶，亦犹中极殿之制也”[④]，交泰殿上圆下方，仿中极殿（永乐时名华盖殿），为圆顶，故称“中圆殿”，所以它应是建筑的形制称谓，不是正规的名称，所以更交泰殿匾称为“添额”。如此，就好解释为什么嘉靖时要给它添

---

① 《大明穆宗庄皇帝实录》卷六〇，隆庆元年三月辛酉。

② ［明］刘若愚：《芜史小草》，《稀见明史史籍辑存》卷一七，页498，据清抄本影印。

③ 胡汉生：《北京故宫交泰殿创建年代考》，《中国紫禁城学会论文集》第一辑，页128，紫禁城出版社，1997年。

④ 前揭《酌中志》卷一七，页144。

上一个匾，因为它此前没有名。

那么，它是何时出现的呢？

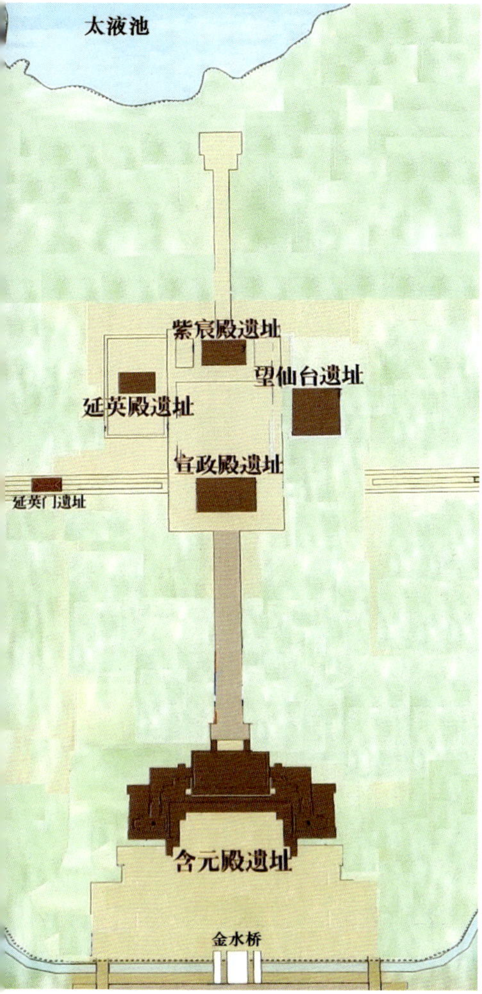

2-63 大明宫三大殿

二、唐元三大殿的布局

（一）唐宋三大殿

三朝大殿出现于周代，称外朝、治朝和燕朝，经汉代的发展，到唐代时已成熟，唐代大明宫中轴上建有含元殿、宣政殿和紫宸殿三座大殿（图2-63），含元殿是正殿，举办大典的场所，宣政殿是皇帝常朝处理政务的场所，紫宸殿既是内朝议政之处，也是皇帝的寝宫。三大殿都建在工字形的台基上，但彼此独立，没有柱廊相连。东都洛阳宫城中轴上亦建含元殿、大业殿和徽猷殿三座独立的大殿，宋代宫城中轴上虽然没有三大殿，但正殿大庆殿、视朝之所紫宸殿和寝宫福宁殿也是各自相对独立的宫殿，从唐代到宋代都没有把皇后的宫殿置于中轴上，但到元代时却发生了改变。

（二）元大内中轴上的大明殿与延春阁

元代皇宫在唐宋皇宫的基础上既有继承又有变化：首先，继承了唐代的工字廊台基，台基上建大殿。其次，受蒙古人的生活习俗影响，将皇帝和皇后的宫殿均建于中轴上，形成前后排列的两大独立区，大明殿区是皇帝上朝和燕寝区，为政寝合一区，延春阁区为皇后临朝和燕寝区。

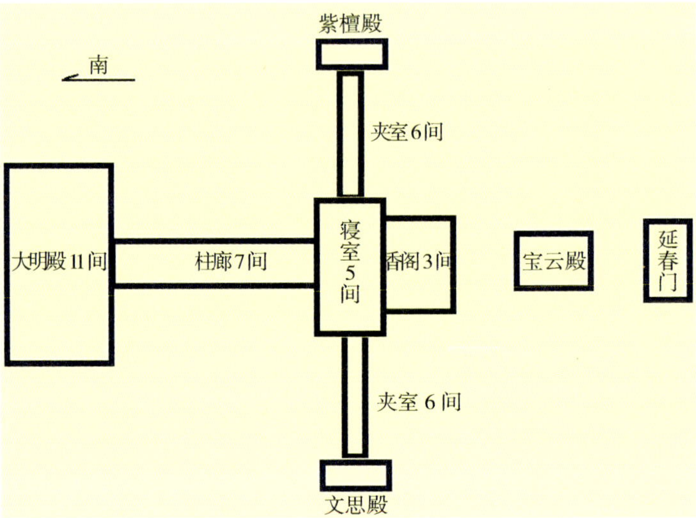

图 2-64　大明殿平面示意图

元代陶宗仪《南村辍耕录》记："大明殿，乃登极正旦寿节会朝之正衙也，十一间，东西二百尺，深一百二十尺，高九十尺。柱廊七间，深二百四十尺，广四十四尺，高五十尺，寝室五间，东西夹六间，后连香阁三间，东西一百四十尺，高七十尺。……文思殿在大明寝殿东，三间，前后轩，东西三十五尺，深七十二尺。紫檀殿在大明寝殿西，制度如文思，皆以紫檀香木为之。"[①]大明殿十一间，按一尺为0.32米算，东西宽64米，南北深38.4米，高28.8米，后接柱廊七间，柱廊七间指南北深为七间，东西宽14.08米，南北深76.8米，高16米，柱廊后为寝室五间，寝室没名，亦无尺寸，用于皇帝居住，寝室后接香阁，香阁为大三间，东西宽44.8米，只比前殿大明殿少19.2米，高22.4米，前殿与寝室、香阁是通过柱廊连在一起的（图2-64）。殿后接阁，源自宋代大内大庆殿之制，《宋会要辑稿》记："（大庆殿）殿九间，挟各五间，东西廊各

① 前揭《南村辍耕录》卷二一，页 251。

六十间，有龙墀、沙墀，正至朝会、册尊号御此殿，飨明堂恭谢天地，即此殿行礼，郊祀斋宿殿之后阁。”[①]

大明殿由前殿、寝室和香阁组成，其中寝室无名，三者由柱廊连在一起。

又《南村辍耕录》记：“延春阁九间，东西一百五十尺，深九十尺，高一百尺，三檐重屋，柱廊七间，广四十五尺，深一百四十尺，高五十尺。寝殿七间，东西夹四间，后香阁一间，东西一百四十尺，深七十五尺，高如其深，重檐。……柱廊中设小山屏床，皆楠木为之，而饰以金，寝殿楠木御榻……香阁楠木寝床……慈福殿又曰东暖殿，在寝殿东，三间，前后轩，东西三十五尺，深七十二尺，明仁殿又曰西暖殿，在寝殿西，制度如慈福。”[②]延春阁九间，东西宽48米，南北深28.8米，高32米，后接七间柱廊，东西宽14.4米，南北深44.8米，柱廊又与寝殿连在一起，寝殿无尺寸，后接香阁，香阁东西宽44.8米，南北深24米，高24米，这种格局与大明殿区的结构是一样的。

延春阁由前殿、寝室和香阁组成，其中寝室无名，三者由柱廊连在一起。

元代把皇帝和皇后的宫殿建于中轴上，必然形成两大独立的空间，致使传统的三大殿被压缩进一座宫殿里，故大明殿包含前殿、寝室和香阁，三者由柱廊连在一起，延春阁亦是这种结构，传统的独立的三大殿格局被打破了，出现了柱廊。

三、从寝室到穿堂、中圆殿和交泰殿

（一）明代的前三殿和后三殿

南京紫禁城始建于至元二十六年，与唐宋元三代的宫城不同，发

---

① 前揭《宋会要辑稿》，页7320。

② 前揭《南村辍耕录》卷二一，页252。

生了很大的变化，首先，不像唐大明宫那样整个宫城的中轴上只有三座大殿，而是继承了元代宫城之制（大明殿区和延春阁区），于中轴上分为两大独立区，但又有所变化，前为前朝区，后为后廷区，前朝仿周制建三座殿专用于举行大典与朝会，把元代帝后的寝宫都集中到了后廷区。前朝与后廷严格分开，形成奉天殿、华盖殿和谨身殿前朝朝会区，乾清宫、穿堂、坤宁宫后廷寝宫区（图2-65），皇帝与皇后的寝宫几乎是连在一起的。

其次，明代的前三殿和后三宫都建在工字形的台基上。

第三，继承元大内之制，两殿之间用柱廊相连，《明实录》记："正殿曰奉天殿，前为奉天门，殿之后曰华盖殿，华盖殿之后曰谨身殿，皆翼以廊庑。"①

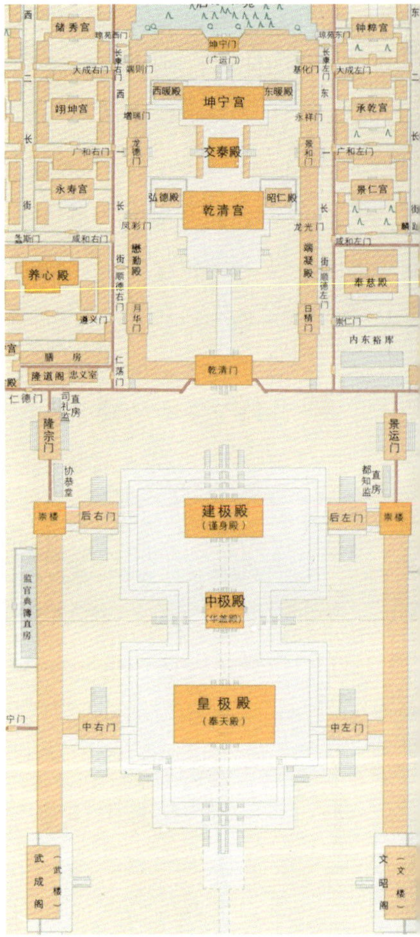

图 2-65　明代前三殿与后三宫图

（二）中圆殿的出现

紫禁城前朝三大殿在外观上极不协调，华盖殿体量太小，不足以称为大殿，跟唐代三大殿不一样，华盖殿像是两座大殿之间的过渡形式，因此明代三大殿是把大明殿之前殿、寝室和香阁独立化了，变成了奉天殿、华盖殿和谨身殿，三者仍袭元代柱廊形式以相连。显然华盖殿的小体量是从大明殿后寝室演变而来的。由于没有了寝室功能，处前后殿的中间，三者又以廊柱相连，就会出现两种可能：

①《大明太祖高皇帝实录》卷二五，吴元年九月癸卯。

一是利用廊柱变成穿堂，二是独立出来。华盖殿就是从廊柱中独立出来的建筑形式，但由于体量小，即使独立出来，感觉上好像是奉天殿与谨身殿之间的一个过渡性的建筑存在。华盖殿的建筑形式肯定与原寝室不一样，它取象紫微垣中天皇大帝星座上的九颗星即华盖星，九星形如伞盖，以覆蔽大帝之座故名，因此建筑形制遂变为上圆下方之形即华盖形，象征得天命，这种形式的殿又称中圆殿，这是中圆殿之名的最初出处。后廷是明代皇帝和皇后寝室所在地，按前三殿之制布局，乾清宫为皇帝寝室在前，坤宁宫为皇后寝室在后，二者由柱廊相连，中间的建筑借廊柱之柱变成了名符其实的穿堂，没有实际功能，亦无名。

（三）省躬殿名的出现

朱元璋称："朕以乾清宫为正寝，晚朝毕而入，清晨星存而出。"他的孙子朱允炆登基后，本性仁爱，勤政好学，故"复于乾清、坤宁南北二宫间为退朝燕处之殿"[①]，即在原穿堂的基础上开辟了第二个寝宫，但不同于乾清宫寝宫，该处陈设了很多古书圣训，沈玩静思，故取名曰"省躬殿"，这是建文帝唯一命名的宫殿名。估计穿堂的形制就是从这时被改变的，按前朝华盖殿之制，改为上圆下方之形即中圆之形，以便建文帝于此居住看书学习。

（四）中圆殿长期无名的原因

朱棣是一位藩王，他没有响应朝廷削藩的政策，率军南下攻入南京，名曰"靖难"，推翻了建文帝的统治，后迁都北京，营建紫禁城，"规制悉如南京"，乾清宫与坤宁宫之间以柱廊相连，中为中圆殿。但问题来了，中圆殿应挂"省躬殿"匾，但朱棣十分忌讳提到这个殿，因为殿名是建文帝取的。可能朱棣出于息事宁人的原因，并没有给它取个新名，而是想让它永远地沉寂下去，慢慢地从人们的记忆中消失。故永

---

① ［明］方孝孺：《逊志斋集》卷七，《钦定四库全书·集部·别集类》，台湾商务印书馆影印，1986 年。

乐十八年紫禁城落成，杨荣、金幼孜、李时勉、陈敬宗歌咏紫禁城的赋文中，都没有提到中圆殿（后来的交泰殿）。永乐十九年三大殿发生火灾，正统五年兴工重建，《实录》亦记：“正统六年九月甲午朔，奉天、华盖、谨身三殿，乾清、坤宁二宫成。”[①]所以，只有等到极喜欢更名和崇信道教的嘉靖帝时才有可能将穿堂中圆殿添上一块“交泰殿”匾，以符乾坤相交之义。

明代交泰殿仍有如建文帝省躬殿的功能，是寝宫，明人吕毖所编《明宫史》记：“乾清宫之北曰交泰殿，则皇后所居也。”[②]恰如元代延春阁后的寝室。

四、小结

任何事物的出现，都不是凭空产生的，按照传统三大殿的模式，因功能不同，各自独立，本不会出现穿堂。但蒙古人所建元大内，由于受游牧民族生活习惯的影响，三大殿的格局被改变了，形成皇帝与皇后前后排列的两大宫殿区，而各自又兼具办公、接见、就寝的功能，柱廊也就应运而生，前殿与香阁之间建有寝室。明代时，由于建有专门的寝宫乾清宫和坤宁宫，元代柱廊中的寝室遂变成了穿堂并独立成殿。

---

① 《大明英宗睿皇帝实录》卷八三，，正统六年九月甲午朔。

② ［明］吕毖编：《明宫史》，页 13，北京出版社，1963 年。

第四章 宫殿陈设

宫殿的陈设在周代已经完备，特别是周王坐席两侧的陈设，直接影响到明清宝座两侧的器物摆放。明清紫禁城宫殿的陈设是一个庞大的系统，宫中有制作陈设品的机构，而且与宫外密切联系，宫廷与民间紧密结合，陈设丰富多彩，工艺精湛。同时很多陈设被赋予皇权与礼制。清初期，宫中还保存着明代的陈设，自康熙于养心殿设置造办处亲自督造始，开启了一个新的陈设时代的到来，陈设方式和陈设品与前代迥异。特别是乾隆时，一个集历史、文化、艺术、工艺为一体的鼎盛时代的宫殿陈设就出现在我们的眼前。

第一节 从周代到明清登基仪式的变化

将周代与明清时代的登基礼相比较，虽然相隔时间遥远，但从中也能发现一些意想不到的结果，其中二者的登基仪程已完全不同，周代注重祖先的权威，明清则注重自身权力的宣示。

一、周王登基前的宫殿陈设

《尚书·顾命》完整地记录了成王驾崩、迎接太子、布置新王宫殿、入太庙登基、进应门视朝讲话等详细过程，对于研究周代诸王登基场景和仪式，具有重要的史料价值。新王登基之前，首先要对新宫进行布置，《顾命》记："越七日癸酉，伯相命士须材。狄设黼扆、缀衣。牖间南向，敷重篾席，黼纯，华玉，仍几。西序东向，敷重底席，缀纯，文贝，仍几。东序西向，敷重丰席，画纯，雕玉，仍几。西夹南向，敷重笋席，玄纷纯，漆，仍几。越玉五重，陈宝，赤刀，大训，弘璧，琬琰，在西序。大玉、夷玉、天球、河图，在东序。胤之舞衣、大贝、鼖鼓，在西房；兑之戈、和之弓、垂之竹矢，在东房。大辂在宾阶面，缀辂在阼阶面，先辂在左塾之前，次辂在右塾之前。"[①]据此，新王的宫殿陈设如下：

1. 设斧纹屏风，王座上施缀衣即帐幄。

2. 于不同的位置铺设四种席即双层竹席、双层细竹篾席、双层莞席和双层青篾席。

3. 于席前设玉、天球、河图等重器。

4. 东西房设乐器和兵器。

5. 阶前和屋前设金车、象车和木车。

上文所记陈设，对明清时代的陈设产生了影响。如施于王座上的缀衣，明代奉天殿的宝座上就设有帐幄，《春明梦余录》记："奉天殿，洪武鼎建初名也，累朝相沿至嘉靖四十一年改名皇极殿。制九间，中为宝座，座旁列镇器。座前为帘，帘以铜为丝，黄绳系之，帘下为毯，

① 周秉钧注译：《尚书》，页220，岳麓书社，2002年。

毯尽处设乐。殿两壁列大龙橱八，相传中贮三代鼎彝，橱上皆大理石屏。”[1]奉天殿（皇极殿）是明代皇帝登基的场所，宝座前为帘即于宝座上悬帐幄，《明会典》记皇帝登基时宝座帐幄旁站有卷帘将军，其职责就是专门负责皇帝升座后把帐幄打开，“皇帝衮冕升御座，大乐鼓吹振作，乐止，将军卷帘。尚宝卿以宝置于案，拱卫司鸣鞭。引班引文武百官入丹墀拜位。”[2]。

清代养心殿作为皇帝理政和寝宫的重地，明间陈设十分注重规制，陈设档记：“地平下东边设：漆天珠一件（紫檀木座），紫檀木铜包角案一张，上设铜掐丝珐琅文房四宝一分，黑红墨二锭，彩漆管笔二枝，《帝学》一套。朱批谕旨十八套，铜掐丝珐琅缸一件。地平下西边设：漆地球一件（紫檀木座），紫檀木铜包角案一张，上设《罗图荟萃》一册，《罗图荟萃续》一册，铜掐丝珐琅缸一件（紫檀木座）。”[3]其中漆天珠和《罗图荟萃》陈设，并非凭空造作，应源于周代所设之天球、河图。

周王时铺设的席子，明清时改铺地毯，清顺治时人张宸《青琱杂记》记：“（太和殿）殿上俱黄绒地衣，下衬以棕荐篾席，惟御座一间加以五彩蟠龙地衣。”

二、周王的登基礼

《顾命》记周王登基受命时，有如下程序：

1. 登基时的仪仗兼警卫设置。“二人雀弁，执惠，立于毕门之内。四人綦弁，执戈上刃，夹两阶戺。一人冕，执刘，立于东堂，一人冕，执钺，立于西堂。一人冕，执戣，立于东垂。一人冕，执瞿，立于西垂。一人冕，执锐，立于侧阶。”[4]二人戴赤黑色帽，执三角矛，站在祖

① 前揭《春明梦余录》卷七。

② 《大明会典》卷四五，“礼部三 · 登极礼”，扬州广陵古籍刻印社影印，1989 年。

③ 《养心殿明殿及后殿陈设档》，故宫博物院藏。

④ 前揭《尚书》，页 222。

庙门里边。四人戴青黑色帽，执戈，戈刃向前，夹着台阶，对面站在台阶两旁。一人戴冕帽，执大斧，立于东堂前。一人戴冕帽，执大斧，立于西堂前。一人戴冕帽，执三锋矛，立于东堂外。一人戴冕帽，执三锋矛，立于西堂外。还有一人戴冕帽，执矛，立于北堂北面的台阶上。

2. 登基地点。毕门，清代金榜《礼笺·明堂》称："康王受册命在祖庙，毕门者，祖庙门也。先儒以下经'王出在应门之内'，因释毕门为路门，盖失考。"故登基典礼是在祖庙里举行的，祖庙位于宫城的中心。

3. 登基程序。"王麻冕黼裳，由宾阶隮。卿士邦君麻冕蚁裳，入即位。太保、太史、太宗皆麻冕彤裳。太保承介圭，上宗奉同瑁，由阼阶隮。太史秉书，由宾阶隮，御王册命。曰：'皇后凭玉几，道扬末命，命汝嗣训，临君周邦，率循大卞，燮和天下，用答扬文、武之光训。'王再拜，兴，答曰：'眇眇予末小子，其能而乱四方以敬忌天威。'乃受同瑁，王三宿，三祭，三吒。上宗曰：'飨！'太保受同，降，盥，以异同秉璋以酢。授宗人同，拜。王答拜。太保受同，祭，哜，宅，授宗人同，拜。王答拜。太保降，收。诸侯出庙门俟。"[①]太子钊头戴麻制的冕，身穿绣有斧纹的王服由西阶升，卿士和众诸侯头戴麻制的冠，身穿黑色祭服，进入中庭各就其位。太保、太史、太宗都戴麻制的冠，穿红色祭服。太保捧着大圭，太宗捧着酒杯和瑁，从东阶上。太史捧着策书，从西阶上，将策书献给太子钊。太史说："先王靠着玉几，临终宣布遗命，命令您继承文王、武王的大训，治理天下，遵守大法，协和天下，弘扬文王、武王的光明美德。"钊再拜，起来，回答说："我这个微末的小子，怎么能够担负起治理天下的重任以敬畏天威啊！"于是钊接过酒杯和瑁，前进三次，祭酒三次，奠酒三次。太宗说："请喝酒！"然后太保接过酒杯，进行祭酒、尝酒和奠酒，对钊下拜，钊回

① 前揭《尚书》，页223。

拜。太保走下堂，即位礼结束。[1]登基典礼完毕后，下一步还要视朝，出庙门，进应门，接见群臣，发表讲话，无非是说先王文王、武王的光辉普照天下，自己肩负重任，大家要同心同德，把先王的事业发扬光大。故祖庙离朝堂不会太远，它应位于宫城的中心。

三、清代皇帝的登基礼

明清两代，皇帝登基仪式，大同小异，以清代为例[2]，举行登基典礼前，先分遣官员敬告天地、太庙、社稷。至登基之日五更，各执事官才开始进入场地，于殿外设法驾卤簿，悬挂乐器，于殿内御座前设宝案。殿内正中设诏案、笔砚案和表案三张，诏书由内阁学士一人恭奉置于诏案上，表由礼部仪制司官恭奉置于表案上，笔砚由内阁中书恭奉置于笔砚案上。这些事做完后，由大学士一人率领众学士到乾清门，恭奉"皇帝之宝"至太和殿（图2-66），奉安宝案正中。

2-66 "皇帝之宝"玺

天刚亮时，皇帝到先皇几筵前行敬告受命礼，礼毕后，至侧殿更换礼服，到皇太后宫，向母后行三跪九拜礼。

登基时间快到时，礼部堂官二人到乾清门上报登基时间，皇帝从乾清门左旁门走出，乘舆在扈卫的引导下向太和殿行进。这时午门钟鼓齐鸣。皇帝御中和殿内，先接受大臣、侍卫、内阁、礼部、都察院执事各官的朝

① 前揭《尚书》，页223。

② 《钦定大清会典则例》卷五七，"礼部一·登极仪"。

拜。礼毕后，所有执事官和礼部尚书走到檐下，跪奏请即皇帝位。

皇帝出中和殿，冠上的东珠如日月般闪闪生辉，身上的绣金龙像众星一样簇拥扈从，皇帝神采奕奕，御太和殿升座。这时殿外长鞭如长蛇摆动，噼的一声，刺破长空，响彻九霄。王公百官齐刷刷呼啦一片，齐声跪下，三跪九叩，嵩呼万岁。礼毕，大学士从诏案上恭奉诏书至宝案，小心翼翼地镌上“皇帝之宝”印，用宝完后，于是颁诏，布告天下。此时，即位之礼完成，殿外再次鸣鞭，鞭声戛然而止，皇帝退朝，至乾清门外降舆，仍由左旁门进入，更衣还苫，丁恤守孝。接着大学士率领众学士奉宝至乾清门，交贮大内。当天宫中悬设大乐，因在守孝期间，皆设而不作，表亦陈而不宣。

四、登基场景的转变

康王是在祖庙接受“传国玉玺”圭的，说明祖先是第一位的，《尚书》上说“仰承堂构”，并非一句空话。所以祖庙是宫城的核心，在祖庙举行即位仪式后才去朝政大堂就职，说明祖先是排在第一位的，是具有至高无上的权威的。到明清时，登基礼则发生了很大的变化。

1. 地点不同。周王登基在太庙，清代皇帝登基在太和殿。登基前清代皇帝遣官敬告天地、太庙、社稷，自己不亲祭。

2. 服饰不同。周王登基时要头戴麻冕，身穿绘有斧纹的王服。清代皇帝则身穿绣有十二章纹饰和龙纹的龙袍。

3. 陈设不同。周王即位时是太保捧大圭，太宗捧酒杯和瑁，太史捧策书站在殿中。清代则是于殿内正中设诏案、笔砚案和表案三张。

4. 清代皇帝登基时，太和殿外设法驾卤簿，悬挂乐器，当新皇帝从乾清门出来乘舆向太和殿行进时，午门钟鼓齐鸣，周王则无此陈设排场。

5. 授宝过程不同。清代多了一道请宝过程，登基前一天，大学士一人率众学士至乾清宫请宝至太和殿，置于宝案上。周王即位时是授圭和策书，清代皇帝是授“皇帝之宝”印。周王从太史手中接过策书，从太宗手中接过酒杯和瑁，前进三次，祭酒三次，奠酒三次，强调对祖先的尊敬，献祭酒后，登基礼即告完成。清代则是由大学士将诏书从诏案上移至宝案上，镌上“皇帝之宝”印后，即可布告天下，强调的是权力的继承。

五、小结

从周代到清代，登基仪式的最大变化在于地点的改变，太庙迁出了宫城，太庙与朝政大堂发生了分离，大朝正殿成为宫城的中心，皇帝不去太庙登基，而是直接于大朝正殿登基，更加突出了至高无上的皇权，从这点看，皇权超越了神权和父权。

第二节

交泰殿里有方传国玉玺

“受命于天，既寿永昌”传国玉玺，自它诞生以来，就被赋予了神奇的力量，与无数人的命运联系在了一起。清乾隆十一年整理交泰殿印玺时，发现了它，于是对它进行了处理，从此结束了其传奇的一生。

一、传国玉玺源自测天的圭尺

象征皇帝权力的印玺，笔者认为出自立竿测影，测量太阳的那把尺子即“揆之以日”的玄圭，上面有刻度，巫掌握它，可上通天，并代表天发布命令。后来君权代替了神权，君王掌握了测天之器。因此，测天之器被认为是天帝所赐之物，演变成了权力的象征。《尚书·禹贡》：“禹锡玄圭，告厥成功。”大禹治水成功以后，舜帝将玄圭交给了大禹，命他接管天下。禹再把玄圭传给后来的继承者，这难道不是传国大宝器即“传国玉玺”吗？

后来圭演变为天子祭天时所执礼器，《周礼·冬官考工记》记："天子圭中必。四圭尺有二寸，以祀天。"到了汉代，圭仍为礼天的祭器，《后汉书》记："朕以暗陋，奉承大业，亲执圭璧，恭祀天地。仰惟先帝受命中兴，拨乱反正，以宁天下，封泰山、建明堂、立辟雍，起灵台，恢弘大道，被之八极。"[①]刘庄继承大统后，于永平二年春正月辛未，宗祀光武帝于明堂，只有天子才能执此玄圭，是天子身份的体现。

二、传国玉玺的出现与流传

关于传国玉玺，郭福祥先生对此作过专门的研究，其所著《明清帝后玺印》认为此玺在汉献帝之前已存在，秦始皇在统一六国后刻过一方吉语玺，不具备权力象征，但被汉高祖得到后，之所以受到历代皇帝的崇奉，被尊为传国玺，与汉代符命学说的发展密切相关。[②]

圭原是象征权力及权力交接的，但它同时又是天子祭天的信物，自从象征皇权的天子六玺出现后，圭成了礼器，不作为权力的象征，那么，象征大一统皇帝身份的玉玺也就出现了。产生的那个时代，正是谶纬之学盛行的东汉，什么天命神授、天人感应、祥瑞灾异、河图洛书、占星望气等充斥着学术界。王莽、刘秀都以谶纬论取得帝位，《隋书》记："王莽好符命，光武以图谶兴，遂盛行于世。汉时又诏东平王苍正五经章句，皆命从谶，俗儒趋时，益为其学。"[③]下面笔者将按时间先后顺序，引用正史来说明"传国玉玺"的流传及最终毁灭。

第一，《后汉书》虽然是南朝宋范晔所著，但所引《独断》则是东汉末年蔡邕所著，《独断》云："传国玺是秦始皇初定天下所刻，其玉出蓝田山，丞相李斯所书，其文曰：'受命于天，既寿永昌。'高祖至霸

---

① 《后汉书》卷二，"明帝纪第二"。

② 郭福祥：《明清帝后玺印》，页22—31，国际文化出版公司，2003年。

③ 《隋书》卷三二，"志第二十七·经籍一"。

上，秦王子婴献之。至王莽篡位，就元后求玺，不与，以威逼之，乃出玺，投地，玺上螭一角缺。及莽败，李松持玺诣宛上更始，更始败，玺入赤眉刘盆子，既败，以奉光武。”[①]蔡邕始称传国玉玺为秦始皇时所制，特地注明玺文由李斯所书，曰“受命于天，既寿永昌”。秦亡时，由子婴于霸上献给高祖刘邦。王莽篡位时，传国玉玺被元后摔坏螭一角。后被赤眉刘盆子得到，败亡，则归于东汉光武帝刘秀。称传国玉玺出自秦始皇，不见司马迁《史记》所记，蔡邕是始作俑者。

蔡邕把传国玉玺与秦始皇联系起来，因为秦是第一个统一天下的王朝，虽然短暂，但皇帝之称是从他这儿开始的。以前的夏商周只能称王。要想当皇帝，实现大一统，这件传国玉玺则是大一统皇帝身份的象征。东汉末年，天下动荡，国家四分五裂，传国玉玺应运而生，同时它不断地被神化，并上演了一出出精彩纷呈的争夺玉玺之戏来。

第二，接着《后汉书》继续称：“太子即皇帝位，皇后为皇太后，奏可，群臣皆出，吉服入，会如仪。太尉升，自阼阶当柩御座，北面稽首，读策毕，以传国玉玺绶，东面跪授，皇太子即皇帝位。”[②]太子继皇帝位时，太尉要捧着“传国玉玺”跪授皇太子。看来这方传国玉玺是祖上传下来的，印文是什么则没有注明。

第三，再接着《后汉书》又继续称：“孙坚北讨董卓，顿军城南甄官署，有井，每旦有五色气从井中出，使人浚井，得汉传国玉玺，其文曰：‘受命于天，既寿永昌。’”[③]三国战乱时代，“传国玉玺”散落井中被孙坚获得，后被袁术强夺。

第四，《后汉书》所称孙坚得传国玉玺，乃出自三国至西晋时人陈寿所著《三国志》的记载。《三国志》记孙坚得到了这件玉玺：“文

① 《后汉书》卷一二〇，“光武帝纪第一上”。

② 《后汉书》卷一六，“仪礼志第六”。

③ 《后汉书》卷七五，“刘焉袁术吕布列传第六十五”。

曰：‘受命于天，既寿永昌。’方圆四寸，上纽交五龙，上一角缺。”[①]《三国志》对此玉玺的形状、尺寸和纽作了描述，还特地记残缺一角，说明是王莽所得那件，也说明此说乃源于蔡邕之说。《三国志》又引《献帝起居注》云：“从河上还，得六玉玺于阁上，此之谓也。传国玺者，乃汉高祖所佩，秦皇帝玺，世世传受，号曰传国玺。”[②]传国玉玺不在皇帝六玺即皇帝之玺、皇帝行玺、皇帝信玺、天子之玺、天子行玺、天子信玺之数中，它是象征得国之正的玉玺。

第五，北朝北齐魏收所著《魏书》称三国时代，魏国得之。《魏书》记：“夏四月甲申，车驾至长安。戊子，邺城毁，五层佛图于泥像中得玉玺二，其文皆曰：‘受命于天，既寿永昌。’其一刻其旁曰：‘魏所受汉传国玺。’”[③]战乱中，玉玺总算保存下来了，魏为了证明得此玉玺的天命所归，又特地说还有一玺，反而说明魏国心虚。

第六，北朝北魏崔鸿所著《十六国春秋》称后赵石虎得之。《十六国春秋》记：“二年，曜子熙等去长安，奔于上邽，遣主簿赵封奉传国玉玺，送之秦陇西。建平元年二月，车骑石虎等上尊号勒不许，固请，勒号赵天王行皇帝事，大赦。”[④]

第七，唐代李百药所著《北齐书》称北齐时代，文宣帝高洋得之。《北齐书》记：“及王僧辩破侯景术，招携安抚，城镇相继款附前后二十余州，于是移镇广陵，获传国玺，送邺，文宣以玺告于太庙。此玺即秦所制，方四寸，上纽交盘龙，其文曰：‘受命于天，既寿永昌。’二汉相传，又传魏晋。怀帝败，没于刘聪，聪败，没于石氏。石氏败，晋穆帝永和中，濮阳太守戴僧施得之，遣督护何融送于建业，历宋、齐、梁。梁败，侯景得之。景败，侍中赵思贤以玺投景南，兖州刺史郭元建

---

① 《三国志》卷六五，“吴书一”。

② 《三国志》引《献帝起居注》，《三国志》卷六五，“吴书一”。

③ 《魏书》卷一一四，“帝纪第四下”。

④ 《十六国春秋》卷二，“后赵录・石勒”。

送于术，故术以进焉。”[1]

第八，唐时，归于唐。唐玄宗时所撰《唐六典》引唐中书舍人徐令言《玉玺记》，详细地记载了传国玉玺的流传过程，称：“玉玺乃始皇所制，刻李斯所书‘受命于天，既寿永昌’八字。方四寸，纽五龙盘。秦灭传汉，历王莽，为元后投之于地，遂缺一角。莽灭，校尉公宾就献更始于宛。更始败，又以玺献刘盆子。盆子降光武，献玺。光武祠于高庙，传至灵帝。少帝失位，掌玺者投于井中，为孙坚所得。袁术拘其妻而夺之。术死，荆州刺史徐缪得玺。汉灭，传魏至晋怀帝。玺被刘聪得之，聪死，刘曜得之。又传于石勒、石季龙、冉闵。石季龙仿其文于其旁刻文曰：‘天命。’石氏后，冉闵败，其将蒋韩求救于晋，遂以玺送建业，时为永和八年。历东晋、宋、齐、梁。侯景杀梁武帝，得玺。景败，侯子监盗玺走江东，惧追兵，投诸佛寺，为栖霞寺僧永得之。陈永定三年，僧永死，弟子普智奉献陈。陈亡，玺传于隋。隋末又没于宇文化及和窦建德。唐高祖李渊武德四年，右仆射裴矩奉传国玺及神玺六玺以献。”[2]

传国玉玺辗转流离于南北朝各国之间，如过眼云烟，从他们手中一晃而过。因为他们得到的传国玉玺，只是做了一个梦，梦破了，玺也就被别人拿走了。而《唐六典》的记载，说明自秦始皇传下的传国玉玺，流传有序，终归于唐，说明唐得天下是天命所归。

另唐代张守节给《史记》“长信侯毐作乱而觉矫王御玺”句作注时称他是从北魏崔浩那儿听说的：“崔浩云：‘李斯磨和璧作之，汉诸帝世传服之，谓传国玺。’韦曜《吴书》云：‘玺方四寸，上勾交五龙，文曰受命于天，既寿永昌。’”[3]

---

① 《北齐书》卷五〇，“列传第三十”。

② 《唐六典》卷八，引唐中书舍人徐令言《玉玺记》。

③ ［唐］张守节：《史记正义》卷六，“秦始皇本纪第六”。

第九，元世祖时所修《金史》称金时代，金国得之。《金史》记："玉宝受命宝一，咸阳所得，三寸六分，文曰：'受命于天，既寿永昌。'相传为秦玺，白玉盖螭纽。"[①]金国称传国玉玺从咸阳而得，那一定是真秦玺了，说明宋所得玺为假。

第十，元末脱脱和阿鲁图所修《宋史》称北宋时代，哲宗得之。《宋史》记绍圣三年，咸阳县民段义得古玉印，自言于河南乡刘银村修舍掘地得之。经蔡京及讲议官十三人鉴定，确定为秦传国玉玺。"色绿如蓝，温润而泽，其文曰：'受命于天，既寿永昌。'其背螭钮五盘，钮间有小窍，用以贯组。又得玉螭首一，白如膏，亦温润。其背亦螭钮五盘，钮间亦有贯组小窍，其面无文，与玺大小相合，篆文工作皆非近世所为。"[②]经蔡京等人鉴定，哲宗还举行了盛大的接受仪式，总算完成了列祖列宗的心愿，太祖大一统时就该得到的传国玉玺。

第十一，明初宋濂等所编《元史》称元时代，成宗得之。《元史》记："夏四月壬午，帝至上都，左右部诸王毕会。先是御史中丞崔彧得玉玺于故臣之家，其文曰：'受命于天，既寿永昌。'上之徽仁裕圣皇后，至是手授于帝。甲午，即皇帝位。"[③]

三、传国玉玺的终结

吕宗力《东汉碑刻与谶纬神学》称："谶纬神学辄讲革命、革政、五德更代，在社会动乱之际有极大的煽惑性，受到野心家的欢迎，它使专制君主在民众眼中只不过是历史舞台上的匆匆过客。"[④]

到明代时，发生了逆转，终于有一个人站了出来。礼部尚书傅瀚

---

① 《金史》卷一三五，"志第十二"。

② 《宋史》卷四九六，"舆服志第一百七"。

③ 《元史》卷二一〇，"本纪第十八·成宗一"。

④ 吕宗力：《东汉碑刻与谶纬神学》，《研究生论文集·中国历史分册》（一），页 85，江苏古籍出版社，1984 年。

首次对传国玉玺进行了否定，指出它的存在与所谓的流传，不过是“贻笑千载”的笑话而已。传国在于德，而不在于玺。预示着传国玉玺即将走到尽头。《明史》记：“弘治十三年，陕西鄠县民毛志学于赵伦村泥河滨得玉玺，其文曰：‘受命于天，既寿永昌。’玉色白，微青，有螭纽。陕西巡抚熊翀以为秦玺复出，遣人献之。”①这次与以往不一样了，受到礼部尚书傅瀚的严正批评，他称所献之玺为后世模秦玺而作伪的，“自秦始皇得蓝田玉以为玺，汉以后，传用之，自是巧事力取，意谓得此玺，乃足以受命，而不知受天命以德，不以玺也。故求之不得，则伪造以欺人。得之，则君臣色喜，以夸示于天下，是皆贻笑千载。”②但此玺已进入了宫廷，与皇帝玺印放在了一起。

接着第二个人又站了出来，并终结了“传国玉玺”，这个人就是乾隆。乾隆与傅瀚一样，对传国玉玺并不看重。他既不相信王朝五德循环之说，也不相信传国玉玺传承之言。

清代早期把前代印玺和国朝印玺俱贮于交泰殿（图2-67），历年既久，有重复者，也有不真者，乾隆特作《国朝传宝记》爰加考证，称：“复有‘受命于天，既寿永昌’一玺，不知何时附藏殿内，反置之正中。按其词，虽类古所传秦玺，而篆法拙俗，非李斯虫鸟之旧”③，乾隆从交泰殿所贮三十九方印玺中，发现有一方传国玉玺，而且还置于殿正中，但篆法拙俗，乃后世伪造。

乾隆认为无论非秦玺或是真秦玺，亦何足贵？“乾隆三年，高斌督河时，奏进属员浚宝应河所得玉玺，古泽可爱，又与《辍耕录》载蔡仲平本颇合。朕谓此好事者仿刻所为。贮之别殿，视为玩好，旧器而已。夫秦玺煨烬，古人论之详矣。即使尚存，政斯之物，何得与本朝传宝同贮，于义未当。朕尝论之君人者，在德不在宝，宝虽重，一器耳。明等

---

① 《明史》卷四一六，“志一百六”。

② 同上注。

③ ［清］弘历：《国朝传宝记》，《御制文初集》卷四。

图 2-67　清代交泰殿陈设的二十五宝

威，征信守，与车旗章服何异？德之不足，则山河之险，土宇之富，拱手而授之他人，未有徒恃此区区尺璧足以自固者？”[1]遂将高斌所献所谓的“传国玉玺”存于别殿，视为玩物。

乾隆看得很清楚，“传国玉玺”的留存，必然会引起争端，留着是个祸害。那么，陈设于交泰殿正中的那方传国玉玺，乾隆该作如何处理呢？

笔者发现《交泰殿日记档》中有一则记载，曰：“乾隆十一年二月十四日，首领邓爱贵传旨，交泰殿‘受命于天，既寿永昌’宝，请到启祥宫，交与郎正培，要把旧字磨去，另刻新字样‘大清受命之宝’。”[2]传

① 前揭《国朝传宝记》，《御制文初集》卷四。
② 《交泰殿日记档》，故宫博物院藏。

国玉玺“受命于天，既寿永昌”文被磨掉了，改成了“大清受命之宝”。

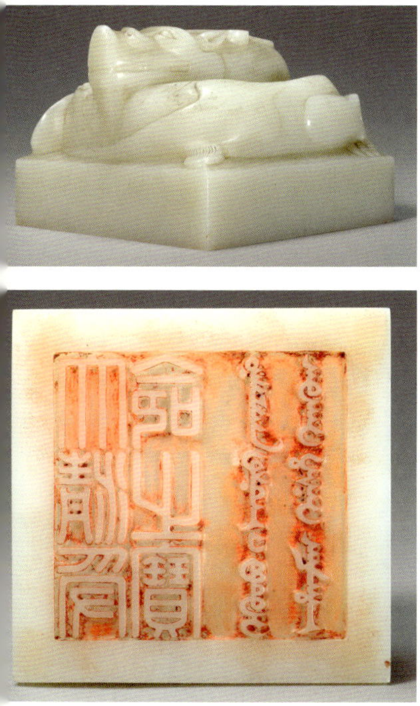

2-68 “大清受命之宝”印文

“大清受命之宝”（图2-68），《清史稿》记：“大清受命之宝，以章皇序。白玉，方四寸四分、厚一寸，盘龙纽，高二寸。”① 边长14厘米、通高12厘米、纽高8.2厘米。这方印章今存，玉质温润、盘龙雕饰精致，尺寸与史书记载约同，有一点不同即不是纽交五龙。如果从质地、大小、形制、螭纽纹等处看，这方传国玉玺还真不是粗制滥造，不然乾隆也不会把它改成“大清受命之宝”。

从此“受命于天，既寿永昌”传国玉玺不复存在，代替它的是“大清受命之宝”，乾隆希望大清亿万斯年传下去。《国朝传宝记》一文的公布，传国玉玺从此就销声匿迹，被终结了。

四、小结

传国玉玺的毁灭，说明人们对玉玺的认识逐渐趋于理性，国家的得失在德不在玺，如果把注意力集中于玺上，必然本末倒置，认为这就是所谓的天命所归，而忽视民生，引起动荡，带来灾难。《尚书·太甲篇》曰：“天作孽，犹可违；自作孽，不可活。”正是这个意思。《尚书·太誓》曰：“天视自我民视，天听自我民听。”百姓的眼睛就是天的眼睛，百姓的耳朵就是天的耳朵，正如《孟子·离娄章句上》所言：“得天下有道：得其民，斯得天下矣。”获得百姓的支持，便获得了天下，在德不在险，固国不以山谷之险，更不在于区区一方印章。

---

①《清史稿》卷一〇四，“志八十六·舆服三”。

漱芳斋的空间陈设

漱芳斋原为乾西五所的头所，是乾隆潜邸改造后的一部分，据样图，漱芳斋前殿为五开间（图2-69），按现在的称法为明间、东西次间和东西梢间，而现状却是三个空间即明间和东西两大间，明间与东西间之间为清末时安装的垂花罩分隔，东间东山墙为多宝格，西间通为一体，靠西墙陈设的大案及案上文物是新布置的。工字廊北为圆光门。后殿五开间，西梢间为风雅存戏台，东梢间为随安室，仅有床保存，东次间与东梢间的槅扇上悬挂“高云情”匾。

现状与乾隆时期的漱芳斋已发生了很大的变化。

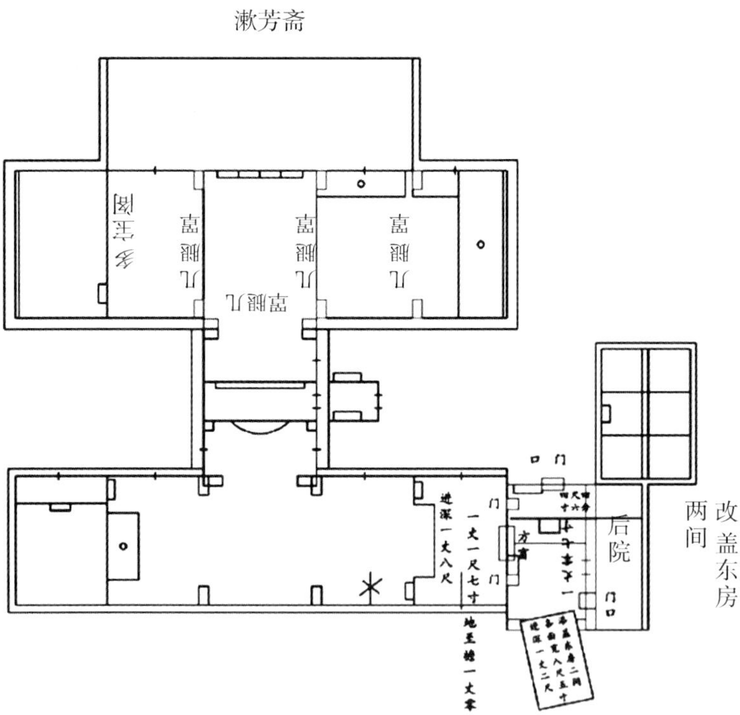

图2-69　漱芳斋样式雷图样（引自刘畅《漱芳斋》，《紫禁城》2009年第5期）

一、明间结构

乾隆三十四年编纂的《国朝宫史》记“重华宫之东为漱芳斋，斋内匾曰‘正谊明道’”[①]，前殿正谊明道明间是连接东西室和穿堂的空间，处于中心地位。据漱芳斋样式雷图样，明间是由东、西、北三面几腿罩构成的开放性的御座空间。但在乾隆时期，则是由槅扇围成的封闭性的御座空间，乾隆元年六月十五日的档案记载：“大书房后檐槅扇心照明间内西边槅扇上竹叶寿字花样做。”[②]大书房在档案中也称“头所大书房”，如“头所大书房山墙之院内添做板墙二槽，中间开门”[③]，故大书房即头所漱芳斋。大书房明间西安有槅扇，又乾隆三年九月初五日“传旨重华宫正谊明道西边所安之碧纱厨照东边现安碧纱厨样另油饰彩画改做，其字画片亦另换有款字画片”[④]，说明明间的东西两侧都安装有相同的碧纱厨。碧纱厨即槅扇，因槅扇格心装裱有托纸的碧纱，故又称碧纱厨。乾隆十年的一则档案记载，使明间的装修格局得到了明确，“做正谊明道槅扇三槽、横披四扇，准做夔龙团双灯笼框，其花心俱用米色地杖，透绣折枝花不要地景，亦交安宁绣做”[⑤]，三槽碧纱厨把明间与东西室、穿堂隔开，形成一个相对独立封闭的御座空间。

该空间的陈设，嘉庆朝《国朝宫史续篇》记：“斋中高宗纯皇帝御笔匾曰‘正谊明道’。中设宝座。屏风上恭悬高宗纯皇帝‘正谊明道诗’，联曰：‘言动协规箴，惟敬所作；都俞垂典诰，主善为师’。南檐皇上御书联曰：‘天作宫廷传燕冀，敬承堂构集鸿禧’。”[⑥]明间设宝座屏风，悬挂的“正谊明道”匾曾制作过两块，保存至今的这块是乾隆

---

① 前揭《国朝宫史》卷三〇，页 241。

② 前揭《总汇》第 7 册，页 62。

③ 同上注。

④ 前揭《总汇》第 8 册，页 125。

⑤ 前揭《总汇》第 13 册，页 711。

⑥ 前揭《国朝宫史续编》卷五六，页 458。

十一年三月二十五日悬挂的。南檐柱上悬挂的嘉庆帝御笔对联，清末时被移至后殿戏台柱上。

（一）正谊明道匾

《国朝宫史》记漱芳斋内明间悬挂有一块“正谊明道”匾，查造办处档案，有三条记录：一条是乾隆元年六月二十四日“交御笔金昭玉粹匾字本文一张，御笔正谊明道匾字本文一张，传旨将此匾二面做杉木壁子糊锦边”[①]，第二条是乾隆十一年正月初四日“重华宫正谊明道明间着做匾一面，于三月二十五日，副催总德福将做得檀木边骚青绢尽金花匾一面持进挂讫”[②]，第三条是乾隆十一年三月十三日“将长春书屋换下之匾在香山挂，其正谊明道之匾亦在香山挂”[③]。

据现存漱芳斋“正谊明道”匾的样式，为紫檀木边框衬骚青满地金花绢，为乾隆十一年制作。

（二）宝座

宝座屏风要置于地平上。乾隆元年六月二十五日“员外郎常保持进重华宫并头所纸样三张，交太监毛团呈览，奉旨着将头所大书房明间添地平一分”[④]。明间陈设的宝座并非一成不变，乾隆二年十二月十五日下旨照正谊明道处现安设宝座做楠木宝座一座[⑤]，二十八日，又于宝座上安装笔管栏杆[⑥]。乾隆五年八月十九日，为该宝座绣做了青缎万卷书靠背墙子坐褥[⑦]。

乾隆八年，照札轿宝座样式又为正谊明道重新制作了一座楠木宝座，以替换原宝座。乾隆参与了宝座制作的全过程，要求将中间靠背两

---

① 前揭《总汇》第7册，页158。

② 前揭《总汇》第14册，页371。

③ 前揭《总汇》第14册，页475。

④ 前揭《总汇》第7册，页65。

⑤ 前揭《总汇》第7册，页672。

⑥ 前揭《总汇》第8册，页104。

⑦ 前揭《总汇》第9册，页371。

边龙放大三寸，不必刻座右铭，另给字样刻做，束腰托泥面板缩短二寸，扶手要落矮五寸，乾隆九年十二月二十七日完工。[①]乾隆十一年二月二十六日“传旨照正谊明道九龙宝座样款收小做紫檀木宝座一座”[②]，可知正谊明道陈设的札轿宝座为九龙样式。

（三）屏风

乾隆七年时，正谊明道已陈设有屏风[③]，乾隆八年十二月初八日，乾隆觉得原屏风粗糙，下令另做一座样式一样且精致的屏风，要求“此样往好里秀气里成做一座，仍在正谊明道安设”，于乾隆九年正月初九日，造办处完成三屏风小木样一件呈览，奉旨三屏风准做漆的，左右两扇着金昆起稿，中间仍用座右铭，背后用磁青纸写百寿篆字三堂，仍做黑漆地钩填彩漆道。二月初四日，司库白世秀将原三屏风一座和假书格撤除。四月二十二日，交座右铭青绢金字一张，传旨着用在正谊明道三屏风上。五月初四日，交沈源画骚青纸三屏风两边扇画二张，传旨俟屏风得时糊上。因无紫檀木，屏风改用一色红高丽木做。七月二十日，司库白世秀将做得漆边三屏风一座持进正谊明道安设讫。[④]

乾隆二十七年，乾隆将现陈设的三屏风进行了改造，“五月十三日，郎中白世秀员外郎寅着来说太监胡世杰传旨，重华宫正谊明道现安三屏风上商系起下，另画万字回文花，拉道填金，心子磨平，另刻字。再两边画门，着收什线缝，钦此。于闰五月初八日，郎中白世秀员外郎寅着将正谊明道三屏风画得回文边样持进交太监胡世杰呈览，奉旨照样准做，钦此。于六月初十日，郎中白世秀将另做得回文边花样填画泥金紫檀木三屏风一座持进安设讫。”[⑤]二十七年改造前的屏风并非九年制

---

① 前揭《总汇》第11册，页462。

② 前揭《总汇》第14册，页499。

③ 前揭《总汇》第11册，页100。

④ 前揭《总汇》第11册，页470。

⑤ 前揭《总汇》第27册，页267。

作的漆边三屏风，因为九年制作的三屏风是漆的，为一色红高丽木，这中间有过将漆边三屏风换成了紫檀木三屏风的举措，二十七年又在紫檀木三屏风的基础上做了改造。《国朝宫史续篇》记屏风上有乾隆的《正谊明道诗》，两边扇上有“言动协规箴，惟敬所作；都俞垂典诰，主善为师”对联，结合现存于漱芳斋后殿的紫檀木“赋得正谊明道”三屏风（图2-70），边框为万字回文花，拉道填金，两扇亦画回文边门框，屏风中扇刻字填金《赋得正谊明道》诗一首，正是档案和《国朝宫史续编》所记屏风，但《续编》称屏风悬挂《正谊明道诗》和对联，则是错误的，诗和对联是刻于屏风上的，而不是悬挂其上。

屏风上的诗曰“天人三策对，帝命相江都。爰致卒然问，惟陈卓尔谟。道明功岂计，谊正利休图。试譬鲁咨柳，堪知粤伐吴。羞称五霸诈，较识一仁无。终得骄王革，何妨谀相诬。政经真法训，汉室最醇儒。诠义书屏扆，将为出治模”，诗中称董仲舒回答了汉武帝提出的三

图 2-70　紫檀木《赋得正谊明道》诗屏风

个问题，被任命为江都国相。在辅佐易王刘非时，提出“正谊明道”，将儒家思想提升了一个新的高度，所以汉儒是最纯粹的学者。鲁国的柳下惠是一位仁者，而春秋五霸却没有一个是行仁政的。汉武帝提倡“独尊儒术”，仁义终得推行弘扬。乾隆写下这首诗刻于屏风上，是要像汉武帝那样尊奉儒家，提倡正谊明道。乾隆认为二典三谟所记载的政治经典，其要领重点就在于“德惟善政，政在养民”这句话，所以《大学》说“国不以利为利，以义为利也”，即与民同好恶而不一味地不顾百姓生计追求利益。圣人的德行在于推行善政，善政的基础在于民生。视德与政为二者的人，莫不把德与政之间的关系看成是德为本、政为用的关系。但政之用体现于如何获得财物，非天之好生之德的体现。圣人则视德与政为一体，本天良而修德，率天德而施政。德即政，政即德，这样的话，天下难道有没被养育的百姓吗？所以帝尧能“协和万邦，黎民于变时雍”，尧道德纯备，以善治理天下，故能使天下和睦，仁风兴焉。

二、高云情与静憩轩的空间

漱芳斋明间东据现状是一大通间，靠东山墙立有多宝格，乾隆时《国朝宫史》记载的“高云情”匾，清末时被移至后殿。文献中有关乾隆时候漱芳斋明间东的记载有东寝宫、东次间、东梢间、东间、东室，称谓不统一，特别是官修史书《国朝宫史》《钦定日下旧闻考》与造办处活计档的记载，完全对不上，而且造办处档案中的记载也是互相矛盾的。乾隆时候漱芳斋明间东到底是什么格局呢？

（一）高云情和静憩轩是两个隔间

据造办处档案，一则记乾隆五年二月初六日“重华宫正谊明道东梢间、东次间搭地炕二铺”[①]，另一则记乾隆五年二月初八日“正谊明道东次间挨窗户着安床三张，长一丈一尺五寸五分，宽三尺三寸，高一尺四

① 前揭《总汇》第9册，页386。

寸八分”[①]，据此，正谊明道明间东分为两间即东次间和东梢间，二者都安装有一铺地炕，东次间南窗下则安装有三张床，这三张床其实就是一大通炕，由三张床组成。乾隆六年十二月初三日“正谊明道东寝宫内着做一挂格”[②]，东寝宫是对这两间的通称。

高云情匾为杉木壁子雕花梨夔龙边式，乾隆八年十二月初十日“传旨正谊明道东间现挂高云情匾着画好样式呈览”[③]，可以确定高云情是隔间的名称，但这里的东间到底是东次间还是东梢间？

乾隆十三年九月初六日“汉玉四喜璧紫檀木玻璃镜盒一件，内随洋漆梳子净尘一分，高云情正宝座上安”[④]，又乾隆四十三年一月“高云情殿内正宝座一座上衣素靠背迎手一分、葛布套一分、氆氇套一分、绣迎手靠背坐褥一分，南窗户面东宝座一座上衣素褥靠背迎手一分”[⑤]，正宝座并非指的是可移动的宝座，而是指后檐地炕即坐北朝南的炕，于炕上置坐垫、靠背和迎手，就成为正宝座了。所谓“窗户面东宝座一座”也是指的是于炕上朝东置坐垫、靠背和迎手而成为一个宝座空间，与档案记载东次间南北都设有炕相符，由此可以确定东次间为高云情，东梢间自然就是静憩轩了。

静憩轩匾是在乾隆十年十二月二十九日才挂上[⑥]，并非七年悬挂的，《钦定日下旧闻考》记乾隆七年所作《御制戏题静憩轩》诗[⑦]，此诗并非描写的是漱芳斋静憩轩，因为诗后有注曰“旧时读书舍也”，且诗中有“艺圃有余乐”句，故指的是北海静憩轩，也就是说东梢间称静憩轩始于乾隆十年。档案中有称高云情东山墙和高云情里外间的记载，则是把

---

① 前揭《总汇》第9册，页439。
② 前揭《总汇》第9册，页688。
③ 前揭《总汇》第11册，页443。
④ 前揭《总汇》第16册，页340。
⑤ 前揭《总汇》第41册，页278。
⑥ 前揭《总汇》第13册，页340。
⑦ 前揭《钦定日下旧闻考》卷一六，页220。

东梢间当成了高云情的里间，高云情东山墙其实指的是静憩轩东山墙，如乾隆十年四月十四日“将头所高云情地盘样持来，再高云情东山墙要跨房一间，将尺寸算明，一并持来”[①]，乾隆二十三年二月初二日“传旨高云情里外间着铺高丽凉席”[②]。

（二）东次间与东梢间之间设多宝格

多宝格又称格子或古董格，故宫保存不少，有乐寿堂西暖阁多宝格，养性殿明间多宝格、翠云馆多宝格等，有的结构复杂，有的装饰华丽，有的造型独特。雍正四年三月初一日下旨养心殿西围房做装古董五层杉木格十二个。乾隆对多宝格情有独钟，命人制作了大量的多宝格，还特降旨于宝座上安多宝格。其中漱芳斋多宝格是乾隆最早设计制作的大型多宝格。

正谊明道殿设置有多宝格，档案中称古董格或格子，乾隆二年的档案称为“重华宫正谊明道处大格子”[③]，乾隆三年于格子栏杆上空处并顶隔俱糊油纸，令西洋人郎世宁徒弟画楠木色[④]，乾隆四年二月二十七日柏唐阿强锡进正谊明道东暖阁给格子背后糊上了绿□[⑤]，乾隆十一年一月二十五日给正谊明道古董格内古玩十八件配一面玻璃楠木匣[⑥]。乾隆二十四年六月初九日“传旨重华宫现安五大格子并金昭玉粹宝座格子，有应改隔断者改隔断，应添配座架者添配座架，先画样呈览”[⑦]，十月初十日，催长李文照将重华宫现安五大格内改做得隔断安讫。可知正谊明道殿即漱芳斋前殿安装有大格子即大多宝格，由五个多宝格拼在一起组成，制作于乾隆二年。查刘畅《漱芳斋》一文所引北京图书馆藏样式雷

---

① 前揭《总汇》第 13 册，页 541。
② 前揭《总汇》第 23 册，页 232。
③ 前揭《总汇》第 8 册，页 349。
④ 前揭《总汇》第 8 册，页 210。
⑤ 前揭《总汇》第 9 册，页 7。
⑥ 前揭《总汇》第 14 册，页 640。
⑦ 前揭《总汇》第 24 册，页 455。

漱芳斋地盘画样，图中标明多宝格位于东次间与东梢间之间[①]。查现存多宝格则位于漱芳斋东山墙，由五个多宝格组成，顶部安有格子栏杆，与档案记载相符，为乾隆二年时所制作的多宝格，但位置却变了，被挪至东山墙处。查院藏档案《漱芳斋修缮工程做法说明书》，原来这座巨大的多宝格是1974年改造漱芳斋为接待室时移至东山墙的，档案记“多宝格移至东梢间东墙安装，东山墙木板门拆去，用旧砖墙砌，厚40厘米，以保安全”[②]，堵上的这扇门即是东梢间通往山墙外跨房的门。

多宝格原置于东次间与东梢间之间，被当着隔断用，据现存原状，多宝格靠近北墙处开有暗门，是东次间进入东梢间的通道。据此，就可以解开乾隆元年六月十五日档案所记“随床曲尺板墙一槽”之意了，档案记：“头所东梢间内前檐添夔龙门口板墙一槽，并要安小床一张，其后檐添落地罩一座，随床曲尺板墙一槽。”[③]东梢间即静憩轩后檐因安有配落地罩的炕床，炕床西侧是东次间进入东梢间的暗门，故于此安装“随床曲尺板墙一槽”。壁子用木板做成，又称板墙，曲尺壁子指两块壁子拼在一起呈90°角，目的是遮挡炕床。

三、金昭玉粹戏台的通景画

清宫戏台原为凹字形平面，立面由二槽曲尺壁子组合而成，凸出的两个空间给伴奏的乐手，凹进去的部分是演员扮戏的空间，凹进去的壁上装饰绘画，可作为永久性的戏台背景画。在没有演出的时间里，亦可作为室内的装饰画，给室内增添几分色彩，不致四白落地。

（一）在曲尺壁子上画画

笔者在2015年写了一篇文章《乾隆时期的宫中戏院考》，发表于《故宫学刊》第14辑，对三座戏台一幅画做了考证，漱芳斋金昭玉粹戏

① 刘畅等：《漱芳斋》，《紫禁城》2009 第 5 期。

② 《漱芳斋修缮工程做法说明书》，《漱芳斋档案》，故宫博物院藏。

③ 前揭《总汇》第 7 册，页 62。

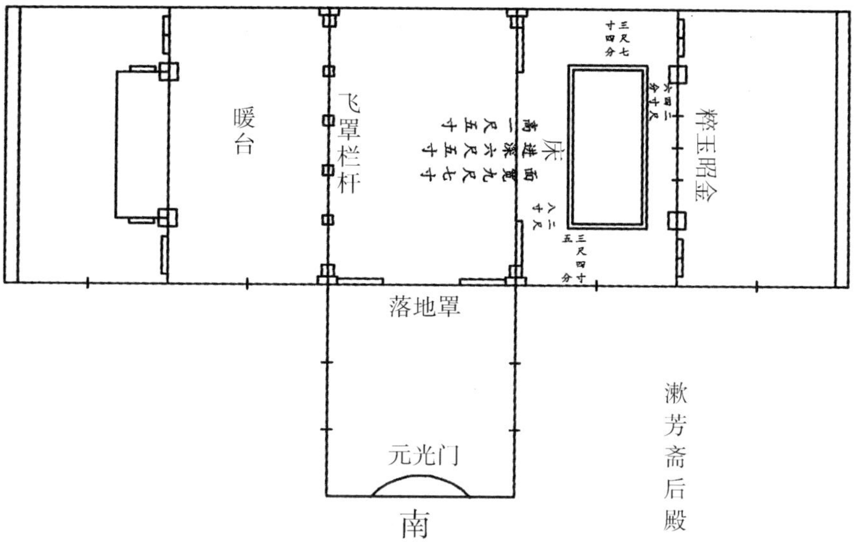

图 2–71　金昭玉粹戏台地盘图（采自刘畅《漱芳斋》，《紫禁城》2009 年第 5 期）

台、寿康宫戏台、景祺阁戏台均装饰了一幅内容相同的通景画，都源于郎世宁为金昭玉粹戏台背景画的一幅油画。

时隔六年后，笔者对漱芳斋档案做了一次检阅，发现了很多问题，经条分缕析，终于把这幅油画的前前后后弄清楚了。

漱芳斋由中层殿和后罩房组成，二者以工字廊相连。据刘畅《漱芳斋》一文所引“漱芳斋地盘图样”[①]，改造后的后罩房称漱芳斋后殿，又称金昭玉粹，五开间，西梢间为凹字形戏台（图2–71），现在看到的亭子戏台，是清末时从敬胜斋移过来的。

关于给潜邸绘画，第一条档案是乾隆元年六月二十五日“传旨头所后照房明间东边罩口下添插屏二架，西梢间内添档（挡）门曲尺壁子二槽，壁子上画画”[②]。这条档案至关重要，关键在于如何理解“曲尺壁

① 刘畅等：《漱芳斋》，《紫禁城》2009 第 5 期。

② 前揭《总汇》第 37 册，页 62。

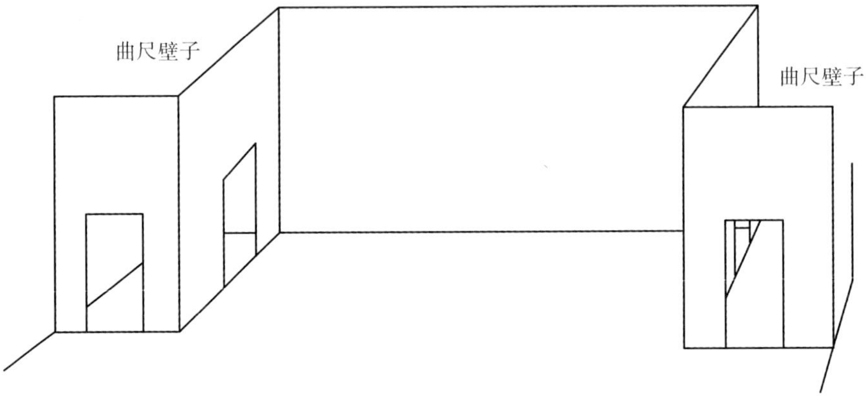

图 2–72　曲尺壁子构成的凹形结构

子”（图2–72）。

曲尺壁子：

1. 呈90°角。

2. 二槽曲尺壁子可组成凹形立面。

3. 用木板做成，又称板墙。

4. 在视觉上能挡住从西耳房即化妆间进入戏台的门。

金昭玉粹戏台平面呈凹字形，如果把它立体化，则是现存景祺阁戏台的样式，而景祺阁戏台正好是仿建金昭玉粹戏台，档案记乾隆三十九年十一月二十八日“传旨景祺阁照金昭玉粹一样成做拆卸壁子”[①]。景祺阁戏台保存至今，它的立面正好是由二槽呈曲尺形的壁子组成的。

（二）福寿双全通景画

那么，壁子上的画由谁来画呢？

装上壁子四天之后也就是六月二十五日，郎世宁领命为重华宫画油画，“西洋人郎世宁来说太监毛团传旨重华宫着画通景油画三张”[②]。

---

① 前揭《总汇》第 37 册，页 689。

② 前揭《总汇》第 7 册，页 177。

重华宫是对整个潜邸的通称，在壁子上打上底胶即可画油画，三张油画中的一张就是给金昭玉粹戏台画的，档案记载乾隆三十五年三月十一日“传旨重华宫金昭玉粹殿内现贴油画戏台着王幼学等另换绢画一分”[①]。郎世宁画的这幅油画一直保存到三十五年，这一年，金昭玉粹戏台油画被下旨改成了绢画，绢画作者是郎世宁的弟子王幼学。

在更换油画的前一年即乾隆三十四年三月十九日“传旨寿康宫殿内戏台着照重华宫金昭玉粹通景画一样，着王幼学等画”[②]，郎世宁的油画又称通景画，通景即透视之义。寿康宫戏台通景画是照郎世宁画的金昭玉粹戏台油画内容画的。由此可知，王幼学把郎世宁的油画变成了绢画通景画，更具中国传统风格。

乾隆四十年二月二十八日“传旨宁寿宫景祺阁照重华宫金昭玉粹线法画，着王幼学等一样画法，用白绢画一分”[③]，线法画是通景画的另一种称法，都具有西洋透视效果，绢画通景画则是结合了中国画法的一种产物即具透视而无阴影的画。这则档案明确了金昭玉粹、寿康宫和景祺阁戏台绢画背景都是由郎世宁的学生王幼学完成的，其内容与郎世宁的戏台油画内容相同。

虽然金昭玉粹、寿康宫戏台通景画无存，但景祺阁戏台却保存了这一颇富传续色彩的画作（图2-73）。十多年前，我们在整理符望阁文物时，发现了这幅绢画通景画，再依据老照片，证实它是景祺阁戏台的通景画，通景画与墙壁等同。

画面极具透视效果，画面描绘了两位孩童于厅廊中戏犬的场景，纵深排列的廊柱把视线拉向了远处，远处湖光山色，山后隐约可见亭台楼阁。厅廊中二婴戏二犬，其中一婴右手持红棍，下坠一只红色蝙蝠玩具，一侍女双手端着一盘寿桃从廊外步入廊内。犬与“全”音同，二犬

① 前揭《总汇》第33册，页580。

② 前揭《总汇》第32册，页494。

③ 前揭《总汇》第38册，页6。

图 2-73　景祺阁西梢间戏台线法通景画

即“双全”，盘中的寿桃与婴孩手中的红色蝙蝠象征福寿，寓意“福寿双全”。

画中厅廊的横眉上真实地裱糊着乾隆御笔诗横披一张，画中有真，亦真亦幻。此诗言日后归政之志“葺治拟菟裘，有亭亦有楼。景祺祝苞茂，荒耄待优游。此日犹勤政，他年谢先忧。希之未敢必，静以俟天庥”，“苞茂”出自《诗经·小雅·斯干》：“如竹苞矣，如松茂矣。”松竹繁茂，象征福寿绵长，明人范世彦《磨忠记·杨涟家庆》云：“亲寿享，愿竹苞松茂，日月悠长。”

四、小结

漱芳斋明间是专为皇帝设计的御座空间，由宝座、屏风和地平等组成，通常在御座空间悬挂匾联，以传达主人的精神追求。空间有的是封闭的，有的是开敞的，有的狭小，有的空旷。乾隆时期，几乎每个宫殿的明间里都设有御座空间，样式多样，因其功能的不同而不同，有的是权力的象征，有的是精神追求的象征，有的崇古，有的新奇，有的装饰豪华，有的简朴。漱芳斋明间御座空间雅致、高尚，把儒家的精神追求融入其中，体现了乾隆对儒家精神的坚守。

漱芳斋东次间高云情和东梢间静憩轩，二者之间以多宝格分隔，进入东梢间的门设在多宝格的北侧。静憩轩东山墙有门与墙外的东跨房相通。这种以大型多宝格做隔断的设计，在紫禁城里还是首次出现，使隔断具有了装饰和陈设的功能。

金昭玉粹戏台的空间结构独特，平面呈凹字形，它由两槽曲尺壁子组成凹形立面，以便界定表演空间、化妆空间和演奏空间，这种结构是清宫戏台结构的基础。戏台的背景不用随戏的情节和内容变换，通常装饰一幅通景画，使人感觉是在某座建筑里或花园中演戏，虚实结合，亦真亦幻。

第四节

品级山溯源

秩序是靠礼来维系的，礼有差等是指礼仪原则要按照一定的等差模式来固定，以便各司其职，各尽其责，品级山就是这一礼仪制度的反映。品级山源自一棵树。周代公卿大夫分坐于“三槐九棘”之下，每人都有一棵树，“三槐九棘”成了他们身份的象征，后世的品级山即源于此。

一、清代品级山承袭明代品级山

清代大朝会时，太和殿广场上要设置品级山，所谓品级山，是指入朝的官员按官衔大小站在品级山旁排序，相当于现在的桌签。无园《品级山》一文，对故宫所藏品级山做了介绍。[1]据康熙朝《大清会典》记

① 无园：《品级山》，《紫禁城》1982 年第 4 期。

图 2-74　清代品级山

载："金饰，品级山七十二座，铜铸山形。"①铁质，铸满汉文品级阶位，高30厘米（图2-74）。其排列方式，清代陈康祺《郎潜纪闻》记："太和殿墀品级山，镌正一品至九品，文左武右，合正从计之，为行四，为数三十有六。"②品级山置于中轴的东西，东西各列两行，每行按一至九品之正，从品排，计有十八座，东西各三十六座，共计七十二座。东为文官班序，西为武官班序。《光绪大婚图》中描绘有品级山，置于靠近太和门的中轴两侧，有两种摆法：一是东西各两行，每行十八座（图2-75），二是东西各四行，每行九座。

明代早期大臣上朝站立的品级班序是用木栅来定位的，《大明会典》记："凡朝班序立，洪武二十四年，令礼部置百官朝班序牌，大书品级，列丹墀左右木栅之上，文武百官照品序立侍班。二十六年，令公侯序于文武班首，次驸马，次伯。自一品而下各照品级，文东武西，依次序立。"③按木栅所书品级阶位，公侯排在东西班首，次为附马、伯，然后才是文武大臣，上朝班序井然有序。但据万历时《徐显卿宦迹图》，皇极殿广场上，中轴两侧放置的是品级山，共计十六座（应为十八座），并非木栅。这种变化可能是从明中期后改变的。故清代品级山直接继承了明代品级山，其样式并不是清代的发明。

---

①《清会典》（康熙朝）卷一三四，"工部·都水清吏司·仪仗一"。

②［清］陈康祺：《郎潜纪闻四笔》，中华书局，1990年。

③《大明会典》卷四四，"礼部二·朝仪·常朝御门仪"。

2-75　光绪帝大婚典礼局部－太和门前的品级山排法一

宋代蔡絛《铁围山丛谈》云："国朝垂拱殿常朝，班有定制，故庭下皆著石位。日日引班，则各有行缀，首尾而趋就石位。既谒罢，必直身立，俟本班之班首先行，因以次迤逦而去，谓之'卷班'。"[①]清乾隆时编纂的《历代职官表》引《通鉴长编》载："天禧三年十一月，閤门与太常礼院上大祀称庆合班图，即如今之行礼仪。注景祐四年九月，诏閤门于紫宸殿、垂拱殿刊石为百官表位，即如今太和殿前之品级山。"[②]可知石位出现于宋仁宗景祐四年，有了石位后，大臣们上朝速度快，首尾而趋就石位，而且不会混乱，再也不会出现大臣们站错队的现象。朝会结束后，队列以次迤逦而出，有次序，不会乱作一团。但石位是何形状，文献没有记载。笔者推测很可能是山字形，因为这种形状放置稳当，但石质石位沉重不易搬移，且搬来搬去容易毁坏。明代早期曾用木栅，但遇大风天气，木栅不好固定，故用铁来代替势在必行。

二、品级山源于周代三槐九棘

标名品级阶位的宋代石位，并非凭空想象，因为很久之前就已有这种定位了，周代的"三槐九棘"就是这种定位法，不过那时不是石，而是树。

周代时，于朝廷广场上左右即东西各种九棵棘树，中间种三棵槐树，以定三公九卿之位。《周礼·秋官·朝士》记："朝士掌建邦外朝之法。左九棘，孤卿大夫位焉，群士在其后；右九棘，公侯伯子男位焉，群吏在其后；面三槐，三公位焉，州长众庶在其后。" 汉代郑玄注："树棘以为位者，取其赤心而外刺，象以赤心三刺也。槐之言怀也，怀来人于此，欲与之谋。"公卿大夫分坐于"三槐九棘"之下，每人都有一棵树，"三槐九棘"也成了他们身份的象征了。

---

① ［宋］蔡絛：《铁围山丛谈》，页 25，中华书局，1983 年。

② 《历代职官表》卷七二，《四部丛刊·史部》，武英殿本。

孔子说："不在其位，不谋其职。"在其位，不仅是指官阶职务，而且是真有固定的位置，周代植树，树是不能移动的，所以三公九卿的位置是固定的。但这种植树定品级官阶的办法，很难想象其效果，树长大了怎么办？要举办其他活动怎么办？所以周代之后，这种定位的方法没有传下来。

后世用石头、木栅和铁质品级山，算是继承了周代的树位，但定位的方法显得灵活多了，特别是空心铁质品级山，既能固定，又可随时移动，方便了广场上其他活动的举行。

三、小结

古代社会是一个充满礼仪的社会，《论语·乡党篇第十》记"入公门，鞠躬如也，如不容。立不中门，行不履阈。过位，色勃如也，足躩如也，其言似不足者。摄齐升堂，鞠躬如也，屏气似不息者。出，降一等，逞颜色，怡怡如也。没阶，趋进，翼如也。复其位，踧踖如也"。在不同的岗位，有不同的情绪表达、语言反应，进退与气息也不同。特别是在朝堂上，不同的官衔有不同的站位，不能站错位，更不能越位。

第五节

三座宫殿里的缂丝屏门装饰

紫禁城里的很多宫殿，在明间宝座屏风后，两柱之间要安装屏门，以为挡风之用。屏门由木板组成，有一扇的，也有两扇至四扇的不等，等级高的门扇多。一般的宫殿直接于屏门上涂红漆，等级较高的于屏门上糊饰一层黄绫，重要的宫殿则于屏门上糊饰一层缂丝。

现存缂丝屏门的宫殿有三座即乾清宫、交泰殿和皇极殿，乾清宫和交泰殿于嘉庆二年十月二十日毁于火灾，嘉庆三年十月十七日重建，皇极殿建于乾隆三十九年。

一、乾清宫缂丝屏门

乾清宫的屏门有四扇，用缂丝糊饰，前后共计八面，正面缂丝“乾清宫五屏风铭”，背面缂丝红地五彩海水九云龙纹，由苏州织造缂做。档案记载：“（乾隆三十四年四月）初四日，库掌四德来说太监胡世杰传旨：照乾清宫明殿地平宝座屏风门四扇尺寸画样呈览，准时发往苏州缂做，钦此。于本月十八日库掌五德等将按乾清宫屏风门尺寸画得红地五彩海水九云龙，石青地回纹边，通高一丈二尺一寸五分，宽一丈八尺三寸，回纹边宽五寸小纸样一张，准尺寸纸样一张交太监如意呈览，奉旨：照样准发苏州缂做一件，其做法照出外蒙古包内屏风套一样，要糙些缂做，赶出外回銮以前要得，钦此。于五月十四日，总管内务府大臣英廉奉旨：苏州现做乾清宫屏风门上所贴之缂丝九龙片，将屏风掩缝褶面处随面云龙花纹一式缂做云龙，先画样呈览，钦此。于十四日将做得屏风门小木样四扇掩缝褶屏风门小木样四扇，掩缝褶面处随正面云龙一式，俱画得云龙花纹交太监胡世杰呈览，奉旨：准交苏州照样缂做，钦此。于九月二十二日，库掌四德等将苏州织造萨载送到缂丝屏风四扇交太监胡世杰呈览，奉旨：着糊饰背后，另换新绫，赶进宫以前要得，钦此。”[①]苏州织造制作的乾清宫缂丝屏门高3.77米，宽5.67米。

二、交泰殿缂丝屏门

交泰殿有四扇屏门，前后共需八面缂丝，正面缂丝“交泰殿铭”，背面为米色地金龙五彩凤纹，由苏州织造缂做。档案记载：“（乾隆三十六年）四月二十二日，库掌四德、五德来说太监胡世杰传旨：交泰殿后屏风门照乾清宫后屏门一样写‘交泰殿铭’，织做缂丝，背后亦织

① 前揭《总汇》第32册，页613。

缂丝花样纹，先画样呈览，钦此。于六月二十五日，库掌四德来说太监胡世杰传旨：将画得交泰殿缂丝屏门样送进呈览，钦此。于本日，库掌四德将画得交泰殿屏门前面：上面诗，堂下面云水行龙纸样一张。背面：一边九龙，一边正面坐龙、四凤纸样一张持进交太监胡世杰呈览，奉旨：前面准照云水行龙样，背面中间另画坐龙一条，两傍各画凤一只，俱画大样呈览，钦此。于七月十八日，库掌四德将交泰殿屏门前面画得米色地蓝字红宝蓝回纹边蓝龙五彩云水纸样一张，背面画得米色地金龙五彩凤蓝回纹边五彩云水纸样一张持进交太监胡世杰呈览，随交出御笔宣纸字本文四张随册页样一册，奉旨：俱发往苏州，按本文上字照画样上做法一样缂做御笔字屏风门四扇。背面亦照画样缂做龙凤四扇，得时将御笔本文照发去册页样嵌边蓑衣裱册页一册，一并送来，钦此。于三十六年十二月十五日，库掌四德、五德将苏州送到缂丝屏门面八扇持进交太监胡世杰呈进讫。”①

乾隆三十六年制作的缂丝屏门，于嘉庆二年被烧毁，故现存缂丝屏门上的落款为“乾隆壬寅孟春月之吉御制并书”和“乾隆六十二年岁次丁巳孟冬月臣赵秉冲奉敕重摹”。壬寅即乾隆三十七年，但档案记载，乾隆三十六年十二月十五日，缂丝屏门已做好送到京城，故嘉庆重摹乾隆“交泰殿铭”时，落款的年代出现了舛错。

三、皇极殿缂丝屏门

皇极殿是太上皇宫的正殿，是举办重大典礼的场所，建筑形式仿乾清宫，内部陈设仿太和殿，装饰有六根沥粉贴金的蟠龙大柱，宝座也是仿太和殿的髹金漆蟠龙宝座，象征太上皇不可动摇的权威。故皇极殿宝座屏风后的四扇屏门仿乾清宫装饰有缂丝（图2-76），前后共八面，图案为五彩九龙纹，由苏州缂做。档案记载：“乾隆四十年十月初四日，

① 前揭《总汇》第34册，页242。

图 2-76　皇极殿屏门

库掌五德来说内务府大臣刘□奉旨：皇极殿宝座后屏门二面，俱用五彩九龙缂丝成做，先画样呈览，钦此。于闰十一月初三日，为做皇极殿缂丝九龙屏门四扇，画得着色九龙缂丝屏风门小纸样一张，并抹得屏风门画大纸样四张，得时进交太监胡世杰呈览，奉旨：发往苏州照样缂做前面屏风门四扇，其背面亦照样缂做屏风门四扇，共八扇送来，钦此。"[①]
髹金漆：蟠龙宝座后装饰九龙缂丝屏门，与前方九龙壁形成对照，又与象征九重天的中轴上的九座建筑相呼应，突出了太上皇宫的无上至尊。

① 前揭《总汇》第 38 册，页 653。

四、小结

三座宫殿里的缂丝屏门，最初都是乾隆时缂做的，嘉庆三年乾清宫和交泰殿重建后，嘉庆帝又照乾隆时的样式进行了重新缂做，故缂丝屏门这种装饰风格为乾隆首创，但追溯之源，应源于《周礼》“王位设黼扆”之制，黼即斧，把斧绣在大红色的帛上，然后再贴在屏风上，以示王权。虽然缂丝屏门造价高，但效果好，宝座屏风后是一面高大的屏门，如果屏门上糊饰的是五彩云龙或五彩龙凤纹，则精巧工细，色彩绚烂，富有光感、质感和立体感，十分耀眼，更增添了宫殿的祥瑞色彩和神秘气氛。如果屏门正面缂做的是御制诗文，不仅能呈现书法之美，更能反映主人对此宫殿的理解或体现自己的人生理想与追求，成为宫殿的点睛之处。

第六节

符望阁小戏台

乾隆对戏曲有着特殊的喜爱，宫中几乎所有的戏台都是他建的，各种戏台样式独特，耐人寻味，其中符望阁里的戏台是一处精美别致的小戏台。

一、符望阁有座小戏台

乾隆三十五年，乾隆帝开始了营建太上皇宫的工程，乾隆花园后部仿建福宫花园，其中有座符望阁建筑，档案记载两淮盐政李质颖：“（乾隆三十九年）六、七等月接奉内务府大臣寄信，奉旨交办景福宫、符望阁、萃赏楼、延趣楼、倦勤斋等五处装修。奴才已将镶嵌式样雕镂花纹，悉筹酌分别预备集料，加工选定，晓事商人，遵照发来尺寸详慎监造。今已办有六七成，约计明岁三四月可以告竣。”[1]但符望阁里

① 《宫中档案乾隆朝奏折》辑 35，台北故宫博物院印行，1982 至 1985 年出版。

的小戏台却不是他设计的南方戏台样式。

我们先来看看建福宫花园中的延春阁，该建筑为二层楼阁式，据乾隆七年《御制延春阁对雪诗》，说明最迟在七年冬天延春阁已经建成。延春阁一层被分隔成众多小室，东门内辟为戏台，由造办处主持装修。档案记载："（乾隆十一年二月）十八日，司库白世秀来说太监胡世杰传旨：延春阁东门戏台外面小表盘，里面大表盘俱依门口矮，两边白子亦不匀，着添宝盖吊挂，比门口高一寸，两边白子与门口白子分匀，花纹要合一式，先画样呈览，准时再做，钦此。于本月二十一日司库白世秀、七品首领萨木哈将画得外面小表盘添宝盖两边香袋吊挂纸样一张，里面大表盘添宝盖两边花纹纸样一张交太监高玉、张玉呈览，奉旨：照样准做，将两边花纹连上要合一样款式，钦此。于本月二十四日司库白世秀来说太监高玉传旨：延春阁东门戏台外面小表盘两边香袋吊挂不必装香，钦此。于三月初七日太监张玉来说表盘上宝盖吊挂锭上览看，奉旨：照门上花纹颜色一样漆做。"[①]从档案记载看，戏台里安装有两面的钟表，外面是小表盘，里面是大表盘，乾隆要为表盘上添饰宝盖，两边还有香袋吊挂，但这钟表安装于何处？档案记载不清楚，而延春阁又于1923年毁于火灾，遗迹无处可寻。

乾隆《题符望阁》诗云："层阁延春肖（是阁肖建福宫中延春阁式为之），题楣意有存。耄期致勤倦，颐养谢尘喧。豫葺优游地，略惭恭俭门。其诚符我望，惟静候天恩。"乾隆说符望阁仿建延春阁，而且建筑至今保存完整，所幸的是东门内北间南板墙上嵌有双面表盘，外小里大，与延春阁的档案记载相符。表盘两侧是两扇门，这一形式说明它是延春阁东门内戏台的仿建，因此这两扇门可确定为相入将出门。表盘为西洋式（图2-77），圆形，铜錾莲枝花纹，上嵌珐琅罗马数字，但这表盘不是进口的，表盘上有"乾隆年制"款，证实了这是造办处专为戏台

---

① 前揭《总汇》第 14 册，页 498。

2-77　符望阁壁钟

制作的嵌式双面钟表。

确定了符望阁东门内为戏台后，它的格局也就清楚了。据现存原状，东门内分为四间，从南向北排，南为东一间（南间），为观戏空间，东一间与东二间之间设几腿罩，地面上两侧设栏杆罩，以为分隔。东门开在东二间，为明间，开敞，西设落地花罩，里有通道连接两翼空间。东二间与东三间之间设几腿罩，地面上两侧仍设栏杆罩，以分隔东三间为表演空间。东三间与东四间之间为板墙，两侧开门，中间嵌表盘。东四间（北间）是后台即化妆空间，演员从宁寿宫后门贞顺门进，再从符望阁北门入，然后到后台换上戏服上台表演。

但这座戏台并不大，表演空间不足8平米，因此我们称之为符望阁小戏台。

二、小戏台的陈设装饰

据现存原状，小戏台虽小，装饰可是很讲究的。里外华丽的西洋式表盘装饰算是最吸引眼球的了，新颖而又时尚，使戏台装饰具有西洋元素。对这种装饰，乾隆极为爱好，如乾隆元年装修养心殿仙楼时，于楼下东边表盘窗户二间糊表盘，表盘着西洋人郎世宁画，外安玻璃。

出入门以楠木做筒子口，门上装饰双夔龙纹门头花，古典而雅致。外表盘上挂紫檀描金边乾隆“题兰亭八柱册并序”挂屏，里表盘上挂紫檀边漆心铜字乾隆御制句对联“对时怀远胥和顺，利物宜人大吉祥”，与《符望阁陈设档》记载相符。《符望阁陈设档》记“东门甲字：第贰拾陆号紫檀边漆心铜字对一副，北墙挂”，“第陆拾柒号为紫檀描金边兰亭八柱挂屏一件，面北挂”，在门斗上漆心铜字对联之间陈设档还记载挂有“紫檀边镶犀角耕织图挂屏（门斗上挂）”。[1]

东三间西板墙开有隔墙方窗，为紫檀木框嵌珐琅夹纱。

东一间（东门内南间）的陈设据档案记载：“（乾隆五十年十一月）二十三日，接得郎中保成押贴一件内开十月十一日常宁传旨：宁寿宫符望阁东门内面北宝座后南墙一面，着杨大章画松竹梅大画一张，天然木根屏风后着伊兰泰照木根形式画线法，画片二层托贴画片，并做木片，俱着造办处做，钦此。于十一月初九日常宁传旨：宁寿宫符望阁东门内面北宝座后南墙一面，着董诰用绢画松竹梅大画一张，天然木根屏风后照木根形式画线法，山子木片不必要。”[2]可知东一间靠南墙设天然木根屏风，屏风前设乾隆观戏的宝座。南墙上的贴落松竹梅大画由董诰绘制（图2-78），天然木根屏风后背板上由伊兰泰照木根样式画线法画。

天然木根屏风今原状无存，但笔者想起了十多年前（2007年11月20日），在景福宫西垂花门正对的过厅中曾堆放了一座天然木根屏风和宝座，此地与符望阁近在咫尺，它很有可能就是从符望阁小戏台中移出的天然木根屏风和宝座。

东门内小戏台除了上述这些精美的陈设外，据《符望阁陈设档》记载，还有紫檀边缂丝字挂屏二件、御制诗嵌玉字紫檀插屏一件、乾隆年制三彩瓷瓶二件、铜掐丝珐琅二层象足火盆二件、朱漆画金龙箱一件、紫檀嵌玉博古如意式挂屏二件、青玉人物插屏二件、哥窑双管瓶二件、洋铜镶玻璃挂镜一对、紫檀边嵌玉梅花挂屏二件等大量陈设。

---

① 《符望阁陈设档》，故宫博物院藏。

② 前揭《总汇》第48册，页528。

图 2-78　戏台南墙上的松竹梅贴落

三、太上皇宫有一片戏台区

符望阁东门内小戏台，在太上皇宫的北部区域并不是孤立的，它的北边是倦勤斋，斋内西三间为戏台，装饰有巨大的天顶藤萝架通景画，通景画下是戏亭，戏亭坐西向东，面对乾隆的观戏宝座，其南、北、东三面有栏杆，演员只能从相入将出两个门进出登台表演，戏亭属演员的演戏空间。戏亭前还有一个方形的带栏杆的平台，前后有开口的蹬道，据一位同事称：其栏杆上贴的是真实的斑竹皮，而戏亭上的斑竹却是画上的，显然戏亭前的演戏平台比戏亭装饰精美、等级高，可能是皇帝的戏演空间。

符望阁东南角为如亭（图2-79），亦是一个小戏台，二层天井式的结构，十分独特，院子由三面廊子围成，北面廊子西端有楼梯拾级而上。院子中间有一个八角形栏杆围成的水井。一层北、西、南三面墙上绘有壁画。戏台设在楼上的正间，楼下正间的背景壁画前设石座玉瓮，玉瓮与院子中间的水井，都能起到增强音效的作用。戏台外是高大的什

图 2-79　如亭（修复前）

锦漏窗围墙，起到了笼音的作用。档案记载：“（乾隆四十七年）七月二十五日，奉旨着传谕朱椿下次进贡内照依发去尺寸织造富川席来，钦此。计开：颐和轩面北床面宽六尺八寸，进深三尺五寸五分；随安室床面宽一丈，进深四尺一寸，西南间床，面宽一丈，进深四尺一寸；如亭高床，面宽六尺六寸，进深四尺五寸，随尺一杆，俱不要花边。”①据此，可知如亭设有观戏的高床，据同事张淑娴老师称应设在颐和轩西二层上，正好可观看如亭二层的表演。乾隆四十九年十一月，如亭黑漆金字匾才下令制作，档案记载：“二十七日，太监王连成来说太监张进喜交御笔白纸匾式字、横披本文五张（俱宁寿宫、瀛台镜光亭一张、永安寺振芳亭一张、承光殿朵云亭一张、矩亭一张、如亭一张），传旨：将宁寿宫字、横披成做黑漆金字匾式横披二面。”②

符望阁的西北角是景祺阁，二层楼阁式，七开间，楼下西梢间是一座戏台，平面呈凹字形，凹凸的墙壁上贴“福寿双全”通景画以作为戏台的背景。西梢间与西次间连为一体，空间增大，便于武打场面的表演。次间和明间之间的地面两侧设栏杆罩，以区分戏台空间。东次间为观戏的宝座间，东梢间为休息间。

四、小结

在太上皇宫北部区域，出现了四座戏台，戏台各具特点，形成了一个庞大的戏台集中区，说明乾隆酷爱看戏，是为归政后的重要的娱乐活动，孔子说过“恶郑声之乱雅乐也”，所以，这些戏台都隐藏在宫殿区的最北边。戏台集中布局的目的便于明确宫殿区的功能，同时也是为了让演员演完戏后能快速离开，所以所有戏台的进出口都设在贞顺门。出贞顺门往西行至神武门，出神武门，则可回景山戏班住所和南长街南口西侧的南府戏班住所。

---

① 前揭《总汇》第46册，页391。

② 前揭《总汇》第47册，页580。

第三编

念兹在兹

尚书·大禹谟曰『念兹在兹，释兹在兹，名言兹在兹，允出兹在兹』，让大禹念念不忘的是皋陶的德，皋陶树立德政，德惠能下施于民。尚书·大诰曰『若考作室，既底法，厥子乃弗肯堂，矧肯构』，要继承祖先功德，追思祖上功业。后继者所有的心思都要用在这些上面，才能弘扬圣德，守此基业，传与子孙。

第一章 奉先启后

《中庸》称“无忧者，其惟文王乎！以王季为父，以武王为子，父作之，子述之。武王缵大王、王季、文王之绪，壹戎衣而有天下，身不失天下之显名，尊为天子，富有四海之内，宗庙飨之，子孙保之”，文王和武王都是奉先启后的楷模，由此建立了不朽的功勋。历代帝王对太子的培养都极为重视，永乐时大学士陈敬宗对太子宫文华殿是这样来定位的，“讲道毓德，惟孝与忠”。对于子孙的学习，商代宰相傅说称“惟学逊志，务时敏，厥修乃来。允怀于兹，道积于厥躬”。学习要心志谦逊，务必时刻努力，所学才能增长，相信和记住这些，道德才会在自己身上积累增多。

第一节 浴德堂的功能

浴德堂名不知何时所命名，据单士元《故

宫武英殿浴德堂考》称出自《礼记·儒行》“儒有澡身而浴德”，指洁身自好不为污浊所染，处处以道德自律。从浴德之本义看，跟沐浴和斋戒有关。特别是浴室内穹顶高大，约有6米高，如天穹一般，并开了天窗，又在外朝，仅凭这点，就可以确定它是一种极其庄严肃穆的沐浴之所。

一、浴德堂的位置与结构

浴德堂位于紫禁城西南武英殿院内西北角，由三部分组成，前为殿，后为浴室，旁为井亭（图3-1），与元代陶宗仪《南村辍耕录》所记“台西为内浴室，有小殿在前”“浴室在延华阁东南隅东殿后，傍有盝顶井亭二间，又有盝顶房三间”，[①]颇为相似。浴德堂前殿与浴室二者以券洞相通，券门宽1.26米，券洞长约5.2米，中间拐了一个弯，故在平面上呈曲尺形。浴室呈方形（图3-2），面积约为16平方米。券洞及浴室内均贴白琉璃磁砖。浴室墙中间部分四角叠涩挑出变为八角形，在上部形成瓮顶，瓮顶正中开有一个直径0.6米的采光天窗，上建有一小圆屋顶。有一口井，位于浴室墙外西北，上建井亭，是沐浴的取水源。有一间灶屋，位于浴室的北墙下，灶间置鬲形状铜锅。灶屋与浴室有一孔相通，孔在灶临北墙处所嵌的一个圆形石槽下，孔嵌铜管。

井亭台基高2米，台基上的井台高1米。井台北有贮水的石槽，把水汲出倒入贮水槽，水便通过引水槽转折将水引至浴室北侧的灶屋。井水从灶屋北壁的引水进口里自动流出，再接引至锅内，加热后，用勺把水舀出倒入圆形石槽中，再通过槽底的铜管流入浴室。

二、浴德堂的功能

浴德堂浴室的使用功能，这要看它所处的区域来确定。浴德堂位于武英殿院内西北隅，属武英殿的附属建筑。永乐十八年紫禁城落成时，

---

① 前揭陶宗仪《南村辍耕录·宫阙制度》，页254。

图 3-1
浴德堂平面图（采自王文涛《武英殿浴德堂建筑构造与其功能的关系》）

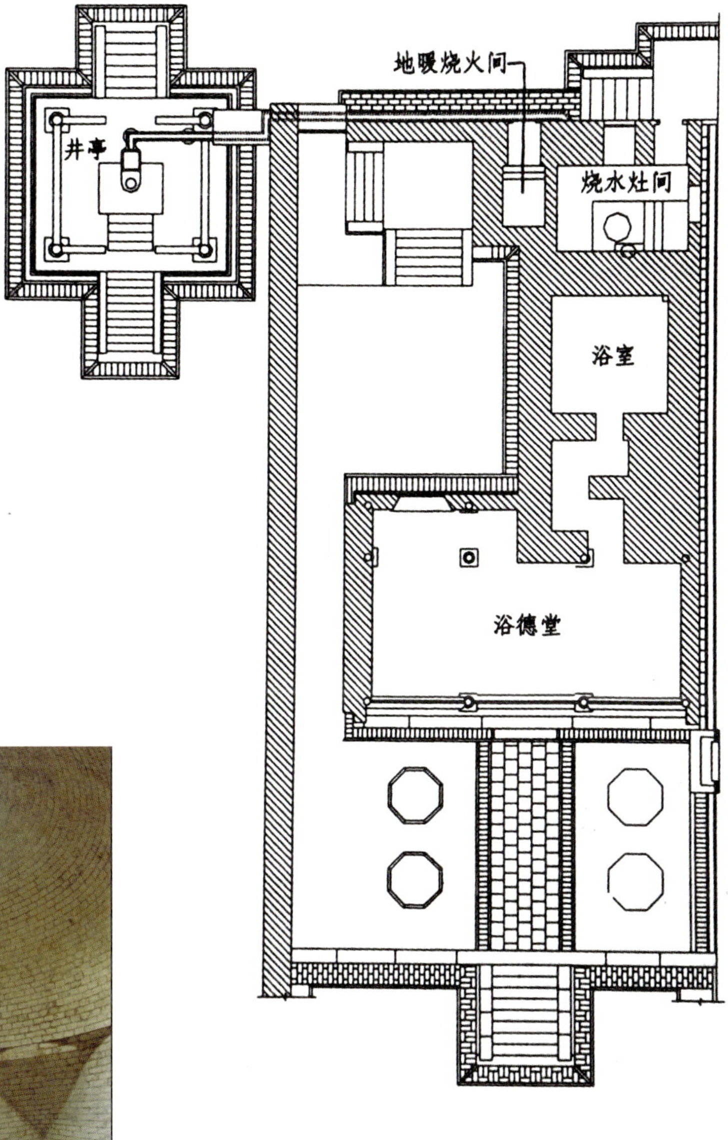

图 3-2　浴室内部

大学士杨荣《皇都大一统赋》称："震位毓德，文华穹窿；亦有武英，实为斋宫。"大学士李时勉《皇都大一统赋》亦曰："东崇文华，重国家之大本；西翊武英，严斋居而存诚。"武英殿是皇帝斋戒的地方。《礼记》记："致齐于内"，"齐之日，思其居处，思其笑语，思其志意，思其所乐，思其所嗜，齐三日，乃见其所为齐者"。[①]齐：音斋，即斋戒，是说致斋三天必须居于室内，在致斋的日子里要时时思念死者生前的起居、谈笑、思想、爱好、口味等等情形，致斋三天之后，眼前就好像真的见到先人了。所以斋戒的本义最初是为死者而举行的。明代凡事皆遵古制，是一个十分尊古的朝代。自洪武二年始遵礼制斋戒，《明史》记："洪武二年，学士朱升等奉敕撰斋戒文曰：戒者，禁止其外；斋者，整齐其内。沐浴更衣。"[②]斋戒必须要沐浴，所以浴德堂是专为皇帝斋戒时沐浴的地方。

平时皇帝不会来此沐浴，浴德堂离内廷太远，生活不方便。只有重大的事件发生时，皇帝才会到此沐浴斋戒。从浴德堂前宽阔的台阶看，沐浴的仪式感很强，《中庸》曰"事死如事生，事亡如事存"，它有没有可能也是皇帝死后沐浴的地方呢？

三、浴德堂是皇帝死后沐浴的地方

浴德堂是皇帝死后沐浴的地方，原因如下：

1. 浴德堂的结构与《礼记》所记相似。古人死后是一定要沐浴的，以便干干净净地离开人间。《晋书·王祥传》记王祥将死，他不愿沐浴，告戒其子云："气绝但洗手足，不须沐浴。"由此可见，死者如果没有特别的遗嘱，一般死后都是要沐浴的。

《礼记》记录了御者给死者沐浴的场景："管人汲，授御者，御者

① 前揭钱玄等注释《礼记》（下），页612。

② 《明史·志第二十三》卷四七，页1239，中华书局，1974年。

差沐于堂上。君沐粱，大夫沐稷，士沐粱。甸人为垼于西墙下，陶人出重鬲。管人受沐，乃煮之；甸人取所彻庙之西北厞薪，用爨之。管人授御者沐，乃沐。沐用瓦盆，挋用巾，如它日。小臣爪手剪须。濡濯弃于坎。”①

这段记载的意思是说管人从井中汲水交给御者，御者在堂上用水淘米取泔水，诸侯用粱米的泔水，大夫用稷米的泔水，士也用粱米的泔水。甸人在庭中西墙下垒一个土灶，陶人供应烧煮的鬲即锅。管人接过御者准备好的洗澡水，放到土灶上烧煮；甸人用从寝室西北角隐蔽处拆来的柴草烧火。煮好之后，管人将洗澡水递给御者，御者为死者洗澡。用瓦盆承洗澡水，揩干身体用布巾，就像生前洗澡一样。近臣为死者剪指甲和胡须。

堂即室和灶，鬲即锅、井，这就组成了古代为死者沐浴的场所，水从井里汲出以薪烧煮，洗澡水就烧好了。这与浴德堂的结构很相似。浴德堂的水是从井中汲上来的，水倒入引水槽，自动流入灶间的锅里，经加薪煮热后，再舀出倒入圆形石槽中，通过孔而流入浴室里。所不同的是浴德堂浴室有高大的穹顶和地暖，水也是自动传递的。但仍可以看出二者有一脉相承之处。

2. 仁智殿为帝后梓宫灵位停供之处。仁智殿位于武英殿后，是一座大殿，原是永乐帝的潜邸，故朱棣死后，寿终正寝，停放于此，《明太宗实录》记：“（永乐二十二年八月）壬子，皇太孙奉大行皇帝龙辇及郊，皇太子、亲王及文武群臣皆衰服，哭迎至大内，奉安于仁智殿，加殓奉纳梓宫。”②

明人刘若愚在《酌中志》亦记：“有井存焉。再南，则宝宁门，门外偏西大殿，曰仁智殿，俗所谓白虎殿也，凡大行帝后梓宫灵位，在此

---

① 前揭钱玄等注释《礼记》，页 585。

② 《大明太宗文皇帝实录》卷二七四，永乐二十二年八月壬子。

停供。”[①]仁智殿是专为皇帝死后停放梓宫的地方。按礼制，死后是一定要沐浴的，《明仁宗实录》记仁宗驾崩后按古礼所记举行了沐浴。而浴德堂就在仁智殿的旁边，故认为皇帝死后到此沐浴，是最方便的。

3. 汉代刘熙《释名》记：“西北隅曰屋漏。《礼》：‘每有亲死而辄撤屋之西北隅，薪以爨灶，煮沐供诸丧用。时若值雨则漏，遂以名之也。必取是隅者，礼既祭，改设馔于西北隅，今撤毁之，示不复用也。’”[②]刘熙称宫殿的西北隅为屋漏，是死者沐浴的地方，架灶烧柴，煮水供死者沐浴。而浴德堂正处于斋宫武英殿的西北隅，与《礼》所记相同。

四、小结

紫禁城的西南隅是一个特殊的地方，布局着仁智殿、武英殿、思善门、浴德堂。仁智殿是停放梓宫的地方，旁边的思善门是大臣们早晚哭临的地方，《明太宗实录》记：“皇太孙、亲王皆易服，宫中设几筵，朝夕哭奠。……乙巳，百官素服朝夕哭临思善门外。”[③]武英殿是斋戒的地方，浴德堂是沐浴的地方，将这些宫殿门座组合在一起时，它们就形成了一个丧事活动区。《老子》说：“吉事尚左，凶事尚右。”皇帝生前大概不会到这个区域来沐浴，只有特殊的情况他才可能到此斋戒，比如先皇死后，嗣皇帝到此守灵而沐浴。故认为浴德堂是皇帝死后沐浴的地方。

---

① 前揭吕毖编《明宫史》，页 17。

② ［汉］刘熙：《释名·释宫室》卷五，清文渊阁四库全书本。

③ 《大明太宗文皇帝实录》卷二七四，“永乐二十二年八月乙巳”。

第二节

明孝宗朱祐樘尊亲建庙

在故宫奉先殿西明代曾建有奉慈殿，东建有神霄殿，建这些殿，是因为帝王的生母不是嫡母，故不能升祔太庙、奉先殿。成化二十三年，朱祐樘即位，于奉先殿西建奉慈殿供奉母亲神主。弘治十七年太皇太后周氏去世，经大臣们会议，决定于奉先殿东另建新庙奉祀。到清代时则可一帝多配，这些殿也就不存在了。明代这是一个比较复杂的问题，要弄明白，还得从弘治帝朱祐樘说起。

一、朱祐樘的童年

《明史》记："祐樘，宪宗第三子也。母淑妃纪氏，成化六年七月生帝于西宫。时万贵妃专宠，宫中莫敢言。悼恭太子薨后，宪宗始知之，育周太后宫中。十一年，敕礼部命名，大学士商辂等因以建储请。是年六月，淑妃暴薨，帝年六岁，哀慕如成人。十一月，立为皇太子。"①

原来朱祐樘为宪宗偶幸女官纪氏所生（图3-3）。纪氏为广西纪姓土司的女儿，明军平息土司叛乱后，少女纪氏被俘入宫中，担任女官，管理皇帝的私房钱。纪氏怀孕后，被宪宗宠妃万贵妃强制堕胎不成，被贬入西宫，生活极度艰难。纪氏于西宫生下朱祐樘后，其子的生命受到极大的威胁，万贵妃曾派人多次搜查，幸得太监张敏和吴皇后暗中相助，才幸免于难。宪宗得知朱祐樘的存在后，当亲眼目睹朱祐樘因长期幽禁胎发过膝时，不禁泪流满面，于次日立为太子，但其母却于宫中突然暴亡。宪宗的母亲周太后为了保护朱祐樘，将祐樘接入自己居住的仁寿宫抚养并让其接受正规的皇室教育。

可能是受到自己苦难人生的经历和儒家思想的影响，弘治帝养成了宽

① 《明史》卷一五，"本纪第十五"。

图 3-3　弘治帝像

容、善良的性格，他在一些重大问题的处理上，不独断专行，能采纳大臣们的建议，在配享制度上没有发生像嘉靖朝那样的“大礼仪”之争。

二、一帝一后制

明代第一次争论帝后合葬事，始于英宗嫡皇后钱氏之死。成化四年六月，钱皇后病逝，英宗死前曾说要钱氏与他合葬，本来不成问题的合葬却成了问题，原因是周贵妃的阻挠。宪宗的生母周贵妃，在朱见深即位后封为太后。周太后为了达到与英宗合葬的目的，设法阻止钱皇后与英宗合葬，欲另起坟穴。

《明史》记：成化四年，慈懿太后钱氏崩，诏议山陵，彭时、商辂、刘定之联名上疏曰：“太后作配先帝，正位中宫，陛下尊为太后，诏示天下，先帝全夫妇之伦，陛下尽母子之爱，于义俱得，今梓宫当合葬裕陵，主当祔庙，此不易之礼。比闻欲别卜葬地，臣等实怀疑惧。窃谓皇上所以迟疑者，必以今皇太后万寿后，当与先帝同尊，自嫌二后并配，非祖宗制。考之于古，汉文帝尊所生母薄太后，而吕后仍祔长陵。宋仁宗追尊生母李宸妃，而刘后仍祔太庙。今若陵庙之制稍有未合，则有乖前美，贻讥来叶。”[①]

钱氏为嫡后，应合葬裕陵，神主祔太庙，这是不能更改的礼制。彭时等听说要为钱氏另卜葬地，认为这是周太后在背后唆使皇上这样干的，目的是想自己百年后与英宗合葬，反次为主，嫌二后并配。彭时等列举了历史上皇帝虽尊奉生母，但嫡母仍祔陵寝和太庙的成规，如汉文帝和宋仁宗之举。于是诸大臣相继上疏支持彭说，宪宗只能再次违背生母周太后意愿，同意慈懿太后合葬裕陵。

这次大臣们的坚持，是有礼制依据的，《礼记·王制》记：“天子七庙，三昭三穆，与大祖之庙而七。”古代宗庙排列法，左为昭庙，右

① 《明史》卷一七六，“列传六十四·彭时”。

为穆庙，太祖庙居中。周七庙：文王世室、高祖、祖父三个昭庙，武王世室、曾祖、父三个穆庙，中为太祖庙。先祖之妣祔祭，不单立庙，一帝一配。所以祖庙无二配，为历代所遵循。明制规定只有嫡后才可以系帝谥及祔太庙，继后及皇帝生母都不系帝谥和祔太庙，《明实录》记："先是礼部言国朝庙制一后配帝，其礼甚严，如先年孝肃皇太后、孝穆太皇太后、孝惠太皇太后神主皆祀于奉慈殿，近年乃迁奉各陵，均祀于别所。"[①]

三、建奉慈殿以安母亲神主

《大明会典》记："成化二十三年，孝宗即位，追上母妃纪氏尊谥，曰孝穆慈慧恭恪庄僖崇天承圣皇太后，祔葬茂陵，别建奉慈殿于大内，奉安神主，一岁五享，四序荐新。"[②]孝宗的生母纪氏，不是嫡母，于成化十一年三月去世后，按礼制神主不能升祔太庙和奉先殿。成化二十三年朱祐樘即位后，先追谥其生母为孝穆皇太后，接着祔葬茂陵，又于奉先殿西侧按宋代制度建奉慈殿以安奉神主，杨新成《明代奉慈殿兴废考》一文对奉慈殿的兴建、形制、方位和祭祀作了考证[③]。本文在此基础上对《明实录》所记这段事件进行详细剖析，以明孝穆皇太后神主被供奉于奉慈殿的前后经过。

奉先殿是宫内祭祀皇帝帝系血统的场所，相当于太庙，奉慈殿位于其西侧，实如偏房一样。弘治帝对新辟奉慈殿供奉母亲神主是权宜之计，不得已而为之。弘治十七年三月，太皇太后周氏（孝肃皇太后）病逝，这给了孝宗一次机会，他要利用太皇太后入葬一事，重新规划母亲神主的供奉之所。

---

① 《大明穆宗庄皇帝实录》卷五，隆庆元年二月甲辰。

② 《大明会典》卷八九，"礼部四十七·庙祀四·奉先殿（崇先殿附）"。

③ 杨新成：《明代奉慈殿兴废考》，《故宫博物院院刊》2011 年第 3 期。

据《明实录》记载：一天，弘治帝御西角门朝会毕，遣内官召大学士刘健、李东阳、谢迁至门内暖阁素幄中，弘治帝站起身对他们说：“陵庙事须商量。”意思是想让太皇太后周氏合葬裕陵，这是太皇太后的心愿，也是弘治帝想要报答皇祖母的地方，因为弘治帝从小是她养大的。刘健等奏称：“昨蒙遣太监扶安谕示，孝庄睿皇后葬未合礼，欲为厘正，此盛德事，臣等仰见皇上圣孝高出前右，不胜叹慕。”[①]弘治帝称孝庄睿皇后（钱氏）安葬时未合礼，欲厘正，这令大臣们不胜感动。所谓不合礼，原来在建英宗陵寝时，周氏为自己也开了一条隧道，并暗中吩咐太监将通往英宗玄堂的钱氏隧道填满土，致使钱氏的葬处离英宗玄堂有数丈的距离，等于说钱氏没有与英宗合葬在一起。

弘治帝从袖中拿出裕陵图纸说：“此未合礼，昨见成化年彭时、姚夔等奏章，先朝大臣如此忠厚为国。”刘健等回答道：“诚如圣谕，但今日断自圣衷，则天下臣民无不痛快，垂之史册，万世有光。”弘治帝说：“钦天监言恐动风水，朕已面折之，今日开圹，不为动风水乎？皇堂不通则天地否塞，通之则风气流行，恶得言动？惟一点诚心为之，料亦无害。”钦天监称开通隧道，恐动风水。弘治帝当面驳回，称今日开圹合葬，难道就不动风水吗？弘治帝之意是借开通钱氏隧道，堵住大臣们的嘴，以便实现太皇太后入葬裕陵。大臣们听后皆曰：“皇上一念孝诚，可以格天，吉，无不利。”弘治帝接着说：“此事不难，若祔庙之礼，尤所当讲。”[②]称合葬事不难，但神主合祔英庙之礼，尤其要讲明定下来。

刘健等奏曰：“先年议奏已定，慈懿太后居左，今大行太皇太后居右，合祔裕陵配享英庙，且引唐宋故事为证。臣等以此不敢轻率议定，其实汉以前惟一帝一后，唐始有二后，宋亦有三后并祔者。”[③]大臣们称

① 《大明孝宗敬皇帝实录》卷二〇九，弘治十七年三月。

② 同上注。

③ 前揭《大明孝宗敬皇帝实录》卷二〇九。

虽然先年已经议定排位合祔裕陵享殿，但臣等不敢轻率决定。

弘治帝还是明事理的，他说："二后已非，若三后尤为非礼，事须师古，末世鄙亵之事不足学。太皇太后鞠育朕躬，恩德深厚，朕何敢忘，但一人之私情耳。钱太后乃皇祖册立正后。我朝祖宗以来，惟一帝一后，今若并祔，乃从朕坏起，恐后来杂乱无纪极耳。且如孝穆太后，朕生身母，止尊称为皇太后，别祭于奉慈殿。"[①]称唐宋二后、三后配享非礼，不能效仿。虽然太皇太后对我恩重如山，但这是个人私情，不能以此为由破坏公理。遵一帝一配之制，钱太后配享太庙。今若并祔，则是从我开始坏了制度，后世就更加杂乱无纪了。所以孝穆太后，虽为朕生母，除了尊为太后外，还是把神主安奉于别殿奉慈殿。但弘治帝说这段话，是别有深意的，他内心另有所指。

四、弘治帝别有构想

在世上，他最亲的两个人是太皇太后周氏和母亲纪氏，他想把两位亲人放在一起来祭祀，而奉慈殿由于是由神库改造而成，空间和结构都不理想，不能算是正式的享祀别殿，所以他首先想到了与奉先殿相对的西路上的仁寿宫（图3-4）。仁寿宫为工字廊，分前后殿，体量巨大，曾是太皇太后周氏的寝宫，他从小就在这里长大，对此殿充满了感情。原来，仁寿宫永乐时就已存在，而且地位崇高，永乐时大学士金幼孜《皇都大一统赋》称："乾清并耀于坤宁，大善齐辉于仁寿。"另一位大学士李时勉《北京赋》亦称："其后则奉先之殿，仁寿之宫，乾清坤宁，眇丽穹窿，掖庭椒房，闺闼闳通；其前则郊建圆丘，合祭天地，山川坛壝，恭肃明祀。"仁寿宫不仅与乾清宫相媲美，而且它与奉先、乾清、坤宁并列，地位如郊建的祭天圆丘和山川坛壝。

于是弘治帝的主意已定，他对刘健等说道："今仁寿宫前殿尽宽

---

① 前揭《大明孝宗敬皇帝实录》卷二〇九。

3-4　乾隆时的慈宁宫（明仁寿宫旧址，体量比慈宁宫大得多）

大，意欲奉太皇太后神主于此，他日奉孝穆太后于后殿，岁时祭享一如太庙，不敢少缺。”①弘治帝对太皇太后周氏和生母纪氏充满了感情，他想把二神主迁供于此，太皇太后神主居前殿，母亲神主居后殿，形成一个独立的区域，与东边的奉先殿形成对峙，这样弘治帝就可经常来此祭祀太皇太后和太后，独自抒发自己的思念之情。

对弘治帝的这一想法，刘健等听后未置可否，皆未敢应。弘治帝又说：“此事却难处，仍旧，则理有未安，更之则违先帝之意，又违群臣会议，会议犹可，奈先帝何？朕常思之，夜不能寐。先帝固重，而祖宗之制为尤重耳。然朕亦难于降旨，可议行之。”②弘治帝真是一位仁慈之君，宽容又替别人着想，不像后来的嘉靖帝那样一意孤行。他说这

① 前揭《大明孝宗敬皇帝实录》卷二〇九。
② 同上注。

件事确实有难处，奉祀奉慈殿不动，于理有所不安，迁移仁寿宫则违背祖制。既违遵先帝之意，又背群臣会议。为此常思，夜不能寐。先帝固重，而祖宗之制尤重。所以弘治帝的内心是充满矛盾的。因此，刘健等回答说：此事重大，非廷议不可。

五、廷议结果

（一）第一道上疏

弘治十七年三月丁丑日，刘健等联名上了第一道上疏："窃惟事莫大于送终，礼莫重于祀享兹者。大行圣慈仁寿太皇太后鸾驭上升，山陵伊迩，祀享之礼，宜预讲求。谨按成化四年间，慈懿皇太后崩逝之日，群臣会议有二后并配之文，窃闻当时先帝遇天下难处之事，群臣为委曲将顺之词，或者犹不能无疑焉。然奏议虽成于当时，而奉行则始于今日。仰惟皇上承宗祧之重，为纲常之主，所宜至详至慎，而不可少有忽焉者也。伏望特敕礼部，仍会集群臣咨询，众议稽本朝祖宗之庙制，质古先圣王之训典，务合大公允归至当，俾行之于今而无憾，垂之万世而有光，臣等不胜至愿。"[1]

这道上疏完全没有考虑弘治帝的想法。从道义上讲，送终与礼制并重，太皇太后驾鹤升天，宜早做决策。按成化四年群臣会议二后并配之文，当时先帝（宪宗）有难言之处，群臣有委曲求全之意，因为周太后为宪宗生母，是为周太后幕后干预，破坏了一帝一后配享制度。虽奏议形成于当时，但奉行则在今日，所以要求皇帝按礼制执行，废除当时的陈议。弘治帝遂命礼部稽考典制，详议奏闻。

（二）第二道上疏

弘治十七年三月癸未日，英国公张懋、吏部尚书马文升等奉旨会议后，上疏称："庙享事宜谓宗庙之礼，乃天下之公义，非子孙得以私

---

① 前揭《大明孝宗敬皇帝实录》卷二〇九。

之。万古纲常有不可易者，自古昔以来，殷周七庙，父昭子穆，各有配座一帝一后，礼之正仪，盖阴阳相配之理也。下至春秋以鲁隐之国，而书考仲子之宫，胡安国传云：‘孟子入惠公之庙，仲子无祭享之。’所以此观之春秋之世去先王未远，鲁秉周礼先王之制，犹有存者，祖庙无二配故也。先王之制概亦可见。”[①]称庙享即宗庙之礼为万古纲常，如殷周七庙制，各配座一帝一后，至春秋鲁国亦然，希望皇上遵守礼制。但大臣们提出了另建宫祭祀的想法，以圆弘治帝之孝，但意味着太皇太后周氏神主不能供奉仁寿宫。

“稽之《周礼》有祀先妣之文，疏云：‘姜嫄也，是则太母得特立庙以专祀，不失尊崇之礼，自周然矣。《诗》所谓《閟宫》是已。’唐宋礼制无常，初正终乱，固无足言，但其间推尊太后不配食（祀）祖庙者，则别立殿享之，亦得《閟宫》之义。至我国朝，祖宗太庙之建，一遵古典，损益得中，迤今已溢九庙，庙皆有配，配皆无二，宏规远谟，成宪已定。又于禁庭内建奉先殿，得以朝夕供荐思孝之情，委曲详尽。”[②]称有周代为太母另建庙专祀的典制，相当于鲁国于郊外所建祭祀祖先的閟宫。虽然唐宋礼制混乱，但其间有尊太后不配享祖庙之举，别建殿享祀，得《閟宫》之义。至我朝，遵古制建太庙，迤今已建了九庙，皆一帝一配，已成制度。同时又于宫内建奉先殿，可早晚祭祀，以展孝思。

“仰惟皇上继统，动率旧章而举无不宜。兹遇大行圣慈仁寿太皇太后上仙，朝夕不离，丧次悲哀，动乎中外，传之万方，孰不仰感圣孝之无已也。但孝心无穷，而礼有限，节祀享之礼，当归于至当，所有奉安神主，宜于奉先殿之外相应处所建一新庙，如《诗》之《閟宫》，宋之别殿，岁时荐享，一依太庙、奉先殿之仪。祀专而且近礼。勤而且便

---

① 前揭《大明孝宗敬皇帝实录》卷二〇九。

② 同上注。

隆，名徽号仍称太皇太后，极其尊崇，永受万年之享，则情义两尽，罔极之恩以酬严祖之道，以著而大孝之实，垂诸万世无疆矣。”[①]称皇上的孝心感动中外，虽孝心无穷，但要受到礼的限制，故提出仿照《诗》之《閟宫》、宋之别殿于奉先殿外另建新庙，岁时荐享，一如太庙、奉先殿之仪，如此，既全了皇上的孝心，又符合礼制。

六、因弘治帝驾崩而新庙未成

弘治帝毕竟识大体，或许这也是他所要的结果，对此，他也就心满意足了，太皇太后和太后可以单独地占有庙享，于是召大学士刘健等至素幄中，从袖中拿出“奉先殿图”，指其西一区说：“此奉慈殿也。又指其东一区曰：‘此神厨也，欲于此地别建庙，奉迁孝穆太后神主，并祭于此，如何？’”弘治帝想在奉先殿东神橱处另建新庙，刘健等回答说“最当”，弘治帝又问：“位次如何？”皆对曰：“太皇太后中一室，孝穆太后或左或右一室。”上曰：“须在左，后来有如此者，知居右耳。”于是弘治帝下旨：“卿等稽考古典及祖宗庙制，既已明白，都准议。特建庙奉享，仍称太皇太后，以伸朕尊亲之意，后世子孙遵守崇奉，永为定制。”[②]

“弘治十八年五月乙酉朔，壬辰以大行皇帝宾天告于奉先殿”[③]，不幸的是弘治十八年五月壬辰，弘治帝驾崩，六月钦天监称年方有碍，不宜动土，《明实录》记：“癸酉初，孝宗皇帝从廷臣议别建新庙奉祀孝肃太皇太后神主，钦天监奏年方有碍，礼部集议请神主暂奉安于奉慈殿正中，移孝穆皇太后神主居左从之。”[④]

弘治帝离开了人世，于奉先殿东建新庙也就落空了，最终太皇太

---

① 前揭《大明孝宗敬皇帝实录》卷二〇九。

② 同上注。

③《大明武宗毅皇帝实录》卷二，弘治十八年五月。

④ 同上注。

后周氏（孝肃皇太后）的神主还是奉安在了奉慈殿正中，与孝穆皇太后（纪氏）的神主排在了一起。

七、小结

“入太庙，每事问”，连孔子都怕弄错了祭祀的礼仪。古代受礼限制的地方太多，而且是不能更改的，即使拥有至高无上权力的皇帝也是如此。弘治帝的生母因不是嫡母，在一帝一后配享的明代，是无法升祔太庙和奉先殿的，只能供奉于奉先殿西侧由神库改造而成的奉慈殿里。弘治帝利用太皇太后周氏神主升祔之机，提议供神主于仁寿宫，以便形成与奉先殿相对的单独的供奉区，因大臣们的阻挠没有成功。于是又提出于奉先殿东建新庙以奉太皇太后神主，又因他的驾崩而未能实现。太皇太后周氏的神主最终还是与弘治帝的生母纪氏的神主供在了一起，其生母的神主也就无法迁出奉慈殿了。

第三节

奉先殿后殿各龛前的供奉陈设

奉先殿原状陈设自20世纪60年代拆除后，一没照片，二没图纸，但太庙有照片留存，故在研究其陈设原状时，人们很自然地便先入为主地以太庙为参照对象。特别是后殿的陈设，一直认为是和太庙一样的，但实际上并非如此。

一、后殿神龛前的供奉设置

道光时，考虑到后世帝后升祔增龛的问题，对后殿金龛进行了改造和重新排列组合，将后殿隔为九间，明间置三龛为太祖、皇太极和顺治三帝，配五位皇后；东次间置两龛为康熙、乾隆二帝，配六位皇后；西

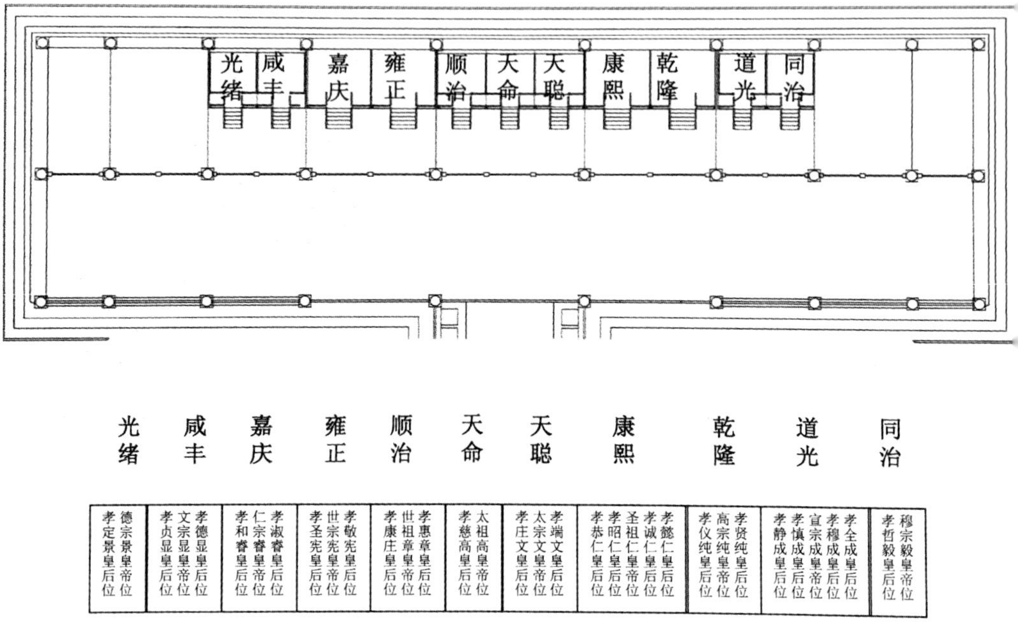

图 3-5　道光改制后的后殿龛位图（洪烨绘制）

次间置两龛为雍正、嘉庆二帝，配四位皇后。[①]后世根据道光帝的改制，于东三次间置两龛为道光、同治二帝，配五位皇后；西三次间置两龛为咸丰、光绪二帝，配三位皇后（图3-5）。

（一）明间（太祖、皇太极、顺治）

据《奉先殿后殿规制及后殿龛座修理等事》记后殿明间："改做供案三张，各连翘头长六尺，宽三尺六寸。改做宝椅八张，各面阔一尺六寸，进深二尺。改做花香供案三张，各连翘头长三尺五寸，宽一尺三寸。挪安帛案三张，各连翘头长三尺六寸，宽一尺三寸。供案前香几三座，下座各见方一尺五寸，戳灯六座，下槅□木各见方二尺二寸，俱照

① 《清史稿》卷九二，"礼四·吉礼四"。

图3-6　交椅

旧安奉。花香供案两边海灯六座，挪在仙桥踏朵两旁安奉。”[①]

花香供案，因案上供花瓶、香炉故名，又称香案。帛案，因案上供盛帛的竹篚故名。明间因有三龛，故设供案三张，花香供案三张，帛案三张。戳灯六座，海灯六座；因有三帝五后，故设宝椅八张。按《大清会典》记载，若大享，每神位前供案上设笾十二件、豆十二件、簠二件、簋二件、铏一件、登一件、金爵三件、金匕一把、金箸一双，花香供案上设香炉一件、花瓶二件，帛案上设竹篚一件。[②]供案、花香案和帛案都带翘头，宝椅即交椅，上覆龙凤椅搭。

翘头供案三张，按清一尺略等于0.31米换算，均面阔186厘米，进深112厘米。宝椅（交椅）八张（图3-6），均面阔49.6厘米，进深62厘米。翘头花香供案（香案）三张，均面阔108.5厘米，进深40.3厘米。翘头帛案三张，均面阔111.6厘米，进深40.3厘米。香几三座，均见方46.5厘米。戳灯六座，均见方68.2厘米。

（二）东次间（康熙、乾隆）

“东次间改做供案二张内，一张连翘头长八尺，一张连翘头长六尺，俱宽三尺六寸。改做宝椅八张，各面阔一尺六寸，进深二尺。”[③]

---

① 《奉先殿后殿规制及后殿龛座修理等事》，道光元年十二月，《内务府则例二种》，第二种，第3册，《掌仪司》卷一，海南出版社，2000年。

② 《钦定大清会典则例》（嘉庆朝）卷八九○，“内务府六·祀典·奉先殿陈设”。

③ 同上注。

东次间因有两座龛，故设供案二张，花香供案二张，帛案二张。戳灯四座，海灯四座。因有二帝六后，故设宝椅八张。

翘头案二张，一张长248厘米，因康熙帝有四位皇后，故为康熙帝神龛前设。一张长186厘米，为乾隆帝神龛前设。交椅八张，尺寸同明间。

（三）西次间（雍正、嘉庆）

“西次间改供供案二张，各连翘头长六尺，宽三尺六寸。改做宝椅六张，各面阔一尺六寸，进深二尺。每间改做花香供案二张，各连翘头长三尺五寸，宽一尺三寸。挪安帛案二张，各连翘头长三尺六寸，宽一尺三寸。供案前香几二座，下座各见方一尺五寸。戳灯四座，下槅□木各见方二尺二寸，俱照旧安奉。花香供案两边海灯四座，挪在仙桥踏朵两旁安奉。”①

西次间有龛两座，设供案二张，花香供案二张，帛案二张，香几二座。戳灯四座，海灯四座。因有二帝四后，故设宝椅六张。

翘头供案二张，均面阔186厘米，进深111.6厘米。交椅二张，尺寸同明间。香案二张，尺寸同明间。帛案二张，尺寸同明间。香几二座，尺寸同明间。戳灯二座，尺寸同明间。

（四）东再次间（道光、同治）

“添安供案一张，连翘头长六尺，宽三尺六寸；花香供案一张，连翘头长三尺五寸，宽一尺三寸；帛案一张，连翘头长三尺六寸，宽一尺三寸；宝椅一张，面阔一尺六寸，进深二尺；供案前香几一座，下座见方一尺五寸。花香供案后仙桥踏朵两旁海灯二座，添制衣架一座，盆架一座，伞架一座。”②此则档案为道光元年时档案，故道光帝为自己提前制作了一份供具供器，同治帝驾崩后，又于此间添置神龛、案、椅等一分，其形制等同道光帝。

---

① 《奉先殿后殿规制及后殿龛座修理等事》，道光元年十二月，《内务府则例二种》，第二种，第 3 册，《掌仪司》卷一。

② 前揭《奉先殿后殿规制及后殿龛座修理等事》。

按道光、同治二帝计，东再次间有龛两座，故设供案二张，花香供案二张，帛案二张，香几二座，衣架二座，盆架二座，伞架二座。戳灯四座，海灯四座；因有二帝五后，故设七座宝椅。

“添制衣架一座，盆架一座，伞架一座”，可知道光改制前，每座龛前已设有衣架、盆架和伞架，故此添制了这三件。明间设香几三座，衣架三座，盆架三座，伞架三座；东西次间设衣架二座，盆架二座，伞架二座。

翘头供案一张，尺寸同西次间所供翘头供案。香案一张，尺寸同明间。帛案一张，尺寸同明间。交椅一张，尺寸同明间。香几一座，尺寸同明间。

（五）西再次间（咸丰、光绪）

西再次间有龛两座，故设供案二张，花香供案二张，帛案二张，香几二座，衣架二座，盆架二座，伞架二座；戳灯四座，海灯二座；因有二帝三后，故设五张宝椅。

二、《大清会典》所记后殿陈设

道光朝《大清会典》记：“后殿寝室各设神龛、宝床、帐、幔、帷、幄、席、褥、衾、枕、楎、椸。寝室内设案一，陈炉一，灯二，油灯二，花瓶二。寝室门外每神位设宝椅一，每室设案一，前帛案一，香几一，陈香炉一，香盒一，羊角座灯二。东西序设尊案、爵案、帛案各一，共雨伞七。行祇告礼，于中一室外右旁设祝案一。穿堂设羊角座灯四。”[①]

“事死如事生，事亡如事存”，后殿寝室里的陈设如同生前，于神龛内设床、帐、幔、帷、幄、席、褥、衾、枕等，龛外设椅、案、几、灯，案上置炉、瓶等。

“东西序设尊案、爵案、帛案各一”与记载的前殿陈设相同，故尊案、爵案、帛案各一设于东墙下；尊案、爵案、帛案各一设于西墙下。

---

① 《钦定大清会典则例》（嘉庆朝）卷八九〇，“内务府·奉先殿陈设”。

“共雨伞七”，指道光之前有七座龛，故设伞七座，可知后殿十一座龛应有伞十一座。

另“寝室门外每神位设宝椅一”，是指龛里的神位有多少，就要设多少宝椅，十一龛三十四位帝后，故设三十四张交椅。油灯即海灯。

三、小结

后殿神龛体量巨大，高约4米，顶天立地，楠木金漆，金光灿烂，神龛里的宝床上供着祖先神位，平时皇帝不到寝殿跪祭，但每月有所司官员荐新，将时鲜的食品祭献。20世纪60年代，神龛被拆除，但构件均保存完好，今欲恢复原状，其后殿的陈设档案记载翔实，几、案、灯等均有尺寸记录，为恢复原状提供了可能。

第四节

苍龙训子马栅宝座与皇子教育

笔者一直认为陈设在南大库家具馆的两座马栅宝座是皇帝外出时的坐具，如在承德狩猎时接见蒙古王公大臣或外藩时使用，因为马栅可以折叠收起来，便于陈设于野外。如果皇帝坐在“苍龙训子”马栅宝座上，皇帝与王公大臣或外藩岂不成了父子关系？于是笔者产生了对这种宝座重新认识的欲望，终于心胸豁然顿开，解开这两座马栅宝座秘密的钥匙，就在于宝座本身已经给出的答案即“苍龙训子”图上。

一、故宫藏有四座“苍龙训子”马栅宝座

故宫家具馆里陈设了两座木金漆“苍龙训子”马栅宝座，一座是黑漆描金，另一座是红漆描金，加上库房里还有两座，故宫一共藏有四座这样的马栅宝座。雕刻“苍龙训子”图的坐具喜欢使用马栅宝座的样

式，可能在于它是移动的坐具，北方游牧民族的偏爱吧。

四座马栅宝座的造型一样，只是大小不同，楠木胎，罩金漆，椅圈与扶手连为一体，扶手末端雕饰龙首，使之形成龙身起伏状的椅圈。靠背上浮雕“苍龙训子”图，座面为软屉，由丝绳编织而成。前后两腿交叉，中安横木为轴，故人们又称马栅为交椅。腿两侧装饰蟠螭纹花牙。靠背背后雕饰“五岳真形”图。

1. 故208237黑漆描金“苍龙训子”马栅宝座，宽52厘米，高58厘米。参考号为“留平87000复查59”。现陈设于南大库家具馆。

2. 故208278红漆描金“苍龙训子”马栅宝座，宽107.5厘米，高121厘米。参考号为“芥九一”。查《故宫物品点查报告》，登记名称为“大小折椅二张”属造办处所藏，估计是从宫殿里撤下的，收入造办处库房，以备外出时使用。现陈设于南大库家具馆。

3. 故208095，黑漆描金龙纹“苍龙训子”马栅宝座，宽76厘米，高99厘米。参考号为“黄六二”，属上书房所藏。

4. 资1086，黑漆描金龙纹“苍龙训子”马栅宝座，破损严重，无参考号。

二、上书房“苍龙训子”马栅宝座

乾隆时期制作了很多马栅宝座，陈设于宫殿、园林之中，但不一定是“苍龙训子”马栅宝座，如圆明园安佑宫陈设的九座马栅宝座、中和殿陈设的红漆大马栅宝座、御景亭陈设的马栅宝座等。有两条档案记载上书房陈设有马栅宝座，一条记载：“乾隆七年四月初四日，司库白世秀来说首领开其里交红漆大马栅一件（随妆缎坐褥一分），红漆小马栅一件（随妆缎坐褥一分），螺甸杌子一件，传旨：将红漆描金马栅、螺甸杌子粘补之处粘补见新，应重漆之处重漆，其马栅各配妆缎坐褥，不要靠背，再杌子亦配有刷子厚些妆缎坐褥，钦此。于五月十八日司库白世秀、副催总达子将粘补见新螺甸长方杌子一件持进，交太监高玉呈进，奉旨：留下照此螺甸杌子，尺子做楠木杌一张，上配做妆缎坐褥一件，随妆缎刷子做高三寸，钦此（于本年九月初九日，催总六达子将红漆小马栅宝座一座持赴御景亭安设讫。于乾隆八年四月初五日催总六达子将红漆小马栅宝座一座持赴上书房安设讫，于乾隆八年六月初七日，司库白世秀将做得楠木杌子一张随妆缎坐褥刷子持进交首领开其里收讫）。”[①]另一条记载：“乾隆七年五月初四日，司库白世秀来说太监高玉交马栅宝座一分，传马栅宝座送往京内上书房安设，再将现做四分马栅宝座内得时再挂游书室内安二分，本房安一分，钦此（于五月十四日，司库白世秀将马栅宝座一分陈设在上书房讫）。”[②]

马栅宝座分两次陈设于上书房中，一次陈设的是红漆小马栅宝座一件，另一次陈设的是马栅宝座，没有注明是红漆还是黑漆。现库房中所藏故208095黑漆描金“苍龙训子”马栅宝座，发现其参考号为“黄六二”，查《故宫物品点查报告》，“黄”字号正是上书房文物的千字文编号，“黄六二”为“乾隆御笔对联”，不符，而“黄六三”却是“金漆宝座一座”，这应该是给文物挂号时造成的错误，把“黄六二”号错贴在了马栅宝座上，正确的贴法应该是把“黄六三”贴在马栅宝座上，即故208095黑漆描金“苍龙训子”马栅宝座的参考号应该是“黄六三”。说明故208095黑漆描金“苍龙训子”马栅宝座是上书房原设文物（图3-7），从而证明造办处档案所记陈设于

图3-7　故208095陈设于上书房的黑漆描金“苍龙训子”马栅宝座

① 前揭《总汇》第11册，页92。

② 前揭《总汇》第11册，页135。

上书房的马棚宝座就是这座黑漆描金“苍龙训子”马棚宝座。

三、“苍龙训子”与皇权

“苍龙训子”出自何典，已不可考。极有可能源于汉代玉雕上的大小螭龙造型，张辉老师在雅昌艺术网专栏上发表《为何说螭龙纹寓意为苍龙教子》一文认为，汉代玉雕上二螭龙或回首仰望，或互相追逐，或大螭龙居于主要空间，小螭龙居于一隅，存在着一种特殊的亲密关系，如陕西省长安县郭杜镇汉墓、江西海昏侯墓、山东省巨野县西汉早期墓出土的螭虎纹玉剑璏。明代时，则把这种纹饰释为子母螭纹，认为大小螭龙为母子关系，明代张应文《清秘藏》记：“古玉则三代白玉圭一，羊脂縠璧一，白玉蒲璧一，白玉璋一，甘青九螭玦一、甘黄五螭玦一，白玉、甘青子母螭玦各一。”文震亨《长物志》亦记：“玉者，有古玉兔、玉牛、玉马、玉鹿、玉羊、玉蟾蜍、蹲虎辟邪、子母螭诸式，最古雅。”但也有人认为这种纹饰寓意教子，明末清初姜绍书《韵石斋笔谈》称：“宋宣和御府所藏玉杯三，其一内外莹洁，绝无纤瑕，杯口耸出螭头，小螭乘云而起，夭矫如生，名教子升天，真神物也。”[①]

笔者认为“苍龙训子”虽然与大小螭龙纹有渊源关系，但关系最直接的应是明代正统黔宁王幼子景颙所辑《沧海遗珠》一书中收录的明初人曾烜题写的《老龙引子归潮图》诗，诗曰：“海门秋气横江来，怒涛殷地如奔雷。苍龙教子习潮势，排风喷雪烟云开。忆昔深潭事冲举，直上穹霄轻一羽。曾嘘数滴翻瓢浆，散作九州三日雨。只今回顾思潜踪，引子不敢施神通。却愁幼小易飘忽，一瞬万里天无功。我闻灵物多奇异，潜飞大小皆随意。画师恐是张僧繇，写向生绡若真致。龙今育子犹世人，古来有欲皆可驯。何当重起豢龙氏，爱养留作商岩臣。”[②]豢

① 张辉：《为何说螭龙纹寓意为苍龙教子》，雅昌艺术网，2017年11月8日。

② ［明］景颙：《沧海遗珠》卷一，《钦定四库全书·集部·总集类》，台湾商务印书馆，1986年。

龙氏，见《左传》，擅养龙，舜帝赐姓曰董，氏曰豢龙。商岩，见《尚书·说命上》，傅说版筑于傅岩之野，后被商王武丁举以为相，后以“商岩”比喻在野贤士。张僧繇，南朝梁人，擅长画龙，有画龙点睛之技。曾烜看了《老龙引子归潮图》后用诗描绘了一幅苍龙如何教子的画面，怎样乘着潮水汹涌之势，借力发挥，排风喷水。如何一冲霄汉，如何轻嘘，即可化着九州三日雨。但是幼龙太小，飘忽不定，苍龙怎能一下子把神通的本领教给它呢？“龙今育子犹世人”，说明明早期，老龙引子还没提升到皇权的高度，人们只是从神话和画技的角度来理解、欣赏这类题材。但也说明了“老龙引子”中的大小龙已脱离了汉代螭龙的形象，教子的场景定位于环境更加凶险的惊涛骇浪之中。

苍即老，老龙即苍龙，“老龙引子”很容易地转化为“苍龙训子”或“苍龙教子”，一旦“苍龙训子”定型，则子母螭龙就变成父子龙了。苍龙原是天空二十八星宿中的东方七宿，“苍龙”一词最早见于《楚辞·九辩》：“左朱雀之茇茇兮，右苍龙之躣躣。”《尚书·尧典》曰：“日永，星火，以正仲夏。”汉代孔安国《传》曰：“永，长也，谓夏至之日；火，苍龙之中星，举中则七星见，可知以正仲夏之气节。”[①]星火，即大火星，东方苍龙七宿之一的心宿中的大星，《史记·天官书》云：“东宫苍龙，房、心。”《汉书·五行志下》记：“心，大星，天王也。其前星，太子；后星，庶子也。”心宿由三颗星组成，中间大星即大火星象征帝王，前一颗星为前星，象征太子，后一颗星为后星，象征庶子，苍龙七宿里藏有苍龙与太子的星象。又东方青色，苍龙又名青龙，所居之宫名青宫或东宫，东宫即太子宫，故明代把太子宫文华殿设于东方，《太祖实录》记：“文华殿，东宫视事之所也。”[②]《太宗实录》记：“先是内官设皇太子座于文华殿。”[③]《周

---

① 《尚书注疏》卷一。

② 《大明太祖高皇帝实录》卷一一五，洪武十年十月甲戌。

③ 《大明太宗文皇帝实录》卷二九，永乐二年三月庚午。

易·说卦传》称“帝出乎震”，震在八卦方位中位于东方，从理论上讲所有皇帝都出自青宫，变成老皇帝后，就又担负起训练东宫(青宫)太子的重任。所以明末清初吕学画的《苍龙训子图》的出现表达了这种理念（图3–8）。画中苍龙在上，幼龙在下，苍龙强大，幼龙弱小，二者形成强烈的对比，苍龙腾空而起，在教幼龙翻江倒海、行云施雨的本领。这幅画通过苍龙挟风裹云、劈波斩浪、攫攒有力的龙爪，显示能掌控局势的力量；睥睨的眼神，呈现的是天地间唯我独尊的王者气势，显示它能带着幼龙出没于凶险的惊涛骇浪之中。这幅画已经超出了普通百姓家的训子范畴，故被皇家使用于表现培养未来接班人的主要题材中。乾隆时期制作的四座“苍龙训子”马栅宝座上的“苍龙训子”图与吕学的《苍龙训子图》相比较，二者极为相似，构图几乎相同，只是三爪龙变成了乾隆时期的五爪龙，更具皇权专用色彩，故马栅宝座上的图案设计源于吕学之画。

图3–8 明代吕学画《苍龙训子图》

龙在中国古代象征皇权，特别是在明清两代，尤为突出，因此图案的内容显然是专有所指，象征皇帝教训太子，传授为君之道，以保江山万年，所以“苍龙训子”原本是针对太子的，有培养接班人之意，跟父亲以身作则教育孩子的训子观念是不一样的，特别是把《三字经》“窦燕山，有义方。教五子，名俱扬”，看成是“苍龙训子”，更为不妥。

四、上书房与“苍龙训子”马栅宝座陈设

上书房在乾清门内东侧南庑，雍正四年，把皇子集中到这里学习，

“以便上稽查也”。《东华录》记：“我国家之制，诸皇子六岁以上，即就上书房读书，即皇孙、皇曾孙亦然。既选京堂翰林以份课其读，复派大学士、尚书数人以总视其成，更简满洲、蒙古大臣、侍卫等以肄之国语骑射，长幼相聚，昕夕程功。”[①]上书房是宫中学堂，学习内容主要有三项：一是读四书五经，二是练习骑射，三是学习满语。

清代重视皇子教育，康熙年少时在乾清门迤西的南书房读书，亲政后将南书房改为翰林上班的地方即秘书处。虽然康熙有二十二个皇子，但年龄差别大，故不集中在一起读书，分散于南薰殿、咸福宫、兆祥所等处，太子则在毓庆宫学习。因康熙常住畅春园处理政务，故又将畅春园的无逸斋用作太子的读书室。无逸，出自《尚书》“君子所其无逸”，指不要贪念沉迷于游乐之中，《康熙起居注》记：“朕建此无逸斋，寓意学则无逸。乃皇太子读书处。”“皇太子进膳，又赐诸臣食。食毕，上复至斋中(即无逸斋)，命移案近南荣。皇太子、皇长子、皇三子、皇四子、皇五子、皇七子、皇八子俱侍。汤斌奏曰：‘皇上教皇太子过严，当此暑天，功课太多，恐皇太子睿体劳苦。’上曰：‘皇太子每日读书，皆是如此，虽寒暑无间，并不以为劳苦。若勉强为之，则不能如此暇豫。汝等亲见，可曾有一毫勉强乎？’”[②]康熙对皇太子学习要求是很严格的，即使是酷热的暑天也不放松学习。

雍正、乾隆时期皇子集中改在上书房读书，雍正帝对皇子的教育像他父亲一样用心用力，上书房与宸居近在咫尺，雍正帝经常于政务间隙到上书房来检查，并为上书房题联曰：“立身以至诚为本，读书以明理为先。”注重修养与品德的教育。

乾隆对皇子教育的严格性不亚于其祖父，乾隆初年军机章京赵翼在军机处值班时亲眼所见皇子们天未明时提着灯笼从隆宗门进来，路过军

---

① ［清］王先谦：《东华录续编》，乾隆四十三年九月。

② 《康熙起居注》，页 1644—1645，中华书局，1984 年。

机处去上书房读书的情景："黑暗中残睡未醒，时复倚柱假寐。然已隐隐望见有白纱灯一点入隆宗门，则皇子进书房也。吾辈穷措大专恃读书为衣食者尚不能早起，而天家金玉之体，乃日日如是。既入书房，作诗文，每日皆有程课。未刻毕，则又有满洲师傅教国书、习国语及骑射等事，薄暮始休。"[①]乾隆皇帝长寿，子孙众多，但他从未放松学堂纪律，有时乾隆皇帝还亲自抽查门单，对旷课的师生给予重责。

乾清门以东南庑分三部分：最东端是按唐宋"左庙右学"之制设置的"祀孔处"，据《故宫物品点查报告》：设有三座神龛，中神龛供孔子神位，左神龛供宗圣曾子神位、亚圣孟子神位、先贤程伯子神位、先贤程叔子神位、先贤朱子神位，右神龛供先贤张子神位、先贤周子神位、述圣子思神位、复圣颜子神位。上书房作为皇子读书的宫中学堂，供奉以孔子为首的先师圣贤神位是理所应当的，此为尊师重道的陈设模式。最西端是阿哥茶房，设桌、茶几、椅子、三足铜薰炉、扇子、五彩瓷碟、青花瓷碟等。

中间便是皇子读书的上书房，设有四层木书架，书籍有《康熙字典》《佩文韵府》《朱子语类》《御览经史讲义》《清文日讲四书讲义》《沈文忠公集》《清文古文渊鉴》《唐宋文醇》《斯文精粹》《仪象考成》《高厚蒙求》《杜林左传》等书，还有课桌、方凳、香炉、烛台、端砚、铜笔架、白玉雕花水池、方木盘等。但最重要的陈设是匾联区域，正中悬挂乾隆御笔匾"养正毓德"，对联"念终始典于学，於缉熙单厥心"。养正，出自晋代葛洪《抱朴子·嘉遁》"虽无立朝之勋，即戎之劳，然切磋后生，弘道养正，殊涂一致，非损之民也"，指修养正道。典学，出自《尚书·说命下》"念终始典于学，厥德修罔觉"，相传是商代宰相傅说劝勉高宗武丁学习的话，后指帝王子孙入学。缉熙，出自《诗经·周颂·昊天有成命》，缉熙，光明意；单通"殚"，

---

① ［清］赵翼：《檐曝杂记》卷一，"皇子读书"。

竭尽意。此匾联告诫子孙，要想保住天命，就得从小修养道德，坚持学习，殚精竭虑，不能有丝毫的享乐之心。

“苍龙训子”马栅宝座设于匾联前，用意在于：一是作为父亲要做到以身作则，二是皇子要时时牢记父皇的教导，勤奋学习，掌握驾驭惊涛骇浪的能力。所以它既可以是父皇来检查皇子学习时的座具，也可以作为常年的陈设物，让皇子看到这座马栅宝座时，就如同父皇在此一样，时刻牢记典故的含义。同时也说明皇子们是龙的子孙，属正支正脉。

五、“苍龙训子”马栅宝座与骑射训练

故208237黑漆描金“苍龙训子”马栅宝座，参考号为“留平87000复查59”。关于留平号的问题，笔者请教了梁金生老师，兹敬录梁老师给笔者的字条：“故208237金漆雕龙纹交椅（留平87000复查59），根据笔者在2016年7月14日整理《内政部北平古物陈列所留平物品清册》第四册记载，第四册记录留平号58072至留平号88202，一号一件，共计30131件。其中：留平号86960至87142为‘热’字。系由承德调来。”说明故208237黑漆描金“苍龙训子”马栅宝座是从承德避暑山庄调来故宫的。

为何承德暑山庄也陈设了这种“苍龙训子”马栅宝座呢？

笔者自然就想到了康乾祖孙二帝的木兰秋狝，木兰秋狝始自康熙，是秋季在承德木兰围场举办的围猎活动。时间是七、八两个月，时间很长，作为培养后代掌握骑射的本领，皇子皇孙是要随从参加的。木兰秋狝除了肄武习劳，怀柔藩部外，让子孙学习狩猎、不忘祖宗家法是其最重要的目的。如弘历小时候随祖父康熙帝木兰秋狝，康熙帝射倒一熊后，让弘历再补射一箭，以便获初射之名，不料当弘历骑马靠近熊时，熊突然站了起来，但弘历勒缰控马，镇定自若。倒是把康熙帝吓出一身冷汗来。

在康熙、雍正全面接受汉文化的背景下，到乾隆时则加强了保持满洲特色的举措，乾隆对祖宗家法娴习骑射特别重视，特于紫禁城箭亭、紫光阁、八旗教场等处勒石宣示：“是以朕常躬率八旗臣仆行围较猎，

时时以学习国语，熟练骑射，操练技勇，谆切训诲。”[①]所以乾隆帝到塞外狩猎时，制作“苍龙训子”马栅宝座并带至承德，让子孙在实地实践骑马射箭，应是最好的教育方式，以达到苍龙训子的目的。

乾隆子孙众多，他们的狩猎本领如何，是要向乾隆帝汇报的，所以马栅的功能就突显出来了，在狩猎的野外，马栅是最好的座具。木金漆“苍龙训子”马栅宝座既可保持皇帝的威严，又能体现父亲以身作则、言传身教的作用，当乾隆帝坐在“苍龙训子”马栅宝座上时，一切尽在不言之中，就完成了教育子孙习骑射、不忘祖宗家法的重任。

六、“苍龙训子”马栅宝座与《岁朝训子图》

“苍龙训子”马栅宝座除了陈设于学堂和狩猎场地外，也可以在节日佳期时摆在室外使用，笔者发现乾隆时期画有三幅《岁朝图》，第一幅名《丁观鹏郎世宁唐岱陈枚孙祐沈源合画弘历雪景行乐图轴》，绘于乾隆三年，新13904，为文物局调拨给故宫。第二幅名《清人画弘历岁朝行乐图轴》，绘于乾隆十三年，故6478，参考号为鹹–59图像254。第三幅名《丁观鹏郎世宁等合画弘历岁朝行乐图轴》，故6124，参考号为鹹–57图像313。“鹹”字号为寿皇殿文物的千字文编号，寿皇殿是祭祀供奉清代帝后画像的地方，乾隆去世后，几乎所有关于他的画像均要收藏于寿皇殿的大柜中以为纪念。故6478和故6124两幅画均摹仿新13904，三幅画为同一题材，场面、环境、节令、陈设物、手中持物几乎相同，只是建筑布局不同，但乾隆坐在抱厦里的这一表现形式却是相同的。

新13904图中的乾隆御座无遮挡（图3–9），为典型的黑漆描金“苍龙训子”马栅宝座。故6478和故6124两幅画中的乾隆御座也是马栅宝座，虽然柱子遮挡了靠背无法看到，但雕龙首的扶手是清楚的，与新13904相比较，完全相同，为“苍龙训子”马栅宝座。

---

① 《国朝宫史》卷一一，页198，北京古籍出版社，1987年。

图 3-9　岁朝训子图

从画面所描绘的人物看，为乾隆和众皇子在一起过元旦的情景，乾隆端坐于“苍龙训子”马棚宝座上，手持如意，“梅报平安信，鸟传如意春”，看着盛开的梅花，心生惬意。抱厦外一皇子抱着一束芝麻秸，将一根根芝麻秸放在地上，寓意踩岁（踩碎）即“岁岁（碎碎）平安”。另一皇子在放鞭炮，寓意除旧迎新。另三位皇子在堆雪狮，堆雪狮自宋代就有，南宋《武林旧事》记：“禁中赏雪，多御明远楼。后苑进大小雪狮儿，并以金铃彩缕为饰，且作雪花、雪灯、雪山之类……以供赏玩。”①清代《养吉斋丛录》记：“冬日得雪，每于养心殿庭中堆成狮象，志喜兆丰，常邀宸咏。”②白狮为瑞兽，堆雪狮寓意丰年。抱厦里的诸位皇子，也各有寓意，一皇子双手举盛有石榴、寿桃的盘子，与旁边的佛手盆景结合，喻意多子、多福、多寿三多。站在乾隆身旁的皇子手持挂有蝙蝠形磬的戟，喻意吉（戟）庆（磬）有福（蝠）。蹲在火盆边的皇子在燃烧松柏枝煏岁，据《钦定日下旧闻考》记：“除夕五更焚香楮，送玉皇上界，迎新灶君下界，插芝麻秸于门檐窗台，曰藏鬼秸中不令出也。门窗贴红纸葫芦，曰收瘟鬼。夜以松柏枝杂柴燎院中，曰松盆，煏岁也。”③寓意消灾避邪。画面中的皇子们的这些元旦活动，实际上表达的是乾隆皇帝对他们的训语即新年祝福，此所谓此时无声胜有声，故三幅图的名称应更名为《岁朝训子图》更准确。

三幅《岁朝训子图》，相同的场景重复了三次，虽然人物比较写实，但不是真实的，是凭想象画出来的。在寒冷的元旦把皇子皇孙集中起来，乾隆端庄而凝神定气坐在宝座上欣赏梅花是不可能的。若说是一次家庭聚会，也不是，没有太后，也没有皇后和嫔妃，只有皇帝和皇子

---

① ［南宋］周密：《武林旧事》卷四，《钦定四库全书·史部·地理类》，台湾商务印书馆影印，1986 年。

② ［清］吴振棫：《养吉斋丛录》卷一四，页 159，北京古籍出版社，1983 年。

③ ［清］于敏中等编纂：《钦定日下旧闻考》卷一四八，“风俗”，《文渊阁四库全书》，台湾商务印书馆，1986 年。

皇孙，特别是乾隆的坐具“苍龙训子”马栅宝座的设置，说明这是父与子之间的传承活动，与《三字经》中纯粹的父教子、表达“望子成龙”之情有所不同。

七、小结

马栅坐具原是游牧民族的坐具，清代时制作了大量的马栅类坐具，其中有些马栅坐具上有“苍龙训子”图案，而使这类坐具有了特定的含义、特定的使用范围及陈设空间。目前发现这类坐具有三处陈设地，一是陈设于上书房，二是陈设于承德避暑山庄，三是出现于岁朝图中。该坐具是帝王训子的坐具，不仅寄托着帝王对皇子教育的希望，而且还与国语骑射、正统血脉联系在一起，使它超越了一般的生活坐具，具有权力传承的作用与功能。

第五节

养心殿里的两爪龙宝座

清入主紫禁城，明宫留下来的大量陈设物，并非废弃不用，有的还要继续使用，或者稍加改造即可留用。我们在整理、研究这些陈设物时，发现了很多明代的遗物，它们与清宫自己制作的器物在材质、纹饰、工艺等方面有很大的区别，有的还承载着大量的宫廷信息。

一、两爪龙宝座

养心殿东暖阁垂帘前的一座宝座引起了笔者的注意，这是一座嵌玉龙纹宝座（图3-10），为传统的三屏式，靠背、扶手版心以铜条勾框内嵌玉雕龙纹宝座。靠背玉版心上雕刻苍龙与龙子，二者龙首相对，苍龙正在教龙子驾云的本领，是为“苍龙训子”，靠背背面为黑漆描金“苍龙训子”

图 3–10　紫檀木嵌碧玉雕“苍龙训子”宝座

图案。玉雕图案特别引人注意的有三点：一是靠背上的苍龙与龙子均为两爪龙，而且两爪还是并在一起的；扶手上的龙则为一爪龙，这种配置十分罕见，只能说明一爪龙低于两爪龙，两爪龙子才是未来的接班人。故宫所藏四座清代“苍龙训子”马栅宝座中的龙均为五爪龙，这是因为崇德元年定下的制度：“亲王以下官民人等，俱不许用黄色及五爪龙凤黄缎。”[①] 五爪龙象征皇权，严禁民间使用五爪龙图案。《清宫瓷器档案全集》亦记：“嗣经唐英以选落之次色内有黄器并五爪龙等件，民间未便应用，似宜仍运进京，以备内廷添补富裕等因，奏请圣训。”[②]所以我们看到故宫

① 康熙朝《钦定大清会典则例》卷四八，“礼部·仪制清吏司·冠服”，页 14。

② 《清宫瓷器档案全集》卷四，乾隆二十年，页 222。

所藏乾隆时期的家具上的龙形象都是五爪龙，而且所有清代宫廷家具纹饰中没有两爪龙和一爪龙形象。二是凸起的龙和云纹是贴上去的，上有铆钉，龙身、龙腿是拼装上去的，与清代玉雕大相径庭。三是云纹呈线形旋涡状，与清代的灵芝如意云纹不同。故我们判断这座嵌玉龙纹宝座即紫檀木嵌玉雕“苍龙训子”宝座不是清代的宝座。

宝座上的龙有两爪和一爪之别。两爪龙位于靠背玉版上，扶手玉版上的龙则为一爪龙，这种配置让人浮想联翩。说明靠背上的龙的地位要高于扶手上的龙，两爪龙子才有资格接受苍龙的教训，一爪龙是没有资格的。两爪小龙今后能成为苍龙的接班人，荣登苍龙宝座。证明“苍龙训子”是皇帝针对太子的，传授太子治理国家、驾驭天下的本领。

二、垂帘听政帘前原设的是榻

养心殿东暖阁是清末慈禧太后垂帘听政的地方，垂帘听政出现于咸丰十一年十月十六日《实录》记载礼亲王世铎等会议具奏的《帘垂章程》。十一月二十四日，据翁同龢记：“黎明侍大人入内，辰正引见于养心殿，两宫太后垂帘，皇上在帘前御榻坐，恭邸立于左，醇邸立于右，吏部堂官递绿头签，恭邸接呈案上。”又据曾国藩记：“入养心殿之东间，皇上向西坐，皇太后在后黄幔之内：慈安太后在南，慈禧太后在北。”[①]两宫太后在养心殿东间垂帘听政时，光绪帝是坐在榻上的，不是宝座。据1900年（光绪二十六年）日本人小川一真拍摄的养心殿东暖阁照片（图3-11），证实了东暖阁垂帘前放置的是一座榻。

慈禧太后病逝后，溥仪入居养心殿，垂帘听政陈设就被撤除了。现在我们看到的垂帘听政陈设是1961年12月中旬恢复的，档案记载：“东墙正中恢复同光年间字贴落一张，木炕一座，复制炕垫坐褥靠背全分，添设炕案一对，带罩座钟一对，葫芦式瓷瓶一对，宝座左右添设楠木书

---

① 引自朱家溍《故宫退食录》（上），页329，紫禁城出版社，2009年。

图 3-11　小川一真拍摄的的养心殿东暖阁（1900 年）

格一对，复制遮帘一分，炕前左右增设挑杆花篮一对，安设镶玉宝座一件，左右增设金属珐琅大瓶一对，北槅扇前两条桌上增设盆景二件，瓷瓶两对，南窗炕案上更换瓷两对、盆景一对。”[1]垂帘听政原状几乎是根据小川一真拍摄的照片复原的，遗憾的是榻换成了镶玉宝座即紫檀木嵌玉雕“苍龙训子”宝座。

根据“苍龙训子”的含义，把紫檀木嵌玉雕“苍龙训子”宝座陈设于垂帘听政之处极不合适，因为“苍龙训子”主要是表达皇帝如何教训皇太子，培养他成为未来的接班人。慈禧太后是太后，并非皇帝，怎么能够把听政当成训子呢？况且光绪皇帝不是她的儿子，如果非得摆上这座“苍龙训子”宝座，那也是光绪帝来坐。所以，“苍龙训子”题材的宝座，是专门陈设于皇帝教训皇子的地方。

---

① 《养心殿・养心殿东暖阁改陈计划档案》，故宫博物院藏。

三、紫檀木嵌玉雕"苍龙训子"宝座原设于钟粹宫

既然这座宝座不是原养心殿垂帘听政帘前的宝座，那它是从哪儿移来的呢？

查此座宝座的参考号为"调一七三"，"调"字号为《故宫物品点查报告》记载的钟粹宫文物的千字文编号，共计354个号，属钟粹宫原设宝座。说明1961年复原垂帘听政陈设时，陈设于垂帘前的紫檀木嵌玉雕"苍龙训子"宝座是从钟粹宫移来的。

钟粹宫，建于明永乐，初名咸阳宫，嘉靖十四年更名钟粹宫。在明代，钟粹宫只住过一位太子，刘若愚《酌中志》记："向南者曰钟粹宫，今皇太子所居，改曰兴龙宫者是也。"[①]皇太子即朱慈烺，崇祯二年二月初四日生，三年封为太子，婚娶前，居住于钟粹宫，崇祯帝对太子寄予厚望，故更名曰兴龙宫。

作为皇帝接班人的明代皇太子教育并不成功，自朱元璋限制东宫势力后，太子的师傅由廷臣中任命，且无定制，时常变更，使皇储教育流于形式，严重地影响了储君的学习，经常陪伴在太子身边的是一群引诱皇子玩耍取乐的宦官，造成以后的皇帝严重地依赖宦官。宣德年间建立的内书堂，是专门培养小太监的学堂，由大学士教授，为宫廷太监官员储备人才。太监教育远胜皇太子教育，形成了庞大的宦官势力，为害巨大。明末崇祯帝即位后，勤于政务，几乎将阉党势力连根铲除。崇祯二年皇子诞生，三年立为太子，养于钟粹宫。

崇祯帝是一位好读书的皇帝，四书五经、《大学衍义》等典籍几乎朝夕不离手。崇祯帝的幼年并不幸福，母亲为还是太子时的父亲所薄，五岁时，母亲被父亲下令杖杀，崇祯帝从小就缺失父爱和母爱，更没有受到良好的教育。所以崇祯帝有感于身世，对太子多了十分的父爱。而崇祯帝又好制作屏风等以作为箴言警示，据《崇祯遗录》记："原崇祯

---

① 前揭《酌中志》卷一七，页154。

三年，命武英殿中书画历代明君贤臣图，书‘正心诚意箴’于屏，置文华、武英两殿。”[1]曾将“正心诚意箴”制成屏风，分别安放于文华殿、武英殿。而文华殿设置屏风的这一年正是立太子的一年，作为培养太子的钟粹宫，“苍龙训子”宝座也就应运而生了，故陈设于钟粹宫的紫檀木嵌玉雕“苍龙训子”宝座很有可能是崇祯时的遗物。

《悫书》记：“皇太子原居大内钟粹宫，在坤宁宫之左，既渐长，当移居。上以慈庆为皇考（光宗皇帝）旧居，其后勖勤宫即上旧居也。因以居东宫，奉迁懿安皇后于仁寿殿。”[2]崇祯十五年，太子因要婚娶迁出钟粹宫，入居太子宫端本宫，意味着太子地位的确立，故太子宫端本宫“中设皇太子座，画屏金碧，座左右二大镜屏，高五尺余，镜方而长”[3]。设皇太子座，表示“苍龙训子”任务的完成，故不会于太子宫设“苍龙训子”宝座。只有未成年即未婚娶前的太子居住于钟粹宫时，接受父皇的教导，才陈设“苍龙训子”宝座。根据钟粹宫的这段历史和宝座上的两爪龙造型，笔者推断紫檀木嵌玉雕“苍龙训子”宝座是崇祯时的陈设物。

四、小结

紫檀木嵌玉雕“苍龙训子”宝座的发现，使我们重新认识了明代宝座的与众不同，以及这件坐具背后隐秘的明代宫廷皇帝教子的事实。它不仅纠正了清末垂帘听政帘前的光绪帝的坐具，而且还确定了这件宝座的原陈设地，以及它与钟粹宫和崇祯帝的关系。

---

① 前揭《钦定日下旧闻考》卷三五，页 544。

② 前揭《钦定日下旧闻考》卷三五，页 541。

③ 同上注。

第二章 滋味无量

当把心思专注于某一件事上时，就会时时念叨。乾隆关注稼穑，他对“滋味”的提问，体现了他“吾民谁为省忧者”的情怀。“日知无忘旧时情”，乾隆对孝贤皇后和太子永琏的思念，时时涌起，永无尽头。乾隆也有私心，他在安排永琰之宫时，也为自己的归宿做了打算，以“仰思堂构”提醒了永琰。然而有的想法却不能梦想成真，同治对毓庆宫园林式的改造就最终没有结果。隆裕修建的灵沼轩，源于歌颂周文王的《灵台》诗，志向远大，却未能如愿，不过是一场梦罢了。

第一节 乾隆的滋味

滋味，出自《吕氏春秋》“口之情欲滋味”，一般都会理解为美味、味道，如“三月不知肉味”，同时也比喻某种感受，如《通史·杂说上》“叙兴邦则滋味无量，陈亡国则凄凉可悯”。乾隆所说的滋味指的是什么呢?

一、突然的提问

读乾隆时入值大臣沈初笔记，其中一条：“甲午春，服阕入都入直，恩旨给俸，余谢折有仰渥泽之再叨。诏糈逾格，顾微长之莫效，食粟多惭。十二月，补官右春坊右庶子，以候补侍讲遽得迁擢，洵异数也。旋复充讲官，于中和殿侍班。上视祝版出，将升舆，呼余名，因出班前跪，舆已行，即随旁趋，上顾曰：‘未谓滋味，出何书?’余对：‘干支之义，汉人始为解。’上曰：‘《后汉志》中，遍查无此文。’余对：‘或出《晋书》。’上曰：‘可即检查。’余随入乾清门，至懋勤殿检《晋书》，夹签呈进。后阅《史记》，则知始自《律书》也。”[①]

甲午即乾隆三十九年，乾隆在中和殿阅视祭天祝版后，正要坐上肩舆时，不知是什么触动了他，呼随侍讲官沈初，问“未谓滋味”出自何书?沈初回答称“未”是干支之义，始于汉人的解释。乾隆说查遍《后汉书》无此文，沈初回答称可能出自《晋书》，乾隆让他马上去查下，沈初即入乾清门懋勤殿，检阅《晋书》，夹签呈进。沈初说他后阅《史记》，才知道此出自《史记·律书》。

乾隆的突然发问，使笔者想起了《庄子》“故君子远使之而观其忠……卒然问焉而观其知”，让君子到远方去，才能观察他的忠心；突然提问，以测试他的反应，如能马上回答，说明他智慧超群。

根据沈初的提示，滋味，出自《史记·律书》“未者，言万物皆成有滋味也”[②]，子、丑、寅、卯、辰、巳、午、未、申、酉、戌、亥，是

① 《西清笔记、忆书》卷一，页2，王云五主编《丛书集成》初编，商务印书馆，1936年。

② 《史记》卷二五，“律书第三”。

十二地支，与天干甲、乙、丙、丁、戊、己、庚、辛、壬、癸，组成干支纪年。“子”是兹的意思，指万物兹萌于既动之阳气下。“未”是味的意思，万物皆成有滋味也。从子到未，意味着事物的成就，有滋有味了。乾隆之问，说明他敬天，在意丰收之年。

二、对滋味的向往

第二年即乙未年（乾隆四十年），乾隆作《夏至日北郊礼成述事》，诗中就出现了“滋味”一词，诗曰：

大祀重躬承，频年厚祉膺。
沐恩恒切切，执礼益兢兢。
声振叶金石，馨香荐豆镫。
吉辰三值未，滋味祝三登。

“吉辰三值未”后，乾隆注曰：“今年岁在乙未，五月为丁未，朔祭日又值辛未。”[①]今年出现三次吉辰，是否预示出现三登呢？三登，指连续二十七年皆五谷丰收，借指天下太平，出自《汉书》“三考黜陟，余三年食。进业曰登；再登曰平，余六年食；三登曰泰平，二十七岁，余九年食。然后至德流洽，礼乐成焉”[②]。“三未”与“三登”结合在一起，寓意天下太平，粮食丰收，百姓生活富裕。所以“未”象征吉，意谓着好年成。

时隔24年后，“滋味”又出现于他的诗中。嘉庆四年元旦，乾隆写下最后一首元旦试笔诗《己未元旦》，两天后乾隆就去世了。诗曰：

---

① ［清］弘历：《夏至日北郊礼成述事》，《御制诗四集》卷三十，清文渊阁四库全书本。
② 《汉书》卷二四上，“食货志第四”。

乾隆六十又企四，初祉占丰滋味参。
八十九龄兹望九，乾爻三惕敢忘三。
虽云谢政仍训政，是不知惭实可惭。
试笔多言今可罢，高年静养荷旻覃。

乾隆在诗中注曰：“自乾隆乙亥年既成元旦诗一首，复有元旦试笔二首，此后率以为例。洎丙辰授玺以来，于一切年例之作渐从简省，而元旦试笔仍依例成吟。今予春秋八十有九，仰赖昊苍眷佑，精神康健，训政如常，欣值履端吉旦，自应有诗以纪，然望九之年，允宜静摄，其试笔二章，兹拟减吟矣。”[①]自乾隆二十年始，每逢元旦要写元旦诗一首、试笔诗二首，从不间断，至丙辰年传位于永琰后，年例之作从简，但仍坚持写试笔诗。“己”是起的意思，指阳气之起。在进入新的一年时，乾隆体会到了什么？即将到来的己未年按干支之义是吉年，迎来了太平之年；己即起，对他自己来说，生命又会重新开始，说明企九十有希望了。“未”是滋味的意思，寓意吉祥、丰收。但乾隆又立刻写下了“乾爻三惕敢忘三”句，《周易·乾》九三曰：“君子终日乾乾，夕惕若厉，无咎。”乾卦由两个三爻重叠而成，变到第三爻时，正处于昼夜之交，故要警惕。乾乾，指刚健又刚健，是说君子终日精进不休，自强不息。夕惕若厉，指到晚上也要戒惧谨慎，如同有危险存在一样。咎，指过错，有过错就会因过错而带来灾难，所以要保持谨慎。

三、小结

十二时辰，就是庄稼生长、成熟、收获的过程。子是开始，是阳气萌动之时，到未时，庄稼发出了浓郁的香味，所以乾隆所理解的滋味是谷物的成熟，是秋天的收获。“民以食为天”，滋味在乾隆的眼中就是

---

① ［清］弘历：《己未元旦》，《御制诗余集》卷二十，清文渊阁四库全书本。

好年成。同时他又联想到自己的生命，向往即将到来的九十。乾隆一生始终保持着敬胜之心，只有这样的人生，他才可能体会到干支年的“滋味”是什么。

第二节

玉粹轩里的画中人

旧剑不能忘：乾隆《重华宫记》“盖宿学之所安，旧剑不能忘也”，旧剑，出自《汉书·外戚传上》：“公卿议更立皇后，皆心仪霍将军女，亦未有言。上乃诏求微时故剑，大臣知指，白立许婕妤为皇后。”[①]汉宣帝刘询为汉武帝太子刘据的孙子，自幼落难，但结发妻子许平君在他最困难时，并没有嫌弃他，而是与他相依为命。刘询即位后，也没有忘记与自己患难与共的许平君，下了一道寻找故剑的诏书：“我在贫穷卑微时曾有一把旧剑，我现在非常怀念它啊！众位爱卿能否帮我把它找回来啊！”

一、藏在玉粹轩里的一幅通景画

玉粹轩位于乾隆花园后半部竹香馆与养和精舍之间，是一座卷棚顶绿琉璃瓦的三间屋。记得笔者十多年前整理玉粹轩文物时，打开尘封的大门，一眼看见对面粘满尘土的满壁大画及画中的人物时，不禁“呀”了一声。乾隆四十年闰十月二十一日，乾隆令姚文翰为玉粹轩明间罩内西墙画了一张通景画，档案记载：“十二日接得员外郎六格押帖，内开十月二十一日，首领董五经交宣纸一张，传旨：宁寿宫玉粹轩殿内明间罩内西墙通景画一张，着姚文翰画。”[②]

---

① 《汉书》卷九七上，“外戚列传第六十七上”。

② 前揭《总汇》第 38 册，页 65。

图3-12　玉粹轩通景画（修复前）

通景画描绘了一个室内欢庆元旦的场景（图3-12），在真实的楠木落地罩后展示了一个虚构的黑漆描金山水花卉芯落地罩内厅堂空间，厅堂里充满了欢歌笑语，原来这是岁朝元旦佳节（即春节），儿孙欢庆，辞旧迎新。

室内暖意融融，蹲在火盆旁的孩童在燃烧松柏枝熰岁，炭灰中冒出缕缕轻烟，袅袅升起，屋里弥漫着迷人的清香。手拿太平鼓的女童正注视着两位说悄悄话的续茶孩童，提防着他们又在想什么坏主意。有孩童在吹笙，欢快的乐曲吸引了床榻上的幼儿，他尽力地想挣脱侍女，连侍女手中的拨浪鼓都不愿一顾了。靠槅扇处的两个孩童正忙着把旧花拿出，插上新采的折枝梅。站在旁边的妇人对着绘有菊花的光亮的漆画芯在欣赏自己的容颜，又过去了一年，自己是否变老了，但映照出来的仍是娇美的容颜。透过右侧的槅扇，发现画中有画，里间贴有卷草纹的壁纸上贴有一幅孩童采折梅花的通景画，一孩骑在树上，把梅枝递给双手张开的孩童。插花是真，折花是假，亦真亦幻，令人遐想。坐在床榻上头戴昭君帽的妇人，应该是母亲，她是整个通景画的中心，侧身坐在床榻的边缘，姿势优雅地、惬意地欣赏着眼前的美好时刻。她的眼中充满着温情，嘴角浅露微笑。

二、挥之不去的记忆与伤痛

在这些人物中，有两个人物引起了我们的注意，2021年5月26日，我们书房筹展组成员进玉粹轩考察得闲室书房原状，展览部的徐瑾称榻上的幼儿身穿龙袍，问是否是太子，我们互相探讨，认为坐在榻上的母亲应是孝贤皇后，身穿龙袍的幼儿，应是被封为太子的永琏。永琏，为富察氏所生，其名为雍正帝所赐，出自《论语·公冶长》："子贡问曰：赐也，何如？子曰：女器也。曰：何器也。曰：瑚琏也。"夏曰瑚，殷曰琏，周曰簠簋，皆宗庙盛黍稷之器，隐示承祖宗之意。弘历即位后，册封富察氏为皇后（即孝贤纯皇后），永琏成为嫡长子，并被秘密地立为皇太子，乾隆意欲从永琏开始，改变清代皇帝为庶出的惯例。但不幸的是永琏于乾隆三年夭亡，年仅八岁，这给乾隆带来了极大的身心打击，以致五天没有上朝。赐永琏为"端慧皇太子"，公开了已经夭亡的儿子的身份，并亲自为永琏选择了万年吉地，乾隆八年入葬。乾隆六十年，永琰（嘉庆皇帝）被立为皇太子时，还要向端慧皇太子神牌行叩拜礼，可见乾隆对永琏的思念之深。

富察氏与乾隆是结发夫妻（图3-13），感情深厚，乾隆在《述悲赋》中称"在青宫而养德，即治壶而淑身。纵糟糠之未历，实同甘而共辛"，虽然我们没有经历过穷困，但却一同面对过风雨。富察氏成为后宫之主后，从不居高自傲，具有肃慎尔仪的美德，乾隆曾把富察氏比作太姒。乾隆十三年三月二十一日，富察氏在随驾东巡时于山东德州去世，乾隆悲痛欲绝，"痛一旦之永诀，隔阴阳而莫知"，从此阴阳两隔。虽然二十年过去了，乾隆仍常去长春宫，触景生情，不胜唏嘘，"惊时序之代谢兮，届十旬而迅如。睹新昌而增恸兮，陈旧物而忆初"。光阴似箭，可是悲痛却越来越深，看着陈列的遗物，回忆当初的美好时光，不禁泪流满面，心里顿觉万事皆空，生死不过是一场云烟罢了。失去了贤后，谁陪我走完漫长的人生路？乾隆对孝贤的思念从未停止，旧剑怎能忘记！乾隆六十年二月，他特地下了一道谕旨，重华宫保

图 3-13　孝贤皇后像

持孝贤在时的旧样，这是他归政前最后的要求。

所以，永琏和孝贤是乾隆心中永远的记忆和伤痛！

三、以绘画的形式永驻身边

我们看着通景画，突然明白了那位坐在榻上的姿态优雅的母亲，看着满地的孩童，嘴角露出微笑，这不就是史料记载的孝贤视诸妃所生皇子一如己出吗？榻上穿着龙袍的幼儿，一定是永琏了，他活泼可爱，想融入哥哥姐姐的游戏之中。在乾隆归政的太上皇宫里，怎能不把他最思念的亲人以某种艺术化的形式嵌入呢？好似永远在他的身边一样。乾隆在不动声色中把孝贤和永琏的音容笑貌放进了玉粹轩的通景画里，并占据了画面的中心，在画中，乾隆终于让永琏穿上了龙袍。

这幅通景画，我们看不出一点忧伤，整个画面充满着岁朝时的欢乐。在《述悲赋》中，乾隆说二十年过去了，心中仍挥不去悲痛。玉粹轩建于乾隆三十七年，通景画绘制于四十年，或许这个时候，乾隆已经从悲痛中走了出来，所以厅堂的墙上贴着“三星图”和他的一幅对句“亿万人增亿万寿，泰平岁值泰平春”，可以说他已经将家庭引向了天下，在期望儿孙满堂时，想念着天下的安定和庶民的长寿。

或许有一天，当侍者推开玉粹轩的大门，年迈归政的乾隆看见这幅岁朝通景画时，心里一定感到泰然和欣慰，他终于从思念孝贤的情感中走了出来。然而，当他看到榻上跃跃欲试的身穿龙袍的太子和端庄优雅的孝贤时，往事会不会重回他的心头，悲痛会不会再次占据他的心灵呢？

四、小结

乾隆在为归政后所修建的太上皇宫里，为自己留了一个思念亲人的空间，那就是宁寿宫花园。从玉粹轩与养和精舍里的通景画中，我们可以看出画中充满了孩童和母亲的音容笑貌，孩童们在游戏玩耍，母亲们韶华依旧，优雅娴淑，一片其乐融融的场景。而在其欢乐的背后，是乾隆对他们的深深思念。

第三节

三友轩与结契霜雪

书房最初是与居室合在一起的，后来独立出来，具有了读书、写书、藏书、校勘、教学、娱乐等功能。当书房成为文人生活的一部分时，就被赋予了一种新的意义与精神。文人讲究书房空间的延伸，与自然合为一体，追求心灵超脱，物我两忘。

一、三友轩与松竹梅

故宫有两处三友轩，一处位于建福宫花园，建于乾隆初年，一处位于宁寿宫花园，建于乾隆三十九年，仿长春园含经堂三友轩。三友轩依叠山形势，建于山凹之中（图3-14），东与乐寿堂隔窗相望，是一座卷棚顶、三面出廊、三开间的小轩。明间与东西次间以槛窗、槅扇分隔，西次间仍保留着乾隆时的装修，靠南窗设炕，对面设紫檀木嵌玉雕松竹梅圆光罩（图3-15），设计巧妙，以竹围成

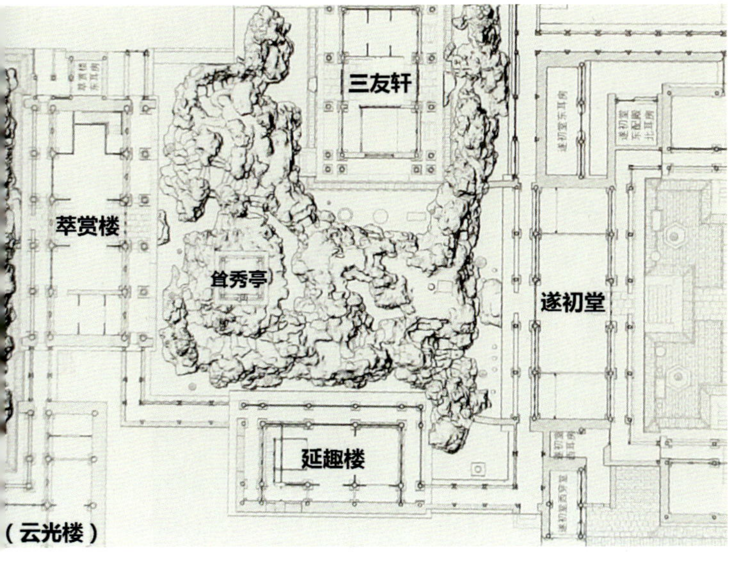

图 3-14　三友轩平面图（采自故宫博物院编《符望阁》）

图 3-15　紫檀木嵌玉雕松竹梅圆光罩

图 3-16　紫檀木嵌玉雕松竹梅玻璃窗

圆光门状，一棵梅树从门外伸进门内依门而生，一棵松树在门内傍门而长，其梅花、竹叶、松叶均以玉雕琢而成，仿佛松茂竹苞，梅花盛开。西墙装饰紫檀木嵌玉雕松竹梅玻璃窗（图3-16），透过雕刻的紫檀木松竹梅玻璃窗，可欣赏轩外陡峭的叠山和苍松翠竹。三友轩的室内装饰与室外环境完美地融为一体。

乾隆《三友轩》诗曰："禁中三友轩，额为藏名迹。园中三友轩，窗外真培植。名实虽不同，要以取有益。寓意非玩物，向曾咏其德（旧题三友轩，诗以松喻直，梅喻谅，竹喻多闻，并就其德性推言之）。益常愿居前，损则应离侧。三者正相反，求友可不择。于恒总宜谨，况在躬为辟。"[①]三友，出自孔子之言，《论语·季氏》"益者三友，损

① ［清］弘历：《三友轩》，《御制诗三集》卷九二，文渊阁四库全书本。

者三友，友直、友谅、友多闻，益矣。友便辟、友善柔、友便佞，损矣”。孔子告诉我们，人的一生要结交三种朋友，一是正直的人，二是诚信的人，三是见识广博或知识渊博的人，这对人生是有帮助的。

到了宋代，孔子的三友说，才被苏东坡给予发展，乾隆在《题镂玉三友屏风》的注释中称“松竹梅为三友，始自东坡”。苏东坡《游武昌寒溪西山寺》诗中有“风泉两部乐，松竹三益友”，从此松竹梅成为三友的象征，而三友都在严寒的冬天充满生命的活力，故又称“岁寒三友”。松喻正直，梅喻诚信，竹喻多闻广知，由此成了文人精神与气质的象征。魏晋刘桢《赠从弟》诗曰“亭亭山上松，瑟瑟谷中风。风声一何盛，松枝一何劲！冰霜正惨凄，终岁常端正。岂不罹凝寒？松柏有本性”，松树不畏狂风冰霜，从不折腰。王安石《梅花》诗曰“墙角数枝梅，凌寒独自开。遥知不是雪，为有暗香来”。南宋朱熹《次韵择之咏竹》诗曰“竹坞深深处，檀栾绕舍青。暑风成惨淡，寒月助清冷。客去空尘塌，诗来拓采棂”。苏东坡称“宁可食无肉，不可居无竹”，竹身形挺直，宁折不弯，襟怀若谷，超然独立，怎么能不与竹为伴呢？

文人喜欢躲进书房里，远离尘嚣，有的还借书房隐居，书房的空间环境就离不开松竹梅了。宋代陆游《入蜀记》记“隔水有小园，竹树修茂，荷池渺弥可喜，池上有堂，曰读书堂”。明代张岱《陶庵梦忆》记他的梅花书屋“西溪梅骨古劲，滇茶数茎，妩媚其旁。梅根种西番莲，缠绕如缨络。窗外竹棚，密宝襄盖之”。明代归有光《项脊轩志》记他的书房“又杂植兰桂竹木于庭，旧时栏楯，亦遂增胜”，以此表达自己清远高洁的品德。

二、松竹梅的喻义

三友以松竹梅象征，松喻正直，好理解，因为松挺拔，而梅喻谅、竹喻多闻，就不好理解了，为什么梅喻谅呢？为什么竹喻多闻呢？起初笔者也茫然不解，最近因主持有关书房的一个展览，便想到了这个问题。

乾隆《题三友轩》诗曰“名称义元隐未发，我将触类引伸之。苍松自具直之性，梅传春信谅也宜。拟金敲玉时多闻，妙喻舍竹其复谁”[①]。他说我的书房名三友轩，所隐含之义还没有引发，我现在要触类引申解释。松挺拔具直之性，梅传春天到来的信息故称谅是最合适的，敲击金钟和玉磬发出的声音，妙喻多闻，舍弃竹还能有哪种植物能胜任呢？

乾隆认为梅喻谅，是因为传春信，故有梅报春信之说；竹喻多闻，是因为金声玉振。

在友直、友谅、友多闻三友中，谅最重要，在松竹梅中，梅最重要，为什么呢？《说文》称："谅，信也。"谅为诚信义，梅花象征诚信，有梅报春信之说，是因为梅花一开，春天就来临了。每年梅花都会准时守信开花，这是天的诚信的体现。《中庸》曰："诚者，天之道也。诚之者，人之道也。"具有谅的品性的人具有天德，所以要与这样的人结为契友，叫结契霜雪。《诗经·邶风》有"死生契阔，与子成说"，读书人要有自己的生死朋友。

竹与多闻的关系，根据乾隆的提示，笔者又想到了孟子。《孟子·万章章句下》记："集大成也者，金声而玉振之也。金声也者，始条理也；玉振之也者，终条理也。始条理者，智之事也；终条理者，圣之事也。"以镈钟发声，以特磬收韵，所谓"集大成者"，是指只有集大成者才能演奏镈钟和特磬，比喻此人知识渊博，才学精到。因竹中空，敲之能发出金声玉振之声，故以竹喻多闻。

三、小结

古人爱用自然界的物作为自身品行的观照与提升，故乾隆说"奚待结契霜雪里，天然同德声应随"，将书房命名为三友轩，就是要与三友结为契友，也就是"天然同德声应随"了，即与自然之德性相同，也就是与天德相同。

---

① 《国朝宫史》上册，页 246，北京古籍出版社，1987 年。

第四节

《平安春信图》中的一枝春

乾隆时期创作了两幅《平安春信图》，是乾隆对陆凯诗句“聊赠一枝春”诗意的重现和改造，但却没有了千里之外的思念，而是他心中生起的类似岁朝图的祝愿和祈盼。

一、两幅《平安春信图》

故宫藏有两幅《平安春信图》，一幅为立轴，一幅为三希堂贴落。两幅画内容基本相同，但风格迥异。

立轴《平安春信图》中绘两位人物（图3-17），立于数竿翠竹之中，一长一少，皆着长袍宽袖，头系头巾，一副汉人古装打扮。长者右手持一枝梅，递给少年，少年右手扶竹，左手接梅。少年旁有一石桌，上设瓷杯、如意、盘、荷包、手串和书。画面的左下角为一怪石，石后为一株绽放的梅花树，长者手中的一枝梅即是从此折下的。画中乾隆自题诗曰：“写真世宁擅，绘我少年时。入室皤然者，不知此是谁。”落款为“壬寅暮春御笔”即乾隆四十七年。《平安春信图》轴裱褙有黄签墨书“嘉庆四年二月盘山缋山□撤下御容□轴一轴”，可知此轴原藏于盘山行宫缋山

图 3-17　立轴平安春信图

图 3-18　三希堂南间

容室中，乾隆驾崩后，此像被当作乾隆的御容像撤下统一收藏。笔者在《平安春信图中的长者是谁》一文中已论证此幅画中的长者和少年均为乾隆本人[①]，最重要的证据，一是画中乾隆的自题诗“绘我少年时”，二是《寿皇殿东库存收书籍等项》记载东小柜尊藏“高宗纯皇帝圣容一轴平安春信图”。

三希堂位于养心殿西暖阁西梢间（图3-18），以楠木雕花槅扇分成南北两间，南间靠窗台设高低炕，乾隆的御座设于高低炕东，“三希堂”匾挂于御座上方。北间铺青花瓷砖，北壁装饰“方琮仿王蒙松路僊岩图”贴落画，前设宝座，西壁装饰贴落通景画（图3-19），绘于乾隆三十年。造办处档案记载：“（乾隆三十年十一月）十二日接得郎中德魁等押帖一件，内开本月初八日太监胡世杰传旨养心殿西暖阁三希

① 王子林：《平安春信图中的长者是谁》，《紫禁城》2009 年第 10 期。

堂向西画门，着金廷标起稿，郎世宁画脸，得时仍着金廷标画。曲尺南面着金廷标画人物，北面着杨大章画花卉，东西二面着方琮、王炳画山水。三希堂对宝座西墙着金廷标画人物。楼上东西墙二面着李秉德画花卉，袁英画山水通景横披□画二幅，其东暖阁寄所讬夹道门斗着方琮、杨大章画，钦此。”[①]这是一幅通景画，画中地面与真实青花瓷砖地面相连，南北为槛窗，西面墙上开月亮门，门内是野外，长者左手持一枝梅递给少年，少年双手恭接。二人均着长袍宽袖，长者长袍外罩围裙。长者身旁的山石后为一棵松树和一株绽放的梅花树，少年的侧前方也有一株绽放的梅花树。人物景场与立轴《平安春信图》基本相似，故名曰“三希堂贴落平安春信图”。

图 3-19　三希堂贴落平安春信图

张震《试论平安春信图并非传位图》[②]和李湜《三希堂的金廷标贴落画》[③]均认为，画御容一般来说都要特别指出，而三希堂贴落平安春信图在档案中并没有“画御容”的记载，而且此幅也没有被作为御容送往寿皇殿供奉起来，故认为三希堂贴落平安春信图画的不是乾隆。《三希堂的金廷标贴落画》一文称此贴落画为“仿平安春信图”以别于立轴《平安春信图》，认为画的是古雅的高士形象，与乾隆帝无关。

① 前揭《总汇》第 29 册，页 539。

② 张震：《试论平安春信图并非传位图》，《美术观察》总第 293 期。

③ 李湜：《三希堂的金廷标贴落画》，《故宫博物院院刊》2020 年第 4 期。

二、平安春信图源于陆凯诗意

为何立轴《平安春信图》是御容像而三希堂贴落《平安春信图》却不是御容像？要回答这个问题，关键在于要弄明白平安春信图构图主题的来源是什么。

首先，立轴《平安春信图》名是因为轴头上有乾隆的题签"平安春信图"故名，养心殿贴落《平安春信图》名是因为与立轴《平安春信图》内容一致故名。根据乾隆的题签名，报"平安春信"是因为长者手中的那枝梅赋予的，他把这枝梅递给少年，寓意平安春信。所以两幅画的焦点在手持的"一枝梅"上。

乾隆三十三年，乾隆令画师画了一幅《折梅寄友图》（图3-20），此图与立轴《平安春信图》和三希堂贴落《平安春信图》主题相似，都有折一枝梅花递与他人的场景，重要的是该画中有乾隆题诗一首，诗曰："江南长安，千里一枝。岂复恒荣，大似镜清。用棒曰祇，要此话行。"根据此画和乾隆的题诗，笔者才发现了"平安春信图"的由来。"江南长安"，出自唐代韩鄂《岁华纪丽》所记陆凯赠范晔一枝梅的典故："陆凯《寄一枝之春色》。陆凯与范晔相善，自江南寄梅一枝诣长

图 3-20　折梅寄友图

安，与晔赠诗云‘折花逢驿使，寄与陇头人。江南无所有，聊赠一枝春’。”[①]陆凯与范晔交好，范晔是南朝宋著名的史学家、散文家，著有《后汉书》，陇头即陇山，在今陕西陇县西北，代指长安，陇头人指范晔。这首诗应是陆凯率兵经过梅岭时所作，正值梅花盛开，想起了陇头的好友范晔，江南没有什么可贵的东西相赠，唯有报春信的梅花最适当，遥遥千里，以寄思慕之情，故折梅赋诗赠友。唐代柳宗元《柳河东集》之《早梅》“繁霜滋晓白，欲为万里赠”句注曰：“赠字本陆凯诗‘江南无所有，聊赠一枝春’者也。”《折梅寄友图》画的就是陆凯折梅寄友的场景：按陆凯诗意，既然是赠梅给千里之外的范晔，自然就会有驿站长亭和驿使。陆凯左手持一枝梅，准备递给驿使，驿使双手作接状，驿使的行李是放在石上的一把伞和布包袱皮。陆凯身后即是长亭，亭前有两株绽放的梅花树。故立轴《平安春信图》和三希堂贴落《平安春信图》构图主题递一枝梅和两位人物均源于陆凯《寄一枝之春色》诗意。立轴《平安春信图》，由于是郎世宁的写真画法，故人物变成了真实的乾隆形象，乾隆说“写真世宁擅，绘我少年时”，驿使变成了少年乾隆。在三希堂贴落《平安春信图》中，虽然乾隆让郎世宁画脸像，但由于档案没有注明这是御容像，确实也看不出长者有乾隆面相，画得较为平面而且透视效果差，所以乾隆驾崩后，后人看见这幅《平安春信图》，仍可当成是陆凯赠一枝梅的诗意图，故而保存了下来，没有当作乾隆的御容像而被起下收藏。

三、《平安春信图》对“聊赠一枝春”的成功改造

乾隆十二年《题三友轩》诗曰：“三友之名始宣尼，直谅多闻益德资。香山取譬琴诗酒，放达繄非予所师。独有玉局称正见，直号植物松竹梅。名称义元隐未发，我将触类引伸之。苍松自具直之性，梅传春

---

① ［唐］韩鄂：《岁华纪丽》，明万历刻秘册汇函本。

信谅也宜。”[①]梅是三友之一，对应孔子三友中的“友谅”。谅，《说文解字》称：“谅，信也。”谅为诚信义。梅花象征诚信，有“梅报春信”之说，是因为梅花一开，春天就来临了。每年梅花都会准时守信开花，这是天的诚信的体现。《中庸》曰：“诚者，天之道也。诚之者，人之道也。”故《论语》有“与朋友交而不信乎”，梅花也就成为赠友思友的最好象征物了。宋代王洋《东牟集》之《次郑丈韵又一小诗代简》诗曰“梅花若不报春信，谁表东风第一流”，元代释善住《谷响集》之《送无照应入杭》诗曰“巳有梅花报春信，地炉煨芋待君归”，明代童冀《尚䌹斋集》之《题梅溪卷》诗曰“梅花夹路遥相迎，南枝昨夜报春信”。所以陆凯的“一枝春”，就成为历代文人诗中经常出现的吟咏之题，来表达对友人的思念。宋代陈师道《后山集》之《黄梅五首》诗曰“欲传千里信，暗折一枝春”，宋代高似孙《剡录》录江朝宗《梅花诗》“月淡霜清驿路长，一枝春信到江乡”，宋代陈起编《江湖小集》之《送诸葛春卿还里》诗曰“天北天南相忆处，梅花毋惜一枝春”，明代朱曰藩《山带阁集》之《南柯子答孝符送梅》诗曰“忆梅昨夜下西洲，折寄一枝春色到潮沟”。

乾隆在三希堂西墙装饰了贴落《平安春信图》，同时又于通往三希堂的门上贴有一副对联“梅报平安信，鸟传如意春”，进一步点明《平安春信图》的主题，但梅花思友报平安的功能，在这里已经变味了。首先，画中没有长亭，也就没有驿使了，就没有千里之外的挂念了。不是折一枝梅寄千里思念之情，而是变成了折一枝梅祈盼平安。其次，寄一枝梅变成了递一枝梅的“摆拍”，没有感情色彩了。所以立轴《平安春信图》和三希堂贴落《平安春信图》虽源于陆凯“寄一枝之春色”诗意，但淡化了朋友思慕之情，更多的是祈盼吉祥的新意。乾隆《平安春信图》报的是这个平安，而不是朋友平安。

---

① 前揭《国朝宫史》上册，页 246。

图 3-21　三希堂北间《微雪》诗贴落

三希堂内还保存了两幅乾隆三十一年写作的贴落诗，与《平安春信图》报平安主题是契合的，希望瑞雪兆丰年，天下太平，和风舒畅。一首为《微雪（十一月初八日）》（图3-21），诗曰："明识三冬远，早希三白佳。祈年虽切意，望蜀实先怀。夜半生云报，晨侵落雪皆。旋晴甫及寸，惜念若为排。" 三白，三次下雪，《全唐诗·占年》："正月三白，田公笑赫赫。"明代唐寅《拟瑞雪降群臣贺表》："祥征三白，允昭圣德之符。"天降三次大雪，渥惠大地，预兆丰年。乾隆此诗希望今年冬天有三场大雪，如所愿，十一月初八日，夜半生云，早晨雪就落满了台阶。另一首为《养心殿晚霁对景成咏》，诗曰："日落西北天，云收东南宇。朵殿了不炎，爽风拂檐庑。黄山松森森，建州兰楚楚。古植与清芬，相投本水乳。心为时旸欣，可以理吟绪。"雨过天晴后，凉风习习，从南到北，一派欣欣向荣景象。整个三希堂北间充满了这种吉祥平安气氛，与南间“怀抱观古今，深心托豪素”的王羲之空间是不相同的。

四、小结

故宫所藏两幅平安春信图无传位之意[①]，而是源于陆凯赠梅寄友的典故，可以看出是乾隆对文人梅花赠友诗意的改造。在乾隆的构图中，“一枝梅”不再是思友情感的表露，而是春天来临的喜报平安，相当于岁朝图中的燃松柏枝、吹笙、击太平鼓、丢芝麻杆等隐喻报平安之意。作为帝王，他没有远在千里之外的知心朋友，只有心中对天下平安的祈盼和祝愿。所以在立轴《平安春信图》中，长者和少年可以是他一个人的不同年龄阶段的呈现，在很大程度上是一种表演或游戏，虽然借用了陆凯的一枝春，但用途是不一样的。当与三希堂的其他两幅贴落诗结合来看，传梅与三白、爽风是一样的，成了祈盼天下平安的载体，与思友毫不相干。

第五节

毓庆宫在乾隆心中掀起的波澜

清代太子宫毓庆宫建于康熙十八年，其间历经坎坷，康熙时曾两度被废弃，雍正时改为斋宫，乾隆对毓庆宫做过一次评估，说“毓庆宫本为皇太子宫也，地既不吉”[②]，但就是这座毓庆宫却在乾隆的心中掀起了波澜。

---

① 张琼：《平安春信图新释》，《美术观察》2014 年第 1 期，

② ［清］弘历：《新正重华宫》，《清高宗御制诗文全集·御制诗五集》卷五一。

一、嫡长子的夭折与八年改建

弘历即位后，于乾隆元年七月将皇次子即嫡长子永琏密定为皇储。这对于乾隆帝来说是开天辟地的大事，因为他之前的四个皇帝都是妃子所生，没有一个属于嫡出。永琏是嫡长子，将来由他来继承皇位，才是正支正脉，完成祖先未竟的事业，但未想到的是两年之后永琏就夭折了，乾隆帝赠给永琏谥号为“端慧皇太子”。使他顿足遗恨的是还没来得及改造毓庆宫。

乾隆八年，乾隆毅然决然地对毓庆宫进行了改造，档案记载：“奴才海望、三和谨奏为请领银两事，奴才遵旨办理毓庆宫工程，照依奏准式样建造大殿五间，后殿五间，照殿五间，前东西配殿六间，琉璃宫门二座，转角露顶围房三十四间，宫门前值房十四间，后院净房一间，成砌宫门大殿、后殿、西边院墙，铺墁甬路，散水，丹墀海墁地面，其殿宇房座俱照宫殿样式油饰彩画裱糊。”[①]与康熙时毓庆宫相比，增加了一座照殿、前东西配殿、两座琉璃宫门和转角露顶围房三十四间。如此大规模的改建，乾隆心中一定有新的希望出现，才会让他投入财力和人力。一边是毓庆宫改建，不仅没缩小，反而扩大了，一边是太子入葬，说明乾隆八年毓庆宫的改建与入葬太子有关。

在乾隆的心中，虽然太子入葬了，但太子宫不能没有，增加的一座琉璃宫门名“前星门”就是为等待下一位嫡子的出生而准备的。因此乾隆相信，孝贤皇后一定再会带给他一个惊喜。

二、不能承受之重

乾隆十一年四月初八日皇七子诞生，为孝贤皇后所生，为嫡出，这使乾隆实现嫡子继位的梦想有了希望，使他足之蹈之，手之舞之，说

---

① 《总管内务府大臣海望等奏为修理毓庆宫》，乾隆八年十一月初九日，《长编60495》，《内务府奏案，全宗 5 奏案卷 58 号 28》，中国第一历史档案馆藏。

明乾隆八年太子宫的改建没有白付出。当年作为皇子们集中居所的新址南三所正式兴工，档案记载："查撷芳殿改建三所房间，系乾隆十一年三月内兴工，次年工竣，迄今二十年未加粘修。殿宇头停配殿天沟俱有渗漏，板墙糟朽，山花坍损，油饰爆裂，又因阿哥等于二十六年移出之后，其外围茶饭值房等项房屋俱改为各处值房，今遵旨修理给阿哥等居住。所有应用炉灶、炕铺装修隔断等项，应照旧式修理，应共估需工料银三千九百余两。"[①]南三所的兴工，说明毓庆宫另有用途即欲作为未来太子宫之用。不幸的是，就在这一年年底，乾隆帝又遭受到一次更残酷的打击，乾隆十二年十二月二十九日亥时，皇七子夭折。特别让他心灰意冷打消了念想的是孝贤皇后于乾隆十三年三月十一日崩逝，嫡子从此无续。也就是从这时开始，乾隆帝就取消了将毓庆宫作为太子宫的意图，并一直不忍再提起毓庆宫。但时间就像拂面吹来的风一样，乾隆内心的创伤被岁月慢慢抚平，乾隆三十年时，他下令将毓庆宫作为皇子皇孙入学后的居住之所。

47年过去了，毓庆宫在他的视线中好像消失了。

三、考虑周全的六十年改造

进入乾隆六十年，在辞旧迎新的鞭炮声中，乾隆帝心中想起了即位时对天立下的誓言，执政六十年后归政。由于现在毓庆宫是皇子皇孙读书和居住的地方，所以至乾隆六十年新年后，按照事先的誓言约定，改建毓庆宫作为即将册立为皇太子的永琰的居所。档案记载："奴才和珅、福长安谨奏为奏闻……遵旨将毓庆宫殿前添盖大殿一座，计五间，其惇本殿并配殿露顶、祥旭门俱往前挪盖，添盖围房六间，拆去值房十一间，改盖值房六间。后照殿前添盖东西游廊六间，照殿东山添盖抱

① 《奏为修缮东三所约估银两数目事折》，乾隆三十一年五月十七日，《奏销档280 - 037》，中国第一历史档案馆藏。

厦一间等项活计烫样呈览，奉旨：照样准做，钦此。……详细估得毓庆宫添盖大殿一座，计五间，内明间面阔一丈二尺五寸四，次梢间各面阔一丈一尺二寸五分，进深二丈四尺……内里成搭万字高炕……照殿东山添盖抱厦一间，面阔一丈六尺，进深五尺……后殿两边添盖游廊二座，每座计三间，内明间面阔一丈二，次间各面阔九尺五寸，进深四尺……东西围房接盖六间，各面阔九尺，进深一丈一尺……挪盖惇本殿一座，计五间，东西配殿二座，每座计三间，配殿南山房二座，每座一间。祥旭门一座，俱黄色琉璃头停，照旧式修理。旭祥门前院改盖值房二座，每座计三间……惇本殿前月台一座，面阔三丈四尺，进深一丈四尺，毓庆宫前丹陛一道，面阔三丈五尺，进深一丈九尺，游廊后檐丹陛二道，各面阔一丈一尺二寸，进深五尺五寸。成砌看墙二道，掐子墙四道，曲尺板墙二道，挪安青白石灯座二分，缸座二分。”①毓庆宫又一次响起了铲土入筐的腾腾声、投土上墙的轰轰声、齐声打夯的登登声、削平凸墙的嘭嘭声，改造工程热火朝天地开始了。空间拓展了，于毓庆宫前添建了大殿一座即毓庆宫前殿，原毓庆宫则成为后殿。将后殿东廊房改造为东套殿即东顺山墙殿，并于殿前添盖抱厦一间。由于添盖了毓庆宫前殿，故而将惇本殿前移挪盖（图3–22）。又于殿前增建月台一座，毓庆宫前增建丹陛一道与惇本殿相连。这次改造规模远远超过乾隆八年的改造，显然不是想把它打造成为新太子宫而扩大规模，而是想把它打造成一个小皇宫，故增加了月台和丹陛，等级提高了，与乾清宫丹陛一样了。

永琰这时已经步入中年，宫殿不能像太子宫那样简单了，太子宫只是短暂的过渡，马上这里就要成为新皇帝办公的地方了，故以增加宫殿的形式和丹陛等级来彰显永琰的地位。另一方面，乾隆帝也有私心，在

---

①《内务府大臣和珅等奏为毓庆宫添盖大殿估需银两事折》，乾隆六十年二月初三日，《长编 68848》，《奏销档 446 – 136 – 1》，中国第一历史档案馆藏。

图 3–22　惇本殿

为自己做打算，想退位后继续留住养心殿执政。第二年，当太上皇乾隆继续执政时，永琰已是皇帝身份了，怎么办？如果毓庆宫没有变大，等级没有提高，永琰怎么能待在这办公呢？名实不符呀？所以，乾隆已经想到了这一步，故而改造后的毓庆宫，不仅仅是一座太子宫，而且殿变大了，屋增多了，等级提高了，具备了未来皇帝办公的条件，这样太上皇乾隆也就心安理得地住在养心殿不搬了。

四、永琰的遵守

当我们步入太子宫正殿惇本殿时，乾隆帝的一番用意就昭彰了。殿内残存着乾隆六十年改建后装修的痕迹，明间楣间南向悬挂的是乾隆帝御书“笃祜繁禧”匾，两楹所挂对联曰：“祖德敬而承，仰思堂构；天恩引以冀，远逮云礽。”堂构：立堂基，造屋宇，打好基础，出自《尚书·大诰》“若考作室，既底法，厥子乃弗肯堂，矧肯构”；云礽：远孙，出自《尔雅·释亲》“曷孙之子为仍孙，仍孙之子为云孙”。此乃乾隆六十年永琰受封时所赐。乾隆帝站在道德的制高点上，说了这番话：要继承祖先的功德，常怀敬仰之心，才能得到上天的保佑，福佑子子孙孙。这副对联，是乾隆帝对太子永琰的谆谆教导。门内北向悬挂的匾曰：“履道安敦”，两柱上悬挂的对联曰：“笃学在躬行，宜循实践；淑心惟理顺，克务懋修。”“笃祜繁禧”和“履道安敦”两块匾的赐予和正殿悬挂，证明乾隆帝的一种担心，他内心还是害怕永琰将来不顾父子之情干出让祖宗不安的事来（因为乾隆帝归政后还居住在养心殿），故而写下了这两幅匾联，以儒家提倡的老实本分、追思祖上功业为训戒，要永琰时刻牢记。不过永琰表现得相当出色，入住毓庆宫后，对父皇的匾联保持原状不动，而且还于嘉庆三年，乾隆帝驾崩后，即于“履道安敦”匾旁悬挂自己的御笔《惇本殿敬纪》挂匾，称“殿额日瞻诗敬纪，诞敷帝德遍含淳”，说自己每日都要瞻视父皇的匾额，以表明心声，叙说父皇恩德，牢记九经要义，滋养寸心，做人敦厚诚实，不计较父皇的继续执政。

五、小结

太子宫在清代是一个有争议的地方，康熙帝废立太子后，毓庆宫虽然已淡出视线，但只要涉及立太子，它又会浮出水面。乾隆时对它的两次改造，均与立太子有关，特别是六十年的改造，十分谨慎，在即将归政时才动工，而且考虑周全，既立了太子永琰，又顾及到了他未来的皇帝身份，还成就了自己居住养心殿的私心。

同治帝改造毓庆宫之梦

虽然毓庆宫命运多舛，但作为太子宫的地位一直没有动摇过。咸丰三年，于惇本殿置朱漆填金字《大学》屏风，有苍龙训子之意，果然，咸丰六年，皇长子载淳（同治帝）出生。

一、咸丰帝对前殿的改造

咸丰帝曾被父亲道光帝安排居住在钟粹宫，奕詝继位后写有《钟粹宫感旧》诗，言“居此幼龄十七年”“昔是承恩予旧地，今为基福后之宫”句，[①]咸丰帝认为钟粹宫虽不是太子宫，但实际上与太子宫差不多，他是被当作未来的储君而居住于此的，所以咸丰三年，咸丰帝在惇本殿陈设朱漆填金字《大学》屏风，有苍龙训子之意，期望太子早日出生，将毓庆宫定为太子宫。果然，咸丰六年，皇长子载淳（同治帝）出生，紧接着于八年开始装修毓庆宫，十一月十八日对工字廊和前殿进行了踏勘，确定的装修方案是：“工字廊东边真门口向南安博浪壁子门一扇，往东开；东间碧纱厨连真假门口挪安西间，添做木壁糊纸。真门口在南，假门口在北。前殿西间槅扇罩一分撤去，东进间暖阁嵌扇一扇，撤下照南床式样改安床挂面一块。东次间前后檐嵌扇四扇，撤下，共六扇，俱安明间。东次间后檐撤去高矮床，向南改安高床一张。十二月十三日又做了一次踏勘，拟毓庆宫明间安风门架门窗一分，水纹式样油红边绿棂条槅扇，俱安博缝糊严。东进间添安圈口一个、楠木夹纱亮窗一扇、栏杆七堂。”[②]咸丰时的改造主要集中于前殿，改变比较大，东

① 章乃炜：《清宫述闻》（下册），页555，紫禁城出版社，2009年。

② 《呈为成做毓庆宫工字殿真假门口帘架壁子改安高床等银两事》，咸丰十年十二月二十六日，《长编67682》，《内务府呈稿咸营34》，中国第一历史档案馆藏。

次间（即东间）的碧纱厨连同真假门挪安西次间与明间之间，西次间与西梢间（即西进间）之间槅扇罩撤除，空间变得通透。东次间的前后檐嵌扇撤除安明间，将高矮床改为高床。东梢间（即东进间）增加圈口一个，栏杆七堂。

二、同治帝的改造方案

（一）继承父亲对室内的改造方式

同治帝亲政后的第二年，着手对毓庆宫进行了改造，档案记载同治十三年二月二十三日："毓庆宫正殿、东西配殿并各殿宇房间，满加陇捉节，錾坎油饰，院内地面、瓦满挑换，归安石料，以及添砌琉璃瓦池，改安门窗、槅扇，添安屏门、曲尺、影壁、药栏、狮子、金海石座。工字廊三间改盖平台，添安栏杆、座凳、山石、踏朵。后院改盖东西转角廊子。后院大墙满抹饰淋浆白灰，上画线法。正殿、后殿、东套殿、后照殿、东西顺山殿及东西围房添做楠柏木栏杆罩碧纱厨，四十四槽满安镀银什件，添做挂檐床楠木屉子，俱随糊饰。"[①]北京图书馆保存有同治时改造毓庆宫的方案地盘样图，庄立新和张燕芬通过图档对比研究，均认为编号为165-0024、176-0004、176-0007的毓庆宫装修地盘样图是同治时期的装修图。[②]本文在此基础上，做进一步的分析说明，图165-0024工字廊上标有"改盖平台，上安栏杆" "添横楣坐凳"，后罩殿东西标有"转角廊"，后罩殿后院墙标有"墙上画线画七间"，右上角写有"十三年正月初六呈回"；图176-0004工字廊上标有"改盖平台，上安栏杆"，后罩殿院墙标有"墙上画过绘线法七间"；图176-0007上标有"贵巴、傅孟同治

---

① 《总管内务府呈长春宫钟粹宫昭仁殿毓庆宫等处需修缮处清单》，同治十三年二月二十三日丙申，《长编 64056》，《奏案 05-0875-089》，中国第一历史档案馆藏。

② 参见庄立新、单群璋《毓庆宫内檐装修的添安年代及工艺特征》，《中国文物报》2016 年 2 月 5 日，第 006 版。张燕芬：《毓庆宫建筑沿革与前殿内檐变化》，《沈阳故宫博物院院刊》2019 年第一期。

十二年十二月二十日查毓庆宫”，工字廊两侧标有“改平台”“上栏杆”“添横楣坐凳”。三幅样图标记的这些相同内容装修，在同治帝改造毓庆宫的档案中得到了印证。①

165-0024、176-0004两张图纸显示毓庆宫前殿几乎没有动，仍保持咸丰时的装修，后殿的装修基本上继承了咸丰时的风格，拆改小间为大间，以碧纱厨隔断，明间与东西次间之间安碧纱厨十二扇，东梢间东添安栏杆罩。抱厦味余书屋西中添安碧纱厨，两侧安上扇面下元光的窗两扇。东套殿北添安碧纱厨二十扇，南中安北窗四扇，两侧安真假瓶式门两扇。西次间西添安碧纱厨。

但同治帝与他的父亲咸丰帝不同，其幼年继位，从小受到母亲慈禧的严格管束和教导，早已对这种生活失去兴趣，亲政后，对未来是否有太子，并不上心。虽然毓庆宫内部改造继承了父亲的风格，但室外的改造却别出心裁，拿出的方案自然与父亲咸丰帝不同，营建了不一样的风景。

（二）同治帝欲将毓庆宫改造为花园

根据上述装修样图，毓庆宫将大变样，人们会吃惊地发现毓庆宫像一座花园了，同治帝的心思没放在将它改造为太子宫，为以后建储做准备，而是要改造为一处与众不同的游乐空间：

1. 祥旭门内立了屏门影壁，东西两侧的角门内安装曲尺。惇本殿前院安药栏即竹篱笆墙，有了篱笆墙，就会有花。这样，毓庆宫就失去了庄严性，没有太子宫的压抑了，像花园了，空间更自由了。

2. 毓庆宫前后殿之间的工字廊的屋顶被改成了平台，两侧安装了栏杆，平台上置座凳、山石、踏朵。人可以在上面走动或坐在石凳上，品茗、下棋、观赏，真可谓有春宜花、夏宜风、秋宜月、冬宜雪的情趣了。试想，站在平台上，玉树临风，是何等惬意！

3. 在工字廊的两侧砌八方琉璃树池，后罩房前砌方形琉璃牡丹花

① 前揭《毓庆宫内檐装修的添安年代及工艺特征》。

池，树木参差，花香鸟语，移步其间，自然不受拘束，低头闻花香，抬头望蓝天，花园的气息更加浓烈了。

4. 后院大墙满抹饰淋浆白灰，直接在上面画线法画。线法画即通景画，具透视效果，若真的空间一样，让人有走进去的感觉，有限的空间得到了视觉上的延伸。这可是同治帝的创新——通景画壁画，不是贴落通景画。一共有七幅，具体内容我们不得而知，但可以肯定地说这种壁画在清宫中应是首次出现。毓庆宫愈加美轮美焕了。

三、小结

同治帝改造方案中的毓庆宫，充满了灵性，有了人与自然相处的气息。前有药栏，中有露天平台，后院墙上画有大面积的线法通景画，一幅园林景致。档案记载，改造工程于同治十三年二月初十日开工，但工作断断续续。据现存原状，毓庆宫前殿仍是咸丰帝改造后的原样，但工字廊却没有改成平台，内部仍为嘉庆时的楠木书格。[①]后殿嘉庆时开辟的众多小间也未按图纸施工拆除改为栏杆罩碧纱厨。或许是国事多艰，同治帝改变了主意，也有可能是年底同治帝就宾天了，停止了改造工程，不管怎样，这个年轻皇帝的梦想只留在了图纸上，不得不让我们唏嘘叹息！

第七节

延禧宫灵沼轩的灵台之梦

延禧宫原名长寿宫，建于永乐十八年，嘉靖十四年更名曰延祺宫，取自《诗经》“寿考维祺”，长寿义。清代又改名曰延禧宫。道光

---

① 前揭《毓庆宫内檐装修的添安年代及工艺特征》。

二十五年五月二十二日亥初，延禧宫东配殿厨房起火，延烧至正殿，整个院落顿时化为灰烬。火场放置六十四年后，于宣统元年，因孝定皇后立为隆裕太后而出现了生机。

一、一位身份不平凡的太后

慈禧太后有个弟弟名桂祥，任副都统，生有一女，名静芬，性情本分老实，光绪十四年时，被慈禧太后看上，钦点为光绪帝的皇后，以便更好地控制光绪帝的一言一行。孝定皇后一方面对慈禧太后忠心耿耿，一方面又得不到光绪帝的宠幸，在孤独和小心翼翼中坚守了三十四年，她留给大家的印象总是柔懦而无主见。

这一年光绪帝和慈禧太后先后驾崩，留下一个权力的真空，而填补这个空缺的正是这位孝定皇后，命运神奇般地降临到了这位懦弱且与世无争的皇后头上，她被立为隆裕太后。当时宣统帝才三岁，她像慈禧太后那样垂帘听政而执掌大权，瞬间被历史推向了政治的巅峰。

这种权力有时看起来似乎是飘渺的，但一旦拥有了，就会膨胀起来，自认为天命所归。

二、灵沼轩的格局

历史从来就是最高统治者的舞台，隆裕太后上台后，像其他帝后一样，也要找一块地来建构一个伟大的理想。她选中了延禧宫那片废墟，她要建一座体现天命权力的建筑——灵沼轩。

章乃炜《清宫述闻》引《清宫词》："宣统己酉兴修水殿，四周浚池，引玉泉山水环绕之。殿上窗棂、承尘、金铺，无不嵌以玻璃。孝定皇后自题匾额曰：灵沼轩，俗呼为水晶宫。辛亥之冬，尚未毕工也。"该书又引《清稗史》："宫立中央，凡三层，层九间。又四角各有一亭，计三十九间，以铜作栋，以玻璃为墙，四望空明，入其中者，如置身琉璃世界。墙之夹层中，置水蓄鱼。下层地板亦以玻璃为之，俯首而

图 3–23　灵沼轩

窥，池中游鱼，一一可数，荷藻参差，青翠如画。”[①]据此可知，灵沼轩是建好的，其有巨大的拱形玻璃窗，四面通明，墙体里嵌有水族箱，鱼在里面悠闲游动，站在下层的玻璃地板上，能看到荷藻中穿行的鱼儿。

现存灵沼轩建筑遗存，其平面为六方形水池。灵沼轩建于水池中央，被水所环绕，地上两层，地下一层，地下这一层即为养鱼的水池。东、南、西、北四方各有一铁桥与外界相连。顶层建有五座亭子，皆圆顶，中间亭子高大为两层，东南、西北、西南、东北各立一亭。

这是一个什么样的建筑形式呢？为何要命名为“灵沼轩”呢？

---

① 章乃炜：《清宫述闻》（下册），页 572，紫禁城出版社，2009 年。

三、灵沼轩的辟雍明堂形制

灵沼轩位于环水之中央，四面有桥与外界相通，且顶层建有五座亭式建筑，居中者与居四角者形成拱卫之势，恰是明堂之太庙、玄堂、总章、青阳、明堂的亞字形结构。明堂，先民祭祀天的场所，夏代称“世室”，商代称“重屋”，周代才称“明堂”。《孝经》记：“周公郊祀后稷以配天，宗祀文王于明堂，以配上帝。”

据《汉书》记载，汉武帝封禅泰山后，想仿照古代传统修建明堂，却无人能说清其具体样式。于是方士公玉带献上了一张黄帝时期的明堂图：图中有一宫殿，四面无壁，以茅草为盖，四周环水。汉武帝就照这张图，修建了汉家明堂。

辟雍是由明堂演变而来的，汉代班固《白虎通·辟雍》称：“天子立辟雍何？所以行礼乐宣德化也。辟者，璧也，象璧圆，又以法天，于雍水侧，象教化流行也。”[①]辟雍是周天子所设大学，圆形，围以水池，四周有桥与外界相通。

灵沼轩典出《诗经·大雅·灵台》：“经始灵台，经之营之。庶民攻之，不日成之。经始勿亟，庶民子来。……王在灵沼，於牣鱼跃。……於论鼓钟，於乐辟雍。”诗中提到了灵沼、辟雍，《灵台》描写了周文王受命于天，百姓如影相随，乐其有灵德，鸟兽昆虫亦来归附，一幅百物阜新的景象。灵台是周天子狩猎之囿，《毛传》：“灵沼，言灵道行于沼也。”台在灵沼即池的中央，架有桥即灵道与外界相通，后喻指帝王的恩泽所及之处，所以灵台是最早的辟雍。

隆裕太后迫不及待地于宣统元年耗费巨资，肇建灵沼轩，又典出周文王的灵台，其形制照灵台辟雍环水而设计，四方架桥，如周文王那样南面而立，诸侯面北而朝，以示统治天下四方之义。

---

① ［汉］班固：《白虎通义》卷四，“辟雍”。

四、小结

灵沼轩建好后，整个延禧宫院内仅此一座建筑，其高度也超出了东六宫的宫殿高度，显得鹤立鸡群，新式别样。灵沼轩虽然披上了西洋建筑外衣，但其布局却是明堂辟雍形制，而且再现了“於牣鱼跃”的场景，这一高规格的布局设计，揭示了灵沼轩的主人不甘寂寞的内心世界，看似柔弱的女子，也有过要像周文王那样经始灵台的行动。也许姑妈慈禧就是她的榜样，也许她要像慈禧那样主宰大清的命运。但在与载沣的对抗中，她表现得无能为力，也许命运给她开了一个玩笑，也许历史选择她是对的，在政权更替时，出现了相对平稳的过渡，这不能不说这是历史的幸运。

后记

《钦定日下旧闻考》曰：“从来立国者必首隆庙社之规，崇建阙廷之制。所以象辰极，抚寰区，昭诚敬而敷化理。”说的极是，煌煌紫禁城，经明清两代的不断建设，代代相承，绍庭继志，丕振鸿谟，勤塈茨而施丹雘。面对浩瀚紫禁城，如何将其建造背后的思想及文物之精华展示出来，只有敷陈据典，考核精研，才能有所收获，同时还必须要有雄关绝嶂、策屐登临的勇气。但惭愧自己见识固陋，实在很难达到穷源竟委的境界。

金天德中海陵王迁都燕城，号中都，元至元间忽必烈营建大都城，明朱棣自金陵迁都北京，清朝顺治入关因袭前代，然而城郭宫殿多有变迁，非原来之物。“称名失实，不无误宝康瓠；爱博难专，未免见遗荆璞。语洪纤之条贯，罣漏滋多；况方位之迁移，参差互出。景物载刘侗之略，岁月都非；街衢仍张爵之编，阛阓已改。”所以，在研究紫禁城的过程中，很多问题会层出不穷地产生，解决了一个问题，又会出现另外一个问题，促使自己不断地去寻找新的史料，确立新的视角。我常常会把一个问题搁置一段时间，不急着去解决它。有时候，看了多少遍的档案也不明白，只有等时间长了，回过头来再看，也许会恍然大悟。时间真是一个了不起的检验器，只有当积累到一定程度时，有些问题才会迎刃而解。

孔子说“日知其所亡，月无忘其所能”，这是一个不断积累、重温知识的过程，涓涓细流可以汇成江河。所以在工作闲暇之余，我总爱检索档案文献，重温那些整理过的文物，或者浏览古籍、查看笔记，在梳理过程中，总会有新的发现，即或是对旧说的否定、补充、完善，总会让自己保持一种“日日新”的状态。

本书以探索紫禁城的精神灵魂为己任。从元朝建都燕京开始，至乾隆帝改造潜邸，元明清三朝的营建理念都统摄于儒家思想之中，以仁为本是三朝宫城的立城之本。儒家道统背后的精神支撑是仁，仁心即天心，人以万物之心为心，允执其中，这才是我们古代文明赖以生存、发展的根基，没有它，就没有尧舜禹的文武之道，也就没有一阴一阳之谓道即天生万物之道的出现。

人生能几何？遨游于故纸堆和文物里，自有一片天地，在这个空间里，能完成与古人的对话，写下自己的理解，这何尝不是一种快乐呢？我想，这也是时间赋予我的一种执着。

本书分为三编，对紫禁城的起源、发展、演变、价值观、精神灵魂、原状陈设、人物的喜好追求等诸多方面进行了研究与探索，既有对宫殿的考证，又有对精神价值的揭示，还有对人物心态的剖析，对空间陈设的复原。在解读这些问题的同时也是在恢复古人的生活场景，揭示文物背后的文化意识观，但能否起到洞幽烛远的作用，这只是本人的一个良好的期冀而已，贻笑于方家了。

感谢生活·读书·新知三联书店，感谢编辑的辛勤付出，感谢中国青少年发展基金会梅赛德斯-奔驰星愿基金和故宫文物保护基金会的公益支持。

王子林

2022年9月9日